社區精神健康服務與輔導工作

社區精神健康服務與輔導工作

楊劍雲　吳日嵐　主編

商務印書館

社區精神健康服務與輔導工作

主　　編：楊劍雲　吳日嵐
責任編輯：蔡柷音
封面設計：涂　慧
出　　版：商務印書館（香港）有限公司
香港筲箕灣耀興道 3 號東滙廣場 8 樓
http://www.commercialpress.com.hk
發　　行：香港聯合書刊物流有限公司
香港新界大埔汀麗路 36 號中華商務印刷大廈 3 字樓
印　　刷：中華商務彩色印刷有限公司
香港新界大埔汀麗路 36 號中華商務印刷大廈 14 字樓
版　　次：2019 年 5 月第 1 版第 1 次印刷

ISBN 978 962 07 6615 2
Printed in Hong Kong

序

在本港，一般社會人士對精神病患者仍存有很多誤解，甚至恐懼。很多人認為精神病患者大多有暴力傾向，不可預測和具危險性，因而避免與他們接觸。然而，這樣的態度，只會對精神病患者的復元造成障礙。實證研究顯示，大部分精神病患者在適當治療下，是可以復元的。除了精神科藥物的治療外，精神病患者十分需要親友和社區人士對他們的接納、關懷和支援。此外，個案工作和社區支援服務亦能對很多精神病患者的復元起着重要作用。

香港政府自 2009 年於天水圍開設首間精神健康綜合社區中心，標誌着香港精神康復服務的政策和方向作出改變和改善。香港政府在 2013 年 5 月成立精神健康檢討委員會，着手檢討精神健康政策和服務，並於 2017 年 4 月公佈《精神健康檢討報告》。其中，《精神健康檢討報告》確認醫院管理局、社會福利署和非政府機構的共同願景，是促進服務使用者復元，並強調須因應醫療、心理和社交需要，為嚴重精神病患者及其家人提供個人化、全面、適時和協調有度的服務。《精神健康檢討報告》強調復元是指個人復元，當中包括希望、自主和機會等元素。《精神健康檢討報告》的發表確立本港的精神康復服務邁向促進服務使用者的復元。然而，這只標誌着復元導向服務的發展，而不是結束。事實上，本港各精神康復服務機構仍致力發展復元導向服務，和探索相關的創新服務。

本書由香港浸會大學社會工作系的吳日嵐教授和楊劍雲博士主編，同時結集了多名學術界名人和精神康復服務機構的資深社工的文章，分享他們對發展復元導向服務的經驗和反思，包括政策、服務和個案輔導等層面的工作經驗、實踐智慧和研究心得。希望藉這新書，介紹亞洲區的社區精神健康服務的最新服務發展和政策，並講述多種促進精神健康和復元的介入手法。本書深入淺出，附以個案研習和服務模式實例説明，讓讀者更容易明白、掌握和運用介紹的理論、其服務模式及介入手法。

期望此書能補充現時中文參考書籍的不足，亦希望透過此書能協助前線社工和社工學生，掌握適切和有效的精神復康服務和個案工作理論及介入手法，有助他們提升精神復康工作的信心和能力。對很多社工學生和從事精神復康工作的專業人士來説，這是一本值得參考的好書。

錢大康

香港浸會大學校長

編者序一

首先，我要獻這書予我內子程慧儀，以答謝她對我在大學教書的工作和編寫此書的支持和鼓勵！在她對兩名兒子悉心的照顧下，我才能專心寫作。我也要獻這書予我兩兒子 —— 楊溢朗和楊溢生，好讓他們知道我在主耶穌基督的幫助下，完成此書，藉此促進眾多患上情緒病和精神病的朋友的復元，重拾身心靈安康。

亦要多謝讀者的支持！2013 年，我出版了個人著作《精神復康輔導工作 —— 理論與個案》；2016 年，合編了《精神復康與輔導 —— 認知行為治療的理論與案例》。這兩本書一直受讀者歡迎。讀者大多欣賞這兩書以深入淺出的方法，介紹應用於精神復康工作的理論，並附以個案實例仔細介紹有關的介入手法。對於讀者這些正面的評價和支持，我感到十分鼓舞，因而籌劃編著這本新作 ——《社區精神健康服務與輔導工作》。

此外，「2016 亞洲精神健康會議」的順利舉辦亦引發此書的出版。香港浸會大學社會工作系於 2016 年 12 月 2 日至 3 日在香港舉辦了「2016 亞洲精神健康會議」。是次國際會議由香港浸會大學社會工作系主辦，國立台灣大學、上海大學、深圳大學，和四個專門在香港提供精神康復服務的地方非政府組織合辦，並獲得 14 間來自香港、台灣、澳門和內地的精神康復機構支持和參與。本人作為擔任此國際會議的籌備委員會主席，對參與是此會議的學者、機構代表和資深社工的積極參與和支持，及發表有關華人社會精神康復服務的學術文章，感到十分高興和欣賞，亦喜見香港、台灣、澳門和內地精神康復服務有良好的發展，因而籌劃編著這新作，並邀請多名學術界名人、機構代表和資深社工共同出版此書。

本人謹此向多位學術界名人致謝，包括：國立台灣大學社會工作學系吳慧菁教授、上海大學社會工作系范明林教授、香港浸會大學社會工作系系主任吳日嵐教授、香港浸會大學社會工作系同事洪雪蓮副教授、梁瑞敬博士和羅景強博士；和從事精神康復服務機構的代表和工作員，及多位資深社工和朋輩支援工作員，包括：香港利民會總幹事馮祥添博士、扶康會服務總監方富輝博士、盧爾傑先生、梁振康先生、陳國溪先生和梁毅進先生。本人實在十分感謝他們對本書的支持和貢獻，多謝他們在繁忙的工作中，仍抽出時間為此書獻文，此書才能順利誕生。此外，本人亦要感謝香港浸會大學校長錢大康教授，在百忙中抽空為此書賜序言，作正面評價和推薦，令此書更受廣泛讀者的信任和接受。

本書結集了多名學者和精神康復服務機構的資深社工的文章，他們分享了發展復元導向服務的經驗和反思，包括政策、創新服務和個案輔導等層面。雖然本書的內容未能涵蓋和盡錄本港和華人社會各精神康復服務機構，發展復元導向服務的豐碩成果，然而，可以提供一些具參考價值的文章，藉此引發更多學者和精神康復服務機構發表更多有關復元導向的服務文章，讓精神康復服務的專業人士和廣泛讀者，得到更多知識和啟發，進一步發展復元導向服務，促進眾多患上情緒病和精神病的朋友的身心靈健康。

楊劍雲

編者序二

2016 年我和楊劍雲博士編著了《精神健康與輔導 —— 認知行為治療的理論與案例》一書，深受精神康復專業工作者的好評。為了進一步提高專業的精神健康康復工作，我們編寫了《社區精神健康服務與輔導工作》。

隨着社會不斷發展，人們面對的問題越趨複雜，日常生活及工作的精神壓力也持續增加。為了幫助有需要人士應付精神壓力帶來的問題，政府及非政府機構在過去十多年在香港不同地區成立了社區為本的精神健康服務。本書除了檢討社區精神健康服務及政策的發展外，最重要是它結集了多名本地、台灣及中國內地學者、精神健康服務使用者和專業社會工作者的文章，共同探討有關社區精神健康及復元導向服務的推展及輔導方法。此書的完成，除了有賴楊博士的主力協調外，我們亦感謝國立台灣大學社會工作學系吳慧菁教授、上海大學社會工作系范明林教授、朋輩支援工作員梁毅進先生及香港精神康復服務的資深工作者馮祥添博士、盧爾傑先生、梁振康先生、陳國溪先生、羅景強博士和方富輝博士的獻文。同時感謝香港浸會大學的支持，謹此感謝。

吳日嵐

目錄

第二章　台灣社區心理衛生

第三章　上海精神健康服務和發展

第二部分　復元導向及新發展的介入手法

第四章　復元導向職業培訓模式

第九章　「幻聽」與聽聲模式的介入策略

第十章　敘事實踐的應用：走出毒品黑洞的故事

第十一章　減少社會污名和自我污名

前言

根據香港近期的全港大型抽樣調查研究顯示，介乎 16 至 75 歲的本港人中，13.3% 患了情緒病，[1] 2.5% 患了嚴重精神病。[2] 另外，根據香港政府統計處資料，香港於 2016 年中，介乎 15 至 74 歲人口數目約為 596 萬人。以此推算，估計香港約有 94 萬名青少年及成人患有情緒病及精神病，當中約有 15 萬人患有嚴重精神病，這些嚴重精神病患者大多在社區居住和接受治療。治療精神病，藥物治療只是其中一種方法。實證研究顯示，個案心理輔導和社區支援服務亦有助病患者的治療和復元（Recovery）。

本書由香港、台灣及上海三所大學的學者和香港的社區精神健康服務專業人士，共同合著而成，希望藉這新書，介紹亞洲區的社區精神健康服務的最新服務發展和政策，並講述多種促進精神健康和復元的介入手法。本書深入淺出，附以個案研習和服務模式實例說明，讓讀者更容易明白、掌握和運用介紹的理論、其服務模式及介入手法。

首部分的第一至三章，介紹香港、台灣和上海的社區精神健康服務，包括各地區的相關政策、服務發展模式和存在的問題等。首章介紹香港精神健康服務百多年的演變，由隔離遣走、院舍治療、社區照顧、提倡及早識別與介入，再發展至綜合社區支援，和促進復元等階段。在不同階段呈現不同的服務理念、內容和特色。回顧這百多年的服務發展時，香港精神健康服務呈現五方面的轉向：服務概念、服務空間、服務對象、服務策略和專業化轉向。至今，社會工作在香港的社區精神健康服務上亦顯得越

1 Lam et al., 2015.
2 Chang et al., 2015.

來越重要。

從 20 世紀 70 年代開始，台灣開始發展社區精神健康服務。第二章介紹台灣近代社區精神健康服務的發展和政策，並簡介現時台灣一些特色的社區精神健康服務，包括：社區復健中心、康復之家、社區家園、會所模式、居家治療，和提供長期照顧的護理之家等。此外，文章亦介紹促進患者互相支持和爭取權益的自助組織——康復之友協會。和香港相類，台灣社區精神健康服務正邁向促進患者復元。

在最近十多年，上海的精神健康服務有了長足的發展。第三章介紹上海現時的社區精神健康服務的政策、體制和服務發展，包括：精神疾病防治工作三網絡、院舍治療和社區康復，並簡介現時上海一些特色的社區精神健康服務，包括：陽光心園、陽光工坊和明心社工站等。探討服務發展的問題則包括：缺乏專業人員，和以「管控精神病患者」為政策理念。此外，文章更整理了從 2001 年至 2017 年上海市精神衞生政策文件，講述未來發展方向。

第二部分會述説一些別具特色的介入手法。第四至七章介紹在香港的復元導向服務（Recovery-oriented services）模式和介入手法，包括：復元導向職業培訓模式（第四章）、優勢觀點模式（第五章）、朋輩支援工作員（第六章），和動機晤談法（第七章）。第八至十一章則介紹近年一些新發展的介入手法，包括：敍事治療（第八章及第十章）、幻聽和聽聲模式的介入策略（第九章），及減少社會污名和自我污名的策略（第十一章）。

本港資料顯示，只有三分之一的年青精神病患者 / 復元人士就業，而他們的失業率是一般青年失業率的 2.4 倍。在沒有適當的支援下，年青復元人士的就業率會持續下降，當中許多人要面臨長期失業的危機。在第四章，介紹一個全新以復元導向的職業培訓模式（Recovery-oriented vocational training model），並將這模式應用於協助年青復元人士就業的職業培訓服務上。復元導向職業培訓模式包括四個培訓階段：獲取復元知識、技能學習、克服就業挑戰，和實現公開就業。研究結果顯示這復元導向職業培訓模式有助提升參加青年的就業率和促進他們個人復元。

第五章介紹如何運用優勢觀點模式（Strengths perspective）於精神病患者 / 復元人士中。優勢觀點模式指出，助人專業在過往多年一直視受助者為：病態、有問題、無能力應付困難等，他們因而常受到社會標籤及邊緣化。優勢觀點則從人的能耐出發，評估復元人士的能力、潛能、資源、目標、價值、希望和轉變的可能，協助受助者活出有尊嚴、有意義及豐盛的人生。文中附以個案工作實例，介紹如何運用優勢觀點模式於個案工作中。

朋輩支援工作員（Peer support worker）是一班經過訓練和已康復的前服務使用者，他們透過個人復元旅程之經歷，分享「過來人」的寶貴經驗，給予其他康復者支持、鼓勵和希望，藉此促進他們的復元。2017 年，香港的醫院管理局和提供精神健康綜合服務中心的社福機構，聘用超過 50 名全職或兼職的朋輩支援工作員，工作範圍包括：電話傾談或會面提供輔導服務、外展或關懷探訪、組織小組和籌辦公眾教育活動等。第六章由一名現職的朋輩支援工作員親述個人復元故事、朋輩支援工作員的工作經驗，和對朋輩支援工作的反思等。

動機晤談法（Motivational interviewing）建基於人本取向，較常運用於協助濫藥人士處理物質誤用或成癮行為，並強調強化案主求變的動機以促進案主戒藥計劃和行動，重建健康人生。在精神康復工作中，亦可透過動機晤談協助案主處理一些因長期精神疾患帶來的負性徵狀，以改善復元人士的生活質素。第七章透過個案工作實例，介紹如何運用動機晤談法，促進案主對生活態度及行為的改變，趨向復元。

敍事治療建基於後結構主義，認為社會上對精神病存在着多元論述。敘事治療挑戰把個人問題病理化的主流論述，相信當事人才是自己問題的專家。與傳統精神健康領域以專家診斷、醫治的模式為主作比較，敘事治療強調治療師透過提問，與當事人「共同研究」、「共同著作」，讓當事人經歷自我發現、探索合乎價值觀、生命原則的新身分認同。敘事治療強調意義建構、生命故事的多元性。第八章以個案研習方式，介紹如何運用敘事治療於抑鬱症病患者上，展現敘事治療其中兩個重要的「對話地圖」——「外化對話」及「重寫生命故事」的應用。

長久以來，精神醫學都將「幻聽」視為一種精神病病徵，並主要依靠精神科藥物治療。然而，最少四分之一的患者在接受藥物治療時，仍出現抗藥性殘餘病徵，包括幻聽。這促成了聽聲運動的誕生，並發展出一種應對幻聽方法——聽聲模式（Hearing voice approach）。目前，全球各地已成立超過 180 個聽聲者自助組織。第九章會介紹聽聲模式，如何透過互助小組和個案工作手法，協助患者克服恐懼情緒，接受幻聽 / 聲音的存在，與幻聽 / 聲音和平共處。

第十章介紹如何應用敘事實踐（Narrative practice）於濫藥青年上。這篇文章首先闡述敘事實踐的概念、原則及道德價值觀，繼而探討香港社會主流如何論述及建構「濫藥者」這身分，並附以個案經歷説明。此外，這篇文章會以個案研習方式，介紹敘事實踐的相關技巧，包括外化問題、「敘事地圖」概念的應用、「重寫生命故事」的相關提問應用、身分的重建、渴望與夢想的實踐等。內容十分豐富。

社會污名（Social stigma）是指社會大眾對精神病的偏見和負面態度。在香港及其他華人社會內，社會污名和歧視態度十分普遍，一般社區居民、僱主和患者家屬都常見有此心態，社會大眾對精神病患者有很多不合理不公平的對待，影響他們復元。社會污名其中一個嚴重後果，是患者會認同和內化了社會污名的負面觀點和信念，並引致自我污名（self-stigma），導致出現延誤治療、自尊感低和情緒低落等問題。第十一章會介紹一些有效的介入模式，協助患者抵抗自我污名，包括：認知行為治療小組、「勇敢披露」模式、「會說話的相片」模式和真人圖書館等。

香港論述社區精神健康服務和輔導工作的中文書籍不多。編者希望本書的出版，能產生漣漪作用，引發更多探索社區精神健康服務的書籍和文章，促進亞洲區社區精神健康服務的發展，令眾多精神病患者受惠，促使他們復元和改善其生活質素。

作者簡介

（按文章次序列）

楊劍雲　香港浸會大學社會工作系副教授

於英國布里斯托大學（University of Bristol）獲社會工作學系博士。註冊社工，香港專業輔導協會輔導員及認可督導員。

現於香港浸會大學社會工作系任職副教授，講授社工碩士、社工學士和輔導碩士課程之輔導科目，包括精神復康工作、兒童及青少年精神健康及輔導、長者精神健康及輔導，和認知行為治療等。早年為資深社工及輔導員，曾於本港精神復康服務領域工作十多年，亦曾擔任督導工作，指導前線社工有關個案工作和輔導手法。

個人著有《精神複康輔導工作——理論與個案》（2013 年），合編有《精神復康與輔導——認知行為治療的理論與案例》（2016 年）。

吳日嵐　香港浸會大學社會工作系系主任及教授

於香港浸會大學獲社會工作榮譽文憑及文學士學位；英國埃塞克斯大學（University of Essex）獲社會服務策劃碩士及哲學博士學位；美國加州專業心理學學院（香港課程）獲臨床心理學碩士及博士學位。

吳教授主修社會工作及精神康復，曾任職精神康復社會工作者，有豐富的心理輔導及精神康復社會工作經驗。2006 年獲得美國認知治療學院認知治療資格；2014 年獲 EMDR 培訓資格。

吳教授的輔導專業包括精神康復社會工作，個人及家庭輔導，危機及創傷後壓力症候處理、焦慮及抑鬱治療等。學術研究及論文發表在多份國際學術期刊。

羅景強　香港浸會大學社會工作系兼職講師

先後於香港浸會大學社會學系獲社會學學士及哲學碩士學位，及後於社會工作學完成得哲學博士學位，畢業論文主要探討香港精神分裂症患者對復元概念的理解。羅博士曾於不同大學和非政府組織機構任職研究員，主力從事精神健康相關的研究工作。現時於香港社會服務聯會任職。

吳慧菁　國立台灣大學社會工作學系教授

畢業於美國哥倫比亞大學社會工作實務組研究所，現任職於國立台灣大學社會工作學系（所）教授，台灣心理衛生專科社工師。曾任教職於中山醫學大學；也曾在紐約州立精神研究機構（NYSPI）社工部擔任初級研究員、美國紐約麥地臣華埠家庭輔導中心、高醫附設小港醫院精神科、費城聯合健康與公眾服務中心 (UHHS) 從事精神醫療社工、台北市社會局青少年福利科少年關懷專線擔任督導。

專業領域於心理衛生、創傷輔導與復原、物質濫用、司法矯治、身心障礙人權、方案評估。

范明林　上海大學社會工作系教授

於香港理工大學獲博士學位。主要研究領域是：社會工作理論與實務、社會政策評估、社會服務機構評估、非政府組織研究，等等。著有：《社會工作理論與實務》、《小組工作》、《老年社會工作》、《社會管理與社會政策》、《當代中國公共政策實證研究》等。曾主持教育部重大相關項目、國家社科基金項目、教育部人文社科基金專案多項。兼任中國社會工作學會理事、上海社會工作協會常務理事、上海浦東新區樂耆社工服務社理事長，上海公惠社會工作服務中心理事長、上海陽光社區青少年事務中心理事，等等。

梁振康　香港浸會愛羣社會服務處職業復康服務主任

於香港大學獲社會工作學士及社會工作碩士學位。資深社會工作者，現於職業復康服務及青少年就業服務，有二十年經驗。近年與香港浸會大學社會工作學系教授楊劍雲博士合作多項研究，範圍包括運用運動介入提升精神復元人士的自我效能感，以及運用復元理論於青少年就業培訓的成效研究等。此外，他亦積極推動不同青少年羣組，例如多元文化族裔、長期病患，以及年輕媽媽的職業輔導工作及精神健康推廣工作。

陳國溪　基督教家庭服務中心專業服務發展經理

先後於香港浸會大學及香港理工大學獲學士及碩士學位（精神健康）。資深社會工作者及兼任社會工作學生實習導師。曾任職濫用藥物輔導服務及精神健康服務工作，致力實踐優勢觀點模式，協助服務使用者正面改變。2016 年，與一班志同道合的社會工作同工及老師，組織香港復元及優勢觀點社會工作協會，推動優勢觀點模式。

梁毅進　香港利民會朋輩支援工作員

於香港中文大學獲理學士學位，主修物理學及副修心理學，後於香港大學獲得教育文憑，並正在香港理工大學修讀諮商與輔導文學碩士學位。梁先生是一名復元人士，在香港利民會和聯合醫院任職朋輩支援工作員，有兩年的相關工作經驗，並在中途宿舍、精神健康綜合社區中心和日間醫院進行個人面談、外展探訪、小組活動和公眾教育等。

馮祥添　香港利民會總幹事

於香港中文大學獲社會工作學士學位和傳播哲學碩士學位，並於 2008 年在香港大學獲得哲學博士學位。現任香港利民會總幹事，曾為香港社會服務聯會執行委員會委員，亦曾擔任香港大學、香港中文大學、香港理工大學及香港浸會大學社會工作系兼任導師。馮博士是資深社會工作者，曾從事多項被邊緣化人士的服務，包括外展青少年服務、濫用藥物輔導服務、更生人士服務、愛滋病輔導及教育服務，和精神健康服務，並在這些領域曾發表多篇研究文章。

盧爾傑　資深社工

於香港城市大學獲社會工作學士學位，後在南澳大學完成輔導學碩士，和在美國佛羅里達性治療訓練學院獲取性治療證書。盧先生自 2002 年開始從事精神健康社會工作。曾於 2006-2009 年出任性治療師，為公眾人士和精神康復者提供性治療及性心理輔導，並透過香港電視台、香港電台和報章，解答公眾對性心理及伴侶關係的疑問。盧先生曾於 2009-2010 年任職深圳市南山區家屬資源中心主任，主力發展內地的精神病社區康復及家屬工作，並在 2010 年回港後繼續從事精神健康社會工作，並曾任職精神健康綜合社區中心主任。

洪雪蓮　香港浸會大學社會工作系副教授

於香港大學社會工作系獲博士學位，現為香港浸會大學社會工作系副系主任及社會工作實踐與精神健康中心主任，香港專業輔導協會輔導員及認可督導員。洪博士是資深社會工作者，一直從事婦女與家庭、性別暴力、敍事治療 / 實踐、小組及社區工作、性別與社會工作的教學和研究，包括「女性主義實踐」、「充權實踐」、「社羣敍事實踐」等。洪博士自 2002 年起接觸敍事實踐手法，於 2010 年取得澳洲德維治中心（Dulwich Centre）開設的「敍事治療研究生國際文憑」，2015 年完成墨爾本大學及澳洲德維治中心合辦的首屆「敍事治療和社區工作碩士課程」。過去十年，洪博士一直從事有關敍事治療及敍事社羣實踐的實務、培訓、督導及研究工作，並穿梭於香港、內地、台灣及新加坡等地，具豐富經驗及知名度。

方富輝　扶康會服務總監

於香港大學獲社會工作學士及社會科學（精神健康）碩士學位，並於香港理工大學修畢社會工作博士課程。方博士從事臨床工作二十年，先後到美國、英國和澳洲進修，研修領域包括：精神分裂症、邊緣性格障礙、暴力及濫藥行為等，並在學術期刊和書籍發表文章，分享研究成果，包括羅恩・科爾曼 (Ron Coleman) 的《與聲音同行 II》(*Working with Voice II*) 中譯本。方博士另為澳門利民會榮譽顧問、香港理工大學及香港專業進修學院客席導師，教授社會工作和精神健康課程。

梁瑞敬　香港浸會大學社會工作系講師

先後於英國埃塞克斯大學（University of Essex）獲社會學哲學博士及澳洲墨爾本大學（University of Melbourne）敍事治療及社區工作碩士學位。現任香港浸會大學社會工作系講師及香港浸會大學青年研究實踐中心副主任。梁博士亦是澳洲德威曲中心（Dulwich Centre）及香港浸會大學青年研究實踐中心合辦的一年制敍事實踐進深課程的協調主任。梁博士自 2001 年開始跟隨敍事實踐老師米高懷特（Michael White）學習敍事理念，一直積極與本地不同的政府或非政府機構合作，參與推廣敍事社羣實踐的本土化應用。

第一部分

社區精神健康服務

第一章

香港精神健康服務之演變和發展

——由隔離遣走到社區融合和復元

羅景強 博士
吳日嵐 教授
楊劍雲 博士

香港的精神健康服務發展源遠流長，由首間興建的臨時瘋人院，至今日遍佈全港 18 區的精神健康綜合服務中心，香港的精神健康設施和服務發展，不經不覺已經超過 150 年。時至今日，各類精神健康設施和服務，為了適應社會日新月異的變遷，以及應付服務使用者的切身需要，不論在成立理念、服務方向以及運作模式，皆經歷重大變革，當中變遷亦不乏許多創新和突破。有鑒於此，本文旨在回顧和梳理香港精神健康服務和設施的近代發展，揭示演變歷程中的意義。大致來説，香港的精神健康服務和設施發展，可以劃分為六個階段，當中又經歷了五大發展轉向。現分述如下。

第一階段：服務匱乏期——禁閉隔離遣走（1842 - 1924 年）

香港的精神健康服務和設施的發展開端，最早可追溯到 19 世紀中葉，當香港於 1842 年成為英國在遠東的殖民地之後。香港開埠初期，只是一條人口稀少的小漁村，商業和貿易活動有限，加上天然資源匱乏，香港政府枯竭的財政收入，根本無法為普羅大眾提供基本的社會服務和設施。在這樣的背景下，精神健康設施和服務乏善可陳。其時，精神病患者大都缺乏適切治療，只能由他們的家人或朋友照顧。精神病患者大都絕跡於社區，甚至多被排斥至社會邊緣。[1]

- **禁閉隔離**

早期的香港缺乏正規精神健康設施和服務。1876 年以前，香港沒有瘋人院，[2] 亦沒有任何專門禁閉精神病患者的設施。[3] 精

---

1 Starling & Hong Kong Museum of Medical Sciences, 2006.
2 Lo, 2003; Starling & Hong Kong Museum of Medical Sciences, 2006.
3 Lo, 2003; Tang, 1997; Yip, 1998.

神病患者一般只會被關閉於監獄內。[4] 華裔精神病患者會送往東華三院的「特別病房」幽閉，而歐裔病人則會先被送到域多利監房關閉，然後再被遣返祖國。至於那些具有潛在暴力傾向的病人，則如同野獸般被扣上鎖鏈，關閉在監房之中。[5]

- **瘋人院作隔離治療**

直至位於荷李活道的臨時瘋人院於 1875 年建成之後，香港的精神健康服務才略有改善。雖然臨時瘋人院只是暫時建設，卻是香港首間具規模的精神病設施。[6] 及後，兩間瘋人院亦先後落成。專門禁閉歐裔精神病患者的瘋人院於 1885 年在般咸道建成，並內設八個牀位。[7] 後來，香港政府得悉東華三院「特別病房」內的生活環境每況愈下，於 1891 年設立首間專門接收華人的瘋人院，取締那些「特別病房」。[8]

- **轉移協議 —— 遣走病患者**

即使兩間瘋人院相繼啟用，牀位不足的問題依然持續。為應付牀位持續不足的困擾，香港政府於 1894 年開始與廣州芳村醫院合作，訂立接收香港華裔精神病患者的協議。[9] 按照該項合作協議，香港政府定期將精神病患者移送至廣州芳村醫院照料。病人的住院費及各項費用則由香港政府代為支付。[10] 不過，該項轉移協議僅適用於華裔病人，非華裔病人則不包括在內。對非華裔病人而言，被強制送離香港，遣返原居地，往往就是他們的命運。另外，香港首條精神健康條例 —— 瘋人院條例 —— 亦於 1906 年通過。條例雖然簡短，只有 16 個章節，卻涵蓋廣泛。

---

4 Tang, 1997.
5 Starling & Hong Kong Museum of Medical Sciences, 2006.
6 Lo, 2003; Tang, 1997; Yip, 1998; Starling & Hong Kong Museum of Medical Sciences, 2006.
7 Lo, 2003.
8 Starling & Hong Kong Museum of Medical Sciences, 2006.
9 Lo, 2003; Ungvari & Chiu, 2004; Wong, 2006.
10 Yip, 1998; Starling & Hong Kong Museum of Medical Sciences, 2006.

• 評析

在此時期，香港的精神健康設施和服務有三大特色。第一就是以幽禁作為治療 / 照顧模式。當時的所謂「治療」，其實只是禁閉、隔離和監控。精神病患者大都如囚犯一樣被送到監獄或瘋人院中監禁，不會獲得醫療上的治療和照顧。第二，當時的精神健康設施和服務 —— 瘋人院，屬於臨時設施，僅為精神病患者提供短暫住所，方便政府管理。第三，患者會被移送到廣州芳村醫院或遣返原居地，逐出香港。可見當時的精神健康設施和服務，重心不在於治療精神病患者，或提供持續照顧及訓練，讓他們重返社區生活，而是盡量將他們與社會分隔，監控他們，甚至把他們送離香港。

第二階段：醫療模式始創期 —— 精神科醫院落成（1925 - 1950 年）

香港的精神健康服務和基礎設施隨着精神病醫院落成而逐步建立。然而，當時建立的精神病設施和提供的服務僅止於滿足精神病患者的基本需要。

1925 年啟用的域多利精神病醫院，是香港首間精神科醫院，標誌着醫療模式正式成為治療精神病的方法。但因缺乏資料紀錄，我們對當時治療精神病的模式和方法所知甚少。推測當時醫院使用的治療方法，僅限於短暫性地囚禁病患者而已。不過，可以肯定的，是域多利精神病醫院的規模比瘋人院擴大了許多，內設 130 個牀位。[11] 雖然醫院的規模擴大，牀位增加，但牀位依然供不應求。在 1925 至 1940 年間，入住精神科醫院的人數，

[11] Yip, 1998; Starling & Hong Kong Museum of Medical Sciences, 2006.

由 308 人大幅升到 679 人，[12] 可見當時社會對精神病設施的需求有增無減。

- 評析

無可否認，香港的精神病設施和服務在這階段的發展依然有限。精神病院牀位嚴重不足，環境普遍擠迫惡劣。儘管當時香港政府已經開始着手發展本地精神健康設施和服務，然而，礙於其態度消極，視野短淺，欠缺長遠規劃以及考慮長遠需求，推行的措施多屬臨時性質，令發展舉步維艱。

第三階段：院舍化時期（1951 - 1975 年）

1949 年可以説是香港精神健康服務發展史上的分水嶺。該年國共內戰結束，中華人民共和國成立，香港政府與廣州芳村醫院的病人轉移計劃亦告中止。從此，香港的精神病患者無法送到中國接受治療。另一方面，大批中國難民為了逃避戰亂，於 40 年代末從中國大陸湧入香港，令香港人口迅速急升至 250 萬。[13] 急速膨脹的人口令各項社會服務的需要大幅增加，精神病設施和服務不無例外。香港政府開始擔當更加積極的角色，興建和發展本港精神病設施和服務。

- 院舍化的開端 —— 青山醫院落成

青山醫院的落成揭開香港精神健康服務院舍化（Institutionalization）的序幕。為配合大型精神病院的發展，相關的精神健康條例亦於醫院啟用前完成修訂。1960 年，新通過的精神健康條例取代舊有的精神醫院條例。新條例是香港首條明確定義證明、拘留和治療精神病患者的精神健康條例，為精神病

[12] Yip, 1998.
[13] Gould, 2006.

患者送往醫院治療提供法律基礎。[14] 1961 年，屯門青山精神科醫院（青山醫院）落成啟用，成為香港首間專科精神病醫院，配置 1,120 個牀位，為病人提供住院和治療服務，而域多利精神病醫院亦隨即關閉。[15] 同年，首間精神科日間醫院啟用。[16] 1963 年則推出精神科門診服務。礙於專業人員數目不足，當時的精神科門診只能提供每星期數節的有限度服務。[17] 1981 年葵涌醫院成為全港第二間大型精神科醫院，設有 1,336 個牀位，分設兒童、青少年和老人精神科。

此外，香港政府由 70 年代開始針對社區需要，致力拓展地區精神科醫療服務。1971 年，首次在普通科醫院開設精神科，為市民提供社區精神科專科服務。香港島的瑪麗醫院和九龍區的九龍醫院成為首兩間開設精神科的普通科醫院。[18] 1972 年，小欖精神病院成立。該院設於小欖，專門收容患有精神病的罪犯，為他們提供治療。香港的精神健康設施和服務，由 60 年代起至 80 年代初，不斷推行院舍化和醫療化，奠定以醫療模式為主導的精神健康服務。

• 醫院以外社區精神健康服務萌芽

除了精神科醫院和診所之外，社區精神健康設施和服務相繼萌芽，關注精神病患的非政府組織長足發展。1954 年，香港心理衛生會成立。它是香港首個向公眾人士提倡精神病知識教育的非政府組織，通過於社區舉辦講座和電影放映會，嘗試在社區層面上推動精神健康教育。[19] 1959 年，新生互助會在一羣尋求互相支援的精神病患者發起下誕生，成為首個精神病患者互助組

[14] Yip, 1998.
[15] Starling & Hong Kong Museum of Medical Sciences, 2006; Ungvari & Chiu, 2004; Lo, 2003.
[16] Mak, 1994; Ungvari & Chiu, 2004.
[17] Tang, 1997.
[18] Tang, 1997.
[19] Lo, 2003; Yip, 1998.

織，[20] 後於 1965 年，易名為新生精神復康會（簡稱新生會）。

1964 年，新生會首先開設以離開青山醫院的精神病康復者為服務對象的中途宿舍，為三名康復者提供社區住宿服務。[21] 儘管該中途宿舍提供的住宿牀位數目極少，宿舍的成立卻標誌着香港的精神病復康服務，採取邁向社區為本的發展方向。香港心理衞生會則於 1967 年，並成立香港首間男性中途宿舍愛蓮樓。該宿舍設於公共屋邨，提供 20 個牀位，為離開精神科醫院的康復者提供社區住宿服務。

另一項創新的精神病復康設施 —— 新生農場，於 1968 年正式啟用。該農場設於屯門，由新生會創立和運作，專門為精神病康復者提供工作訓練和復康服務。[22] 1972 年，香港首間庇護工場和女性中途宿舍先後由新生會成立和運作。

- **政府牽頭奠立和規劃精神健康政策**

自 70 年代開始，香港政府和非政府組織積極推動和發展各種社區精神健康設施和服務。[23] 精神健康設施和服務要有長遠和穩定的發展，政府的推動和規劃必不可少。1974 年，香港政府發表第一份精神健康政策白皮書 ——《香港醫療及衞生服務的進一步發展》。[24] 報告書肯定精神健康服務的重要性，政府承諾擴充精神病專科治療。政府計劃在新建的普通科醫院開設精神病房 [25]（分別為沙田威爾斯親王醫院、屯門醫院和東九龍醫院）。[26] 兩年後，香港政府在綠皮書《香港復康服務的未來發展》中，正式將精神病患者納入為傷殘人士，可以享受復康服務。自此，精

20 Yip, 1998.
21 Chan, Ungvari & Leung, 2001; Yip, 1998.
22 Yip, 1998.
23 Yip, 1998.
24 Hong Kong Government, 1974.
25 Hong Kong Government, 1974; Yip, 1998. 除了政府的普通科醫院，基督教聯合醫院亦成為首間開辦精神科的私營醫院。
26 Hong Kong Government, 1974; Yip, 1998.

神病患者正式被政府確認成為社會福利制度中的受助羣體。[27]

- 評析

在此時期，香港的精神健康設施和政策發展可以歸納為以下幾個特點。首先，香港政府在推動精神健康設施和服務發展上，扮演更加積極的角色。在政策規劃上，政府則着手制定精神健康政策和復康計劃方案，確立發展方向和檢討機制，奠定日後的發展路線和基礎。在服務對象上，精神病患者的需要和身分亦得到政府的關注和確認。香港政府一改往日的抽離被動，主動介入和籌劃政策，有意識地主導精神健康設施和服務發展目的和方向。

其次，政府和非政府組織在精神健康服務發展分工上亦略見雛型。在分工上，政府大力發展各類以醫療主導的設施和服務，諸如大型醫院和專科門診。非政府組織則積極填補政府在社區精精健康服務的不足，不斷推出創新服務，好像中途宿舍、復康農場、庇護工場和離院支援服務等，並竭力在社區層面推動精神健康教育，務求做到防患未然。

最後一個特點就是精神健康服務趨向專業化、系統化和多元化。精神科專業及相關的專門訓練課程逐步有系統地建立起來，為香港日後的專業發展和本土化奠立穩固基礎。另外，社區復康（Social rehabilitation）概念在非政府組織的推廣之下，逐漸得到精神科專業以及相關服務團體的認識和接納。更重要的是，在傳統的院舍化和醫療模式以外，各種以社區為本的復康服務不斷發展和普及，逐漸成為可行的選擇。

第四階段：去院舍化和社區照顧（1976 - 1999 年）

這時期不僅是香港經濟和社會發展的黃金年代，亦是本地精

[27] Yip, 1998.

神健康設施和服務發展的鼎盛時期。在短短二、三十年間，香港社會於不同領域上均經歷急速且巨大的變化。在經濟結構上，香港的主要經濟產業逐漸由生產製造業轉型為金融及服務業，並躍升成東亞的環球貿易及金融中心。在社會發展上，香港正處於過渡期，社會既瀰漫着各種不安情緒，市民對政府的需求亦不斷上升。不過，香港政府在社會服務發展上，依然能緊貼國際社會潮流。[28] 有關精神復康的思潮、概念、治療方法和服務模式，被政府和非政府組織大量引入香港。自此，香港政府肯定了社區復康概念在精神健康服務中的價值和重要性，並緊貼國際發展趨勢，讓香港的精神健康服務逐步去院舍化（De-institutionalization），將社區復康和社區照顧（Community care）成為服務的核心理念。[29]

- **社區為本精神健康服務**

香港政府於 1977 年發表的第一份有關傷殘服務白皮書《羣策羣力協助弱能人士更生》，響起了社區為本精神健康服務（Community-based mental health services）的先聲。[30] 該報告認為精神病患者的復康目標不應只局限於院舍內接受治療，而應提供社區配套，鼓勵病患者重投社區生活。在這背景下，新生會於 1976 年推出續顧服務（Aftercare service），不但安排社工為離開中途宿舍的康復者提供服務，更成為首個聘請社工專職精神健康服務的機構。1977 年，政府設立精神科社康護理服務（Community psychiatric nursing service, CPNs），專門協助離院返回社區生活的精神病康復者，提升和強化他們的生活自理與應對能力，減低病發機會。[31]

---

[28] Yip, 1998.
[29] Cheng, 2011.
[30] Hong Kong Government, 1977.
[31] Ng, Chan, & MacKenzie, 2000.

• 社區恐慌前奏——元洲街邨慘劇

正當香港政府穩步拓展社區精神健康設施和服務，長沙灣元洲街邨（現重建為元州邨）慘案卻喚起公眾對政府改善精神科服務的關注。1982 年 6 月 3 日，一名居住在元洲街邨的精神病患者因受刺激，先在寓所內斬死母親和妹妹，再走到梯間襲擊途人，及後跑到邨內的幼稚園，斬死四名兒童，釀成六死四十多人受傷。[32] 慘劇轟動社會，亦迅即令民間發出強烈聲音，要求政府立即檢討並改善精神健康服務。[33] 針對該次慘劇，香港政府提出多項預防措施，加強精神病患者和公眾人士的社區支援，當中包括成立社區精神病科護士、設立查詢熱線電話、為曾有刑事暴力行為的精神病患者建立檔案，加強管理和跟進、興建更多中途宿舍，及加強公眾的精神健康教育等。[34]

• 推動公眾教育，持續發展社區精神健康服務

自元洲街邨慘案發生以後，社區瀰漫着一片對精神病康復者的恐慌情緒。在欠缺社區人士信任下，社區精神健康服務發展進退失據。1984 年，政府宣佈在沙田的公共屋邨興建三間中途宿舍，當區公屋居民在區議員牽頭下，發起反對興建的抵制運動。[35] 眼見社區人士對精神康復者的恐慌有增無減，香港政府遂於 1985 年推行大型的社區精神健康公眾教育運動，期望透過大眾媒體、電視節目和教育講座，加深市民對精神病和康復者的認識，減少偏見和歧視。[36] 不幸地，儘管經過十多年的努力，香港市民對精神病患者和康復者的偏見、標籤和歧視，依舊不變。針對興建社區精神病設施的抵制運動，亦於 1992 年再度爆發。[37]

---

32 Hong Kong, 1983a.
33 Lo, 2003; Starling & Hong Kong Museum of Medical Sciences, 2006; Yip, 1998.
34 Rehabilitation Division, Education and Manpower Branch, Government Secretariat, 1983.
35 Yips, 1998; Hong Kong, 1984.
36 Hong Kong, 1987.
37 McMillen & Man, 1994; Yip, 1998.

當時，觀塘麗港城居民激烈反對政府於該屋苑旁興建一間精神病康復者的日間活動中心。即使到了 1994 年 2 月，日間活動中心正式開幕和運作之後，屋苑居民依然繼續抵制行動。部份居民不惜採用各種手法滋擾使用日間活動中心的精神康復者，企圖令服務使用者感到不受歡迎。[38]

為了扭轉公眾對精神病康復者的歧視和偏見，香港政府再次加強在社區宣傳精神健康信息，以及推廣公眾教育工作。自 1995 年起，香港政府於每年 10 月舉辦「精神健康月」，由政府各相關部門、非政府組織和傳播媒體合作，共同舉辦各項有關精神健康的宣傳活動，藉此喚起公眾人士認識和關注精神健康，包容和接納精神病患者和康復者，推動社區融合。[39]

社區抵制運動並沒有動搖香港政府發展社區為本的精神健康服務的決心。1992 年，香港政府發表康復政策及服務綠皮書《平等齊參與 展能創新天》。[40] 書中明確提出精神健康服務的指導方向，以及需要發展和完善的範疇。當中五個具體建議包括：改善與各社會服務團體的合作關係、引入臨床資訊系統、減低專業團隊成員的流轉頻率、縮短約見精神科醫生和臨床心理學家的輪候時間。[41]

社區精神健康服務在 90 年代得以擴展。香港首間長期護理院於 1991 年由新生會開辦。該院設於屯門，提供 200 個牀位，為病情穩定的精神病患者提供住家式的護理、復康和生活照顧服務。[42] 與此同時，利民會（香港）在元朗開設香港首間專門收容被評定有暴力傾向的精神病患者的中途宿舍。[43] 以上擴展的社區

[38] Yip, 1998; Yu, 2003.
[39] Cheng, 2011.
[40] Hong Kong Government, 1992.
[41] 同上。
[42] Chan, 1996; Rehabilitation Division, Health and Welfare Branch, Government Secretariat, 1991; Yip, 1998.
[43] Rehabilitation Division, Health and Welfare Branch, Government Secretariat, 1996; Yip, 1998.

住宿和照顧服務，不但令服務更趨多元化，並且能夠按精神病患者的不同狀況，滿足他們的需要。

- **創新社區支援服務**

與此同時，精神復康概念和服務模式逐步由非政府組織引入香港。1984 年，「治療性社區」概念和服務模式首次由利民會（香港）引入來營運單性別中途宿舍。[44] 次年，在公益金的財政支持下，香港浸信會愛羣社會服務處於灣仔開設首間精神病日間活動中心，為精神病康復者提供康樂和社交活動。[45] 1986 年，在慈善基金的支持下，新生精神復康會於堅尼地道開設首間輔助院舍，為無家可歸的精神病康復者提供 24 個短期住宿牀位服務。[46] 1989 年，名為基督教愛協團契的自助小組由一篤信基督教的精神病康復者組成成立，該小組以信仰為基礎，為生活在社區的精神病康復者提供支援服務。到了 1991 年，續顧服務獲取政府資助，由社工為離開中途宿舍的精神病康復者提供離院後的支援和輔導；並且明確定立人手編制和比例，規定社工與康復者的比例為 1 比 50，令續顧服務發展更具系統和規範。[47]

- **自助組織成立，法例保障權益**

除了社區精神病康服務邁步發展之外，各類以精神病康復者和家屬為骨幹的自助組織亦相繼成立。1989 年，浸信會愛羣社會服務處設立首間家庭資源服務中心，為精神病患者的家屬提供各類支援服務，包括電話查詢、面談服務、教育活動、錄音影像租借服務、自助小組以及會訊等，藉此協助他們提升能力，照顧

---

[44] Yip, 1998.

[45] Mak, 1994; Rehabilitation Division, Health and Welfare Branch, Government Secretariat, 1987.

[46] Hong Kong, 1986; Hong Kong, 1987.

[47] Mak, 1992; Rehabilitation Division, Health and Welfare Branch, Government Secretariat, 1996; Yip, 1998.

患有精神病的家屬。[48] 1992 年，香港精神健康家屬協會成立。該會由一班活躍於浸信會愛羣社會服務處的家屬和照顧者組織的自助小組組成。[49] 1996 年，另一個由精神病康復者成立的自助組織恆康互助社成立。該會旨在促進精神病康復者發揮自助互助，維護和爭取康復者權益以及促進社區共融。

此外，殘疾歧視條例在 1996 年訂立，保障精神病康復者的權利，免受社會人士歧視。同年，立法局再次修訂和通過精神健康條例（第 136 條），為精神病患者及其照顧者提供更適切的法律保障。

- 評析

在這時期，社區為本的精神健康服務和運作模式逐步興起，打破了一直以來由醫療模式主導服務發展的狀況，令服務趨向多元發展。[50] 在緊貼國際社會思潮和發展趨勢下，香港政府積極推動社區為本的復康服務，支持精神病康復者重投社區生活，令社區為本的精神病設施和服務發展一日千里。自此，社區為本的服務和服務模式抬頭，社區亦成為精神健康服務之中的關鍵一環。[51] 另一方面，社區融合、社區復康和社區為本的服務模式等概念，亦逐漸被非政府組織納入服務內容之中。[52]

除此以外，政府和非政府組織的分工漸趨壁壘分明。在服務發展上，香港政府透過醫院管理局主導發展大型院舍和醫療服務，持續興建和擴展精神病醫院、日間醫院、診所和病房，營運醫療模式為主導的精神健康設施和服務。至於非政府組織則積極介入和推動以社區為本為服務概念的精神健康設施和服務，先後開辦中途宿舍、輔助院舍、日間活動中心、家屬資源中心、長期

---

[48] Chan, 1996; Yip, 1998.
[49] Chan, 1996.
[50] Starling & Hong Kong Museum of Medical Sciences, 2006; Ip, 2002.
[51] Ip, 2002.
[52] Wong, 1996.

護理院和續顧服務等。不難發現，政府和非政府組織都在兩方面全力發展，醫社分工發揮彼此優勢，奠立這個分工發展的模式。

再者，社區為本的服務在社區抵制運動下舉步難移。元洲街邨慘案後，傳媒報導不時渲染與精神病患者相關的自殺和暴力事件，不但加劇普羅大眾對精神病患者的恐慌和污名化，亦令公眾人士抗拒甚至排斥精神病患者，反對設立社區精神病設施和服務的聲音不絕，抵制運動此起彼落。無可否認，香港政府積極推動公眾教育運動，實踐去污名、反歧視和社區融合；然而，社區抵制運動接二連三出現，反映「社區為本」和「社區照顧」為本的理念，仍未深入民心，扎根社區，甚至到達推行精神健康公眾教育運動亦無法有效改善的地步。[53] 事實上，社區照顧、復康和融合，不僅需要政府資源上的持續支持和許諾，同時亦需要多管齊下，在公眾層面上加強社會大眾對精神病康復者的接納和支援，方能建立友善社區。

最後，監察和管理精神病患者逐漸成為社區精神健康服務中的指導原則。元洲街邨慘案後，社區人士對精神病患者的恐慌和污名與日俱增，更大規模引發社區人士對精神患者的污名和恐慌，催化社區抵制運動。香港政府為更有效地監察和管理社區上具潛在危機的精神病患者，設立各種的監控機制，包括訂立條件釋放、優先跟進系統（Priority follow-up system, PFU）及次目標羣組（Sub-target Label），加強識別和追蹤精神病病患者在社區的生活狀況等。由此可見，在鼓勵精神病患者在社區復康和融入社區的同時，監察、管理和預防潛在危機成為社區精神健康服務的工作常態。

---

[53] Leung, 1995.

第五階段：轉型期——
提倡及早識別與介入（2000 - 2009 年）

九七回歸後，金融風暴和非典型肺炎對香港經濟造成沈重負擔。香港政府向全港非政府組織推行一筆過撥款，為非政府組織）帶來新挑戰，很多非政府組織因應這政策而製造大量合約員工，亦令社會福利從業員大感不安，缺乏工作保障和安全感。另一方面，由於社區人士對精神病患者的污名化，加上香港政府民望低落，政府在推廣社區精神健康設施和服務時，容易觸發民間激烈反對。社區為本的精神健康服務發展在內外交困之下荊棘滿途。

有別於之前的發展階段，轉型期的精神健康服務發展重心，逐步由提供治療和復康服務，轉變成提倡預防（prevention）、及早識別（early identification）和儘早介入（early intervention）精神健康問題。此外，在促進社區融合的前提下，社區支援服務、就業服務、自助組織和公眾教育，均成為主力發展範疇。

- **提倡社區預防，及早識別與介入**

為了貫徹預防、及早識別儘早介入治療精神問題，醫院管理局在 2001 年推出新服務模式——思覺失調服務計劃（Early assessment service for young people with psychosis, EASY）。該服務由跨專業團隊組成，在各區設立中心，以一站式綜合服務模式，為年齡介乎 18 至 24 歲的年輕人提供持續支援服務。[54] 計劃目的旨在社區層面推動精神健康教育，為有需要的公眾人士或患者儘早識別精神健康問題、提供治療及跟進服務，防止病情惡化，減少不必要的住院。

---

[54] Cheng, 2011; Hong Kong Hospital Authority, 2011.

- **先導計劃深化社區支援服務**

在轉型期，香港政府延續過去服務發展方向的同時，嘗試推行各種社區支援服務的先導計劃。在社會福利署的一筆過撥款支持下，非政府組織於 2000 年推出社區精神健康連網服務（Community mental health link，CMHL，簡稱連網）。當時的連網服務附設於中途宿舍或日間就業和活動中心，[55] 為離開院舍並返回社區生活的精神病康復者提供多元服務（如興趣小組、教育小組、個人輔導、康樂活動、家訪、公眾教育和轉介服務等），協助他們及其家屬和照顧者，得到全方位的照顧和支持，投入社區生活。

2005 年，社會福利署推出另一項社區精神健康支援服務——精神健康照顧服務（Community mental health care services，ComCare，簡稱照顧服務）。[56] 照顧服務同樣為離開中途宿舍、精神病院或醫院返回社區生活的精神康復者，提供為期兩年的個案支援和跟進服務，協助他們處理社區生活中遇到的難題，儘快適應和投入社區生活。

2007 年，社會福利署推出以社區為本的精神健康支援服務——社區精神健康協作計劃（Community mental health intervention program，CoMHIP，簡稱協作計劃）。[57] 協作計劃旨在加強社會福利署、醫院管理局和非政府組織之間的連繫，藉此提倡個人及早識別及介入其精神健康問題。另一方面，該計劃將服務對象的範圍擴展至所有懷疑受精神健康問題困擾的社區人士及其家屬，及年齡超過 15 歲但未有得到精神科服務的社區人士。協作計劃的服務範圍相當廣闊，包括個案工作、家訪 / 外展探訪、治療性 / 支援小組、社區教育，和安排轉介服務等。

---

[55] Cheng, 2011.
[56] Hong Kong (China), 2005.
[57] Hong Kong (China), 2007.

- **就業支援，發展社企**

另一方面，為促進精神病康復者就業，社會福利署在提供庇護工場、輔助就業服務和綜合職業康復服務中心之外，新增了兩項就業支援計劃，包括：在職培訓計劃「陽光路上」和「創業展才能」計劃。其中創業展才能計劃，在政府大力推動下，發展蓬勃。該計劃於 2001 年推出，透過種子基金，供非政府機構成立及經營社企，直接聘用殘疾人士。例如，新生會成立及經營社企，提供零售、餐飲、直銷、生態旅遊、清潔服務和物業管理等多元化服務，為精神病康復者創造更多就業機會。[58]

- **自助組織冒起**

隨着香港政府逐步肯定發展自助組織和支持弱勢團體對推動社區精神健康服務發展的重要性。[59] 自 2001 年開始，社會福利署決定為自助組織提供為期兩年的專項財政資助計劃。計劃目的旨在強化自助組織的能力，期望它們能夠與其他民間組織合作，共同創造和累積更多社區資本，推動社區復康和融合。由 2005 到 2008 年間，社會福利署合共發放 716 萬，資助 56 個自助組織提供各類型支援服務。[60] 其中，香港家連家精神健康倡導協會由一班精神病患者家屬於 2003 年成立。該會以精神病患者的家屬為服務對象，旨在支援有需要的患者家屬，致力維護他們的權利，提高他們的生活質素，以及加強患者家屬在參與社區康復服務上的角色。

- **評析**

香港政府欠缺長遠視野和連續性的社會福利政策，不幸地由第四階段延續至第五階段。這時期的社會福利政策規劃但求應

58 新生精神康復會網站。Retrievable from https://www.nlpra.org.hk/TC/social_enterprises/our%20seretail/65 on 36-March-2018.

59 Leung, 1995.

60 Social Welfare Department, 2007.

付臨時需要，被批評為短視，漠視長遠發展，相同的情況亦在精神健康政策上發生。然而，在這時期的精神健康服務仍能緊貼國際社會思潮和發展趨勢，發展出一系列以社區為本，主張預防、及早識別和介入，以社區融合理念為綱領的社區精神健康服務。可惜，由於政府在落實精神健康政策上欠缺明確和通盤的發展理念、目標、方向和持續性，即使接連推出各式服務計劃，在性質，他們大多只是為了回應和滿足突發的社會事件而推出的短期服務計劃，而非全盤和長遠的精神健康政策或指引。[61]

服務理念、服務策略和服務對象的轉變成為這時期的第二個特徵。在首四個階段，社區精神健康支援服務的服務對象主要針對離開醫院的精神病康復者，懷疑有精神健康問題的人士或受精神健康問題困擾的人士卻不納入為服務對象。這個狀況到了至第五階段開始出現變化。在貫徹預防、及早診斷和介入治療等理念和策略帶動之下，社區為本的社區精神健康服務（如社區精神健康協作計劃和思覺失調服務計劃等），正式將以上羣體納入為服務對象，為他們提供直接服務。

第三個特徵是非政府組織不斷探索新的服務模式，其中尤以社會企業發展最為蓬勃，成績斐然。在這段階段，社會企業不但逐漸被社會大眾所接納和認同，他們亦為精神病康復者創造了為數可觀的就業機會。以創業展才能計劃為例，該計劃由 2001 年推行至 2017 年，先後成立 111 項不同性質的業務，為殘疾人士創造大約 800 個職位，當中約 40% 的職位由精神病康復者出任。計劃成效得到政府肯定，並於 2017-2018 財政年度獲增加注資，期望可為殘疾人士創造額外 800 個職位。[62]

---

[61] Cheng, 2011.

[62] 「精神病患者及康復者的社區支援服務」，立法會福利事務委員會及衞生事務委員會長期護理政策聯合小組委員會，立法會 CB(2)1482/16-17(01) 號文件，2017 年 5 月 29 日。

第六階段：邁進復元導向的服務拓展（2010 年至今）

隨着香港社會發展逐漸擺脱金融海嘯和非典型肺炎的負面影響，香港政府再次採納不同的發展模式推動精神病服務，令香港的精神病設施和服務發展進入了全新時代。在這階段，精神健康服務除了承接上階段以社區為本、預防、及早識別和介入、促進社區融合等理念之外，復元概念亦成為復康服務的核心理念和哲學。另一方面，隨着家屬、照顧者、朋輩及自助組織等持份者積極介入社區精神健康服務的發展，令他們扮演更加關鍵的角色。

- **拓展綜合社區中心**

在此時期先後發生數宗跟精神病患者有關的慘劇，引起社區人士、民間團體和傳媒高度關注。香港政府為回應社會的訴求，於 2009 年推行一項名為精神健康綜合社區中心的先導計劃，並於天水圍設立首間中心。[63] 鑑於中心試行期間成效顯著，自 2010 年起，社會福利署決定重整精神健康支援服務，將精神健康綜合服務中心推廣至全港 18 區，設立 24 間中心。[64] 中心成立目的不但旨在為當區居民提供社區精神健康教育、康復和支援等服務，同時致力從社區層面提高公眾對精神健康的及早識別、介入、預防和危機管理意識，達至防患未然。另一方面，有別於過去的社區精神健康支援服務對象僅針對離開院舍的精神病康復者，精神健康綜合服務中心將服務對象擴大至社區上有服務需要的精神病康復者、懷疑有精神健康問題的人士、受精神健康問題困擾的人士，以及他們的家屬或照顧者，為他們提供相應支援和

---

[63] Chui, Mui, Cheng, & Cheung, 2012.

[64] 「精神病患者及康復者的社區支援服務」，立法會福利事務委員會及衞生事務委員會長期護理政策聯合小組委員會，立法會 CB(2)1482/16-17(01) 號文件，2017 年 5 月 29 日。

服務，彌補舊有服務空隙。[65]

現時的精神健康綜合社區中心由非政府組織營辦，服務大多採用復元模式（Recovery model），目標旨在協助服務對象在復元旅程中，建立令他們滿意、有希望及有意義的生活方式，而無懼精神病對他們生活所造成的限制。[66] 此模式強調促進復元過程的重要元素，包括：自我導向、個人化和以人為本、充權、整全、在起伏中成長、以強項為本得同伴支持、尊重和抗污名化、重視個人責任和存有希望等。[67] 該中心採用一站式及綜合服務模式，為服務使用者提供全面服務的社區精神健康支援服務，由個案輔導、職業治療、外展服務、日間訓練、諮詢服務、社交及康樂活動、公眾教育活動，到轉介有需要個案至醫院管理局轄下接受評估及治療。中心成立至今獲香港政府持續支持，因而在財政資源、人手和服務名額上持續增長。在 2016 至 2017 年度，全港綜合社區中心為約 20,000 名精神病康復者、7,500 名懷疑有精神健康問題人士，和 4,000 名家屬提供服務，並每年提供 62,000 次外展探訪服務。[68]

- **加強個案管理**

2010 年，醫院管理局在葵青、觀塘和元朗三個地區試行另一項先導計劃——個案管理計劃。該計劃同樣採用復元模式，貫徹以人為本精神。該計劃為每名患有嚴重精神病的康復者，分配一名個案經理（包括精神科護士、職業治療師和社工）跟進，為個案提供個人、深入和持續的支援，讓他們在出現病發先兆

---

[65] Chui et al., 2012.

[66] Davidson, Sells, Sangster & O' Connell, 2005; Leamy, Bird, Le Boutillier, Williams & Slade, 2011.

[67] Substance Abuse and Mental Health Service Administration, 2003.

[68]「精神病患者及康復者的社區支援服務」，立法會福利事務委員會及衞生事務委員會長期護理政策聯合小組委員會，立法會 CB(2)1482/16-17(01) 號文件，2017 年 5 月 29 日。

時，能夠獲得適時介入和支援，減低病發風險。[69] 此外，經過個案評估之後，個案經理會按照服務使用者的個人需要、能力和風險，為他們訂立復元目標和服務計劃，協助他們管理精神健康問題。此外個案經理亦會根據個案的個人需要和狀況，為個案聯繫相關機構安排服務，促進服務使用者融入社區和邁向復元。由於個案管理計劃在試行期間成效顯著，由 2014 至 2015 年起推廣至全港 18 區。在 2016 至 2017 年度，醫院管理局共聘用 325 名個案經理，為約 15,000 名嚴重精神病患者提供個人支援服務，個案經理和服務使用者比例約為 1:47 。[70]

鑒於思覺失調服務計劃效果理想，自 2011 至 2012 年度起，醫院管理局把計劃的服務對象擴展至 64 歲的成年人。[71] 在 2016 至 2017 年度，醫院管理局每年為約 3,900 名患有思覺失調的病人提供精神科服務。[72]

- **朋輩支援工作員**

朋輩支援工作員（Peer support worker）是一班經過訓練和已康復的前服務使用者。他們透過個人復元旅程之經歷，分享「過來人」的寶貴經驗，給予其他康復者支持、鼓勵和希望，藉此促進他們的復元。這些康復者於 2012 年起透過「思健」朋輩支援計劃舉辦的培訓課程和實習，裝備為朋輩支援工作員，並開始受聘於非政府機構的社區精神康復服務單位。醫院管理局自 2015 年起分階段為「個案管理計劃」加入朋輩支援的元素，聘請了 10 名朋輩支援工作員。社會福利署亦於 2016 年試行為期兩年的朋輩支援服務先導計劃，交由 11 間營辦綜合社區中心的機

---

[69] 「精神病患者及康復者的社區支援服務」，立法會福利事務委員會及衞生事務委員會長期護理政策聯合小組委員會，立法會 CB(2)1482/16-17(01) 號文件，2017 年 5 月 29 日。

[70] 同上。

[71] 同上。

[72] 同上。

構負責招聘和訓練朋輩工作員。在 2017 年共有 50 名全職或兼職的朋輩支援者受聘於各社區精神康復服務單位，工作包括：以電話傾談或會面提供輔導服務、外展或關懷探訪、組織小組和籌辦公眾教育活動等，以增加社區人士對精神健康和復元人士的了解和認識。[73] 政府自 2017 至 2018 年度年起將朋輩支援服務常規化。[74]

- **推廣公眾教育**

另一方面，為推廣和提高社區人士對精神健康的認識和關注，衞生署於 2016 年推行為期三年的「好心情 @HK」全港公眾教育及宣傳計劃。該計劃旨在向社區人士推廣精神健康以及推動相關教育工作，並訂立三大主題，包括「與人分享」、「正面思維」及「享受生活」。計劃從改變大眾的日常生活入手，提升社區人士的心理健康，並讓他們有需要時懂得和願意向專業人士或團體求助，以收及早介入之效。[75]

- **《精神健康檢討報告》**

政府在 2013 年 5 月成立精神健康檢討委員會，着手檢討精神健康政策和服務，並於 2017 年 4 月公佈《精神健康檢討報告》（簡稱《檢討報告》）。[76] 其中，《檢討報告》確認醫院管理局、社署和非政府組織抱有共同願景，促進服務使用者復元，並強調須因應醫療、心理和社交需要，為嚴重精神病患者及其家人提供個人化、全面、適時和協調有度的服務。《檢討報告》正式確認復元的定義為個人復元（Personal recovery），提倡希望、自主和機會等元素，[77] 而非單指消除病癥的臨床復元（Clinical recovery）。

---

[73] LegCo, 2017 年 5 月 29 日資料文件。
[74] 「精神病患者及康復者的社區支援服務」，立法會福利事務委員會衞生事務委員會長期護理政策聯合小組委員會，立法會 CB(2)1482/16-17(01) 號文件，2017 年 5 月 29 日。
[75] 同上。
[76] LegCo, 2017 年 5 月 29 日資料文件。
[77] Hong Kong Government, 2017 Mental health review report.

在成人精神健康服務上，《檢討報告》提出多項改善現時服務的建議。例如政府建議降低個案經理與服務使用者的服務比例，計劃在三至五年間，由現時的 1:47 下調至約 1:40。另外，將「思覺失調服務」計劃進一步擴展至涵蓋所有首次病發的新個案。為彌補公營精神科服務不足，縮減等候覆診的時間，政府推出公私營協作試驗計劃，把已合適和病情穩定的病患者轉介予私人執業醫生，讓私人執業醫生為該病患者提供持續治療。除此之外，在精神科專科門診診所設立一般精神病診所，並增聘人手，透過跨專業（醫生、護士、職業治療師、臨床心理學家等）的服務模式，令一般精神病（例如抑鬱症和焦慮症）患者及早接受診斷和治療。

此外，政府於 2017 年 11 月 28 日成立精神健康諮詢委員會，成員由不同界別具專業知識及經驗人士出任，當中包括醫療、社會服務及教育界、患者及照顧者組織代表等。諮詢委員會就精神健康政策向政府提供意見，協助政府制訂政策、策略及措施，加強本港精神健康服務，並會跟進及監察於 2017 年公佈的《精神健康檢討報告》中建議的落實情況。[78]

- 評析

此時期的香港社區精神病服務確實有長足發展，服務內容和模式亦日趨完善及多元化，成果豐碩。然而，變幻莫測的政治環境，金融海嘯對香港經濟造成的負面影響，以及社區人士對精神病患者的污名化，卻為以上成果添上陰霾。

政府於 2017 年 4 月公佈《精神健康檢討報告》，確認促進康復者復元為醫院管理局、社署和非政府組織的共同願景。[79] 然而，如何透過政策、服務策略、服務目標、服務內容及新增資源

[78] LegCo, 2017 年 11 月 29 日會議紀錄。
[79] Hong Kong Government, 2017 Mental health review report.

去促進康復者的個人復元，報告卻鮮有提及。例如報告中期望透過個案經理計劃，為個案提供個人、深入且持續的支援，可謂是促進個人復元的其中一個方法。事實上，要促進精神病康復者個人復元，必須回應他們的全人需要（holistic needs），並提供全方位關顧和支援，從促進就業、強化朋輩支援、改善人際關係、促進家庭和諧、提供安全穩定的居住環境，到減少社區人士對精神病的污名化等個人和社會層面進行介入。可惜的是，此報告卻未有提出落實以上理念的具體政策和措施，以及促進有助復元的元素發展。不禁令人擔心此報告的願景，只停流於概念和口號上。

另一方面，《精神健康檢討報告》提出的服務改善建議未能兼顧醫社合作。當中建議只側重於醫院管理局所提供的一些改善措施，例如加強和改善個案經理計劃、思覺失調服務以及精神科專科門診服務等，卻沒有交待如何加強和改善現行非政府組織所提供的社區精神健康服務。此外，報告亦忽略精神病康復者和家屬在實質生活上的需要，對症下藥。在住屋狀況上，現時很多精神病康復者，居住於環境惡劣的劏房，有些甚至無家可歸，淪落街頭；在經濟上，不少康復者由於失業或薪金低微，缺乏儲蓄，生活艱苦。此外，很多康復者仍依靠家屬的長期關顧和支持，對照顧者構成壓力，很多家屬照顧者亦因而患上情緒病。[80] 另外，康復者的身體健康欠佳，情況令人和所患疾病令人憂慮。很多康復者有不良嗜好，如吸煙、賭博，甚至吸毒，缺乏運動，加上精神科藥物對身體健康的負面影響，令康復者較一般社區人士容易患上長期疾病，壽命亦較一般社區人士短。[81, 82] 以上種種需要，該報告沒有提出具體政策和資源作回應，令人失望。

---

[80] 「精神病患者及康復者的社區支援服務」，立法會福利事務委員會及衞生事務委員會長期護理政策聯合小組委員會，立法會 CB(2)1482/16-17(03) 號文件，2017 年 5 月 24 日。

[81] Vancampfort et al., 2012.

[82] Vancampfort et al., 2017.

結語

以上章節勾勒和回顧了自殖民時代至今，香港的精神健康設施和服務的歷史、形成、發展和特徵，從中可見歷年來的服務發展歷程與社會和政治脈絡之間緊密互動，當中又可以粗略劃分為六個發展階段。在這部分，筆者希望透過以上六個發展階段中冒起的五個發展轉向為本文作結。

第一個發展轉向為概念轉向（Conceptual turn）。概念轉向指精神病的治療模式逐步由醫療模式，轉變為社區復康模式和復元模式。在首三個階段，治療精神病的概念由醫療模式主導，治療方法以使用精神科藥物和入住醫院治療為主。隨着學術界不斷探索治療精神病的方法，開始萌生新的治療理念。自上世紀 70 年代起，社區復康和社區照顧等概念興起，並且逐漸得到非政府組織採納和推廣，先後設立各樣以社區為本的精神健康設施和服務。這個發展趨勢顯示非政府組織深信「社區」元素在精神健康服務中佔有重要地位。到了第四階段，香港政府響應國際社會去院舍化的發展潮流，大力推動社區復康和融合。自此，社區復康和社區為本等概念正式成為精神病服務的重要元素。進入第五和第六個階段，精神健康服務的理念，再進一步由促進服務對象復康轉為促進復元，服務目標亦由治療病患轉為協助服務對象在復元旅程中，建立令人滿意的、有希望的和有貢獻的生活。不難發現，香港精神健康服務所採用的理念，經過不同時期的發展和演變，逐漸邁向以人為本和個人化。

第二個發展轉向稱為空間轉向（Spatial turn）亦即服務和設施的發展經歷去院舍化。曾經有一段很長時間，香港的精神健康服務只局限於精神科醫院、診所和病房等大型院舍設施提供。以院舍為中心發展起來的治療模式，令精神病患者與社區隔絕，甚至被社會邊緣化。直至社區治療和社區復康等以社區為本的概念出現之後，精神病患者被隔絕和邊緣化的情況才稍為改變。「治療性社區」的誕生更進一步加速這個空間轉向。自此，社區被認定為一個資源豐富，並且能夠給予精神病患者良好治療成效，甚至替代醫院成為治療和促進復元的重要場域。雖然在在第三和第四階段，服務使用者依然局限於大型的復康單位接受服務，如庇護工場、中途宿舍、輔助宿舍和長期護理院等接受服務，令「治療性社區」的效果大打折扣。不過，到了第五和第六階段，隨着綜合精神健康社區中心和個案經理計劃強調以社區為本，運用外展探訪形式，結合社區上的各種資源，與服務使用者建立個人、深入和持續的服務關係，讓服務使用者能夠在居所或日間活動地點接受社區支援服務。該服務打破以中心或診所為服務場域的限制，亦能夠善用和連結社區上的各種資源，令服務使用者能夠真正在社區上接受服務。從此，社區肩負精神復康和治療的重責，而精神健康服務場域亦由院舍轉移至社區和服務使用者家中，令服務逐步從封閉監控的環境轉到相對開放自由自主的環境。

第三個轉向出現在服務對象上，稱為服務對象轉向（Cliental turn）。過去多年，香港的精神健康服務以精神病患者為中心，服務內容和發展旨在滿足患者的需要，協助他們解決困難。然而，患者的家屬和照顧者的需要往往被輕視，令他們陷入孤立無援的困局。直到 90 年代才出現轉機。香港政府在 1992 年發表的康復綠皮書，首次認同和肯定家屬和照顧者在協助精神病患者的康復歷程上擔當關鍵角色。在政府的支持下，服務單位發展出各式各樣的支援和訓練計劃，加強家屬和照顧者對精神病的認識，提升他們的照顧能力，令他們在社區精神健康服務中發揮更大作用。此外，在首四個階段，社區精神健康支援服務的服務對象主要針對離開醫院的精神病康復者，卻不包括其他同樣有服務需要的精神病康復者、懷疑有精神健康問題的人士，或者受到精神健康問題困擾的人士。直至第五和第六階段，為了貫徹預防、及早診斷和介入治療精神病的理念和策略，以上羣體才開始納入為服務對象，在綜合精神健康社區中心取得服務。在服務對象轉向下，社區精神健康服務對象變得更廣泛和更全面。

第四個發展轉向是服務策略轉向（Strategic turn）。在首三個階段，香港的精神健康服務以消除和減少精神病徵狀為重點目標。不難發現，當時的服務以醫療服務為主，服務主要由醫生為診斷患上精神病的「病人」，提供適切的藥物（drug treatment）或住院治療。在第三及第四階段，在香港政府推廣社區復康和社區照顧下，精神健康服務開始加入心理和社會元素，期望透過不同的社區復康服務（如職業培訓和宿舍等），以技能培訓為核心（skills training），協助「康復者」建立多方面的能力（例如服藥習慣、工作技能、社交技巧、社區生活能力和自我照顧能力等），使康復目標擴大至個人心理和能力上的發展。此外，精神健康服務的發展策略由個人層面推展到社區層面。鑒於社區對精神病復康者的恐懼和排斥，政府主動開啟了一連串精神健康公眾教育運動，藉着傳播媒介的力量，教育大眾市民認識和了解精神病患，達致消除社區人士對精神病患者的偏見和誤解。到了第五和第六階段，香港政府採用更為積極的服務策略，致力推動預防、及早識別和及早介入等理念，而精神健康綜合社區中心和個案經理計劃的設立，標誌着預防勝於治療成為服務策略。最後，復元概念亦成為精神健康服務的核心理念，策略上不但務求為服務對象 /「復元人士」提供個人、深入、多元和持續的支援服務；同時，考慮到不同的持份者，如家屬、照顧者、朋輩支援及自助組織，能夠為社區精神病服務發展帶來更多貢獻，大力鼓勵他們一同參與，推動服務發展。

最後一個發展轉向是專業化轉向（Professionalization turn）。隨着社區為本的精神健康服務在過去幾十年間迅速發展，社會工作專業在精神健康服務中扮演的角色日益重要。在早期的精神健康服務中，社會工作專業被視作輔助角色，毫不起眼。自80年代開始社區為本的精神健康服務急速擴張，社會工作者的地位逐步提升。其中，尤以首名社會工作者於80年代被社會服務機構受聘為中途宿舍主任最具代表性。及後，政府慢慢擴大社區精神健康服務，致力貫徹社區復康和融合等概念，令社會工作專業逐漸成為服務中不可或缺的一環。另一方面，協作計劃、個案管理計劃和精神健康綜合社區中心相繼推行，促使以服務使用者為中心和復元模式，成為社區精神健康服務發展的大勢。自此，具備精神病專業知識和懂得評估服務使用者的復元需要成為從事精神健康服務必須條件。在服務理念和介入手法逐步轉型下，社會工作的專業角色和服務元素在精神健康服務上顯得更加重要。

參考資料

Cai, B., & Ho, L. (Eds.). (1993). *The other Hong Kong report 1993*. Hong Kong: Chinese University Press.

Chan, G., Ungvari, G., & Leung, J. (2001). Residential services for psychiatric patients in Hong Kong. *Hong Kong Journal of Psychiatry*, *11*(3), 11-17.

Chan, K. F. (1996). Social work and mental health. In I. Chi & S. Cheung (Eds.), *Social work in Hong Kong* (pp. 57-68). Hong Kong: Hong Kong Social Workers Association.

Cheng, I. (2011). *Mental health services in selected places*. Hong Kong: Legislative Council Secretariat, Research Division.

Cheung, H. K. (2000). The New Mental Health Ordinance 1996 to 1997-a reference guide for physicians and mental health workers. *Hong Kong Journal of Psychiatry*, *10*(1), 3-13.

Chui, W. W. H., Mui, J. H. C., Cheng, K. M., & Cheung, E. F. C. (2012). Community psychiatric service in Hong Kong: Moving towards recovery-oriented personalized care. *Asia-Pacific Psychiatry*, *4*(3), 155-159. https://doi.org/10.1111/j.1758-5872.2012.00206.x

Commissioner for Rehabilitation's Office. (1985). *Commissioner for Rehabilitation's first report: May 1984 to December 1985 (including the 1985 Rehabilitation Programme Plan)*. Hong Kong: Hong Kong Government.

Commissioner for Rehabilitation's Office. (1986). *Commissioner for Rehabilitation's second report (1986)*. Hong Kong: Hong Kong Government.

Davidson, L., Sells, D., Sangster, S., & O' Connell, M. (2005). Qualitative studies of recovery: What we can learn from the person? In R. O. Ralph & P. W. Corrigan (Eds.),

Recovery in mental illness - Broadening our understanding of wellness (pp. 147-170). Washington, DC: American Psychological Association.

Gould, D. (2006). A historical review: The colonial legacy. In G. M. Leung & J. Bacon-Shone (Eds.), *Hong Kong's health system: Reflections, perspectives and visions* (pp. 17-26). Hong Kong: Hong Kong University Press.

Hong Kong. (Ed.). (1983). *Report of the Working Group on Ex-mental Patients with a History of Criminal Violence or Assessed Disposition to Violence.* Hong Kong: The Working Group.

Hong Kong (China) (Ed.). (2005). *Hong Kong 2005* (Eng. ed). Hong Kong: Information Services Department of the Hong Kong SAR Government.

Hong Kong (China) (Ed.). (2007). *Hong Kong 2007* (Eng. ed). Hong Kong: Information Services Department of the Hong Kong SAR Government.

Hong Kong (China) (Ed.). (2010). *The 2010-11 policy address: Sharing prosperity for a caring society.* Hong Kong: Government Logistics Department.

Hong Kong Government. (1974). *The Further Development of Medical and Health Service in Hong Kong.* Hong Kong: Hong Kong Government.

Hong Kong Government (1977). *Integrating the disabled into the community: A united effort.* Hong Kong: Hong Kong Government.

Hong Kong Government. (1992). *Green Paper on equal opportunities and full participation: a better tomorrow for all.* Hong Kong: Government Printer.

Hong Kong Government (2017). *Mental health review report.* Hong Kong: Hong Kong Government. Retrievable from http://www.hpdo.gov.hk/doc/e_mhr_full_report.pdf

Jenks, P. (1988). The history and development of occupational therapy in Hong Kong. *Journal of the Hong Kong Association of Occupational Therapists, 4* (1), 3-6.

Leamy, M., Bird, V., Le Boutillier, C., Williams, J., & Slade, M. (2011). Conceptual framework for personal recovery in mental health: Systematic review and narrative synthesis. *British Journal of Psychiatry, 199*, 445-452.

Leung, J. B. C. (Ed.). (1995). Social Welfare. In *The other Hong Kong report 1995* (pp. 362-378). Hong Kong: Chinese University Press.

Lo, W. H. (2003). A century (1885 to 1985) of development of psychiatric services in Hong Kong-with special reference to personal experience. *Hong Kong Journal of Psychiatry, 13*(4), 21-29.

Mak, K. Y. (1992). *Full report of the special project on the aftercare service for patients discharged from psychiatric half-way houses of the Mental Health Association of Hong Kong.* Hong Kong: Mental Health Association of Hong Kong.

Mak, K. Y. (1994). The changing role of psychiatric day hospitals in Hong Kong. *The Hong Kong Journal of Psychiatry, 4*, 29-34.

McMillen, D. H., & Man, S. (Eds.). (1994). *The other Hong Kong report 1994.* Hong Kong: Chinese University Press.

Pang, A. H. T., Yip, K. C., Cheung, H. K., & Yeung, O. C. Y. (1997). Community psychiatry in Hong Kong. *International Journal of Social Psychiatry, 43*(3), 213-216. https://doi.org/10.1177/002076409704300307

Rehabilitation Division, Education and Manpower Branch, Government Secretariat. (1983). *1983 Review of Rehabilitation Programme Plan.* Hong Kong: Government Printer.

Rehabilitation Division, Health and Welfare Branch, Government Secretariat. (1987). *Hong Kong 1987 review of Rehabilitation Programme Plan.* Hong Kong: Government Printer.

Rehabilitation Division, Health and Welfare Branch, Government Secretariat. (1991). *Hong Kong 1990 review of Rehabilitation Programme Plan*. Hong Kong: Government Printer.

Rehabilitation Division, Health and Welfare Branch, Government Secretariat. (1996). *Hong Kong review of Rehabilitation Programme Plan (1994/95-1998/99)*. Hong Kong: Government Printer.

Rehabilitation Division, Health and Welfare Bureau. (1999). *Hong Kong Rehabilitation Programme Plan (1998-99 to 2002-03): Towards a new rehabilitation era*. Hong Kong: Government Printer.

Social Welfare Department. (2007). *SWD Review 2005-06 & 2006-07*. Hong Kong: Government Printer.

Starling, A. E., & Hong Kong Museum of Medical Sciences (Eds.). (2006). *Plague, SARS and the story of medicine in Hong Kong*. Hong Kong: Hong Kong University Press.

Substance Abuse and Mental Health Service Administration (2003). *National consensus statement on mental health recovery*. Retrieved from http://store.samhsa.gov/shin/content/SMA05-4129/SMA05-4129.pdf

Ungvari, G. S., & Chiu, H. F. K. (2004). Editorial: The state of psychiatry in Hong Kong: A bird's eye view. *International Journal of Social Psychiatry, 50*(1), 5-9. https://doi.org/10.1177/0020764004040951

Vancampfort, D., Knapen, J., Probst, M., Scheewe, T., Remans, S., & De Hert, M. (2012). A systematic review of correlates of physical activity (PA) in patients with schizophrenia. *Acta Psychiatrica Scandinavica, 125,* 352-362. Doi: 10.1111/j.1600-0447.2011.01814.x

Vancampfort, D., Firth, J., Schuch, F. B., Rosenbaum, S., Mugisha, J., Hallgren, M., ...Stubbs, B. (2017). Sedentary behavior and physical activity levels in people with schizophrenia, bipolar disorder and major depressive disorder: A global systematic review and meta-analysis. *World Psychiatry, 16,* 308-315.

Wong, D. F. K. (2006). *Clinical case management for people with mental illness: A biopsychosocial vulnerability-stress model*. New York: Haworth Press.

Wong, V., C. W. (1996). Medical and Health. In *The other Hong Kong report 1996* (pp. 449-467). Hong Kong: Chinese University Press.

Yip, K.-S. (1998). A historical review of mental health services in Hong Kong (1841 To 1995). *International Journal of Social Psychiatry*, *44*(1), 46-55. doi: 10.1177/002076409804400105

Yu, H. H. (2003). Communicative planning practice in an undemocratic society: Hong Kong case. In *Challenges to Asian urbanization in the 21st century* (pp. 83-101). Dordrecht ; Boston: Kluwer Academic Publishers.

附件一　香港社區精神健康服務一覽表

醫管局提供的社區精神健康服務		
1	「思覺失調」服務計劃	為 15-64 歲思覺失調病患者，在發病首 3 年的關鍵期內，提供一站式和持續支援服務，以便及早識別患者，並迅速提供治療，防止病情惡化和避免不必要的住院需求。在 2016-2017 年度，約為 3,900 名患者提供服務。
2	個案管理計劃	個案經理（包括精神科護士、職業治療師和註冊社工等）會與其他服務提供者（特別是與社會福利署設立的精神健康綜合社區中心）緊密合作，為居於社區的嚴重精神病患者提供深入、持續及個人化的支援。在 2016-2017 年度，醫院管理局共聘用 325 名個案經理，個案經理和服務使用者比例約為 1:47。
3	社區專案組	在七個聯網設立社區專案組，加強對居於社區的高風險精神病患者提供深入支援和長期跟進。
4	精神科社康服務	為支援精神情況相對穩定，但仍需接受社區支援，以確保病情繼續平穩發展的病患者，提供過度性的社區支援服務，促進他們融入社會。
5	精神健康專線	提供 24 小時精神科諮詢熱線服務（電話：2466 7350），由精神科護士接聽，為來電者，包括精神病患者、照顧者及市民大眾等，提供專業意見及安排轉介服務。
6	醫社協作的《服務框架》	由醫管局、社會福利署及非政府機構組成專責小組，重新檢視現時對成年嚴重精神病患者的服務提供模式，並於 2016 年中制訂及發佈《香港成年嚴重精神病患者個人化復康支援服務框架》（《服務框架》），目的是加強醫社協作和聯繫，釐清不同服務提供者的角色，和更有效回應病患者及其家人的需要。
7	精神科日間醫院和門診	為精神科病患者在不須住醫院治療下，提供多個專科的診斷、持續護理及康復服務，以促進患者融入社會。

（續）

社會福利署提供的社區精神健康服務		
8	醫務社會服務	由社會福利署於醫院或專科門診派駐醫務社工，為精神病患者及其家屬提供輔導和經濟等援助，協助患者解決因精神病而引起的情緒、生活及家庭問題，幫助他們康復及重新融入社會。
9	精神健康綜合社區中心	在全港設立 24 個由非政府機構營辦的精神健康綜合社區中心，提供以「地區為本」的一站式社區精神健康支援服務，包括個案輔導、職業治療、外展服務、日間訓練、諮詢服務、社交及康樂活動、公眾教育活動，和安排轉介服務。在人手編配上，標準規模的綜合社區中心團隊的人手為 26 人，當中包括 17 名社工、兩名精神科護士、一名職業治療師及六名支援人員的職位。
10	朋輩支援服務先導計劃	由 11 個營辦精神健康綜合社區中心的機構負責提供服務，培訓合適的精神病康復者成為朋輩支援者，為有需要的精神病康復者提供情緒和復元支援。在 2016-2017 年度有 50 名全職或兼職的朋輩支援者受聘於各社區精神康復服務單位內。
11	精神病康復者家屬資源中心	由社署資助非政府機構營辦的資源中心，為精神病康復者的家人提供情緒支援，加強他們的照顧技巧。
12	住宿照顧服務	社署透過津助非政府機構為精神病康復者提供各類住宿服務，包括長期護理院、中途宿舍及輔助宿舍。
13	日間訓練及職業康復服務	社署透過津助非政府機構提供庇護工場、輔助就業服務、綜合職業康復服務中心、殘疾人士在職培訓計劃、「陽光路上」培訓計劃、「創業展才能」計劃等，為殘疾人士（包括精神病康復者）提供職業康復服務，協助他們在公開市場就業。

資料來源：

「精神病患者及康復者的社區支援服務」，立法會福利事務委員會及衞生事務委員會 長期護理政策聯合小組委員會，立法會 CB(2)1482/16-17(01) 號文件，2017 年 5 月 29 日。

香港政府一站通：照顧精神病康復者 Retrievable from https://www.gov.hk/tc/residents/health/rehab/caringexmentallyill.htm

第二章

台灣社區心理衛生

吳慧菁 教授

一、台灣精神醫療政策與法規沿革

數十年來，台灣精神衛生政策有很大的變革。1984 年行政院衛生署開始規劃精神疾病防治工作，1986 年實施第一期「醫療保健計劃——籌建醫療網計劃」，積極推動精神衛生相關政策措施，包括：培訓精神醫療專業人才、擴增精神科急慢性牀數、建立精神醫療機構評鑒制度、建立區域性精神醫療網計劃、試辦慢性精神病患社區復建計劃、協助精障者[1]復歸社區、實施精神病患醫療補助等，台灣的精神醫療政策終於有較明確之方向。1987 年後強調精神病患應以社區照顧化為導向，促進精神疾患能夠回歸社區與人權保障，並於 1990 年 12 月公佈實施精神衛生法，不啻是台灣精神衛生發展之重要里程碑，其宗旨為保障精神病人得到妥適之醫療照顧，同時也維護社會安全，明訂政府、醫療照護機構及家屬的責任。立法精神盡量朝向減少對病人自由之限制，並維護他們在社區之地位及權益。其中，衛生署成立精神疾病防治諮詢委員會，成員包括社工及病患家屬代表；地方衛生局復設社區心理衛生中心，並應有專責人員；照護機構除現行精神醫療機構外，政府獎勵民間團體設置精神復健機構（社區復健中心及康復之家）及精神護理之家，並推展居家治療；限制嚴重病人強制治療之條件，除非有傷人、自傷之虞，病人將擁有醫療自主權及申訴權，但病人常因缺乏病識感而影響就醫意願，家屬則需協助病人接受適當醫療照護，否則需負連帶賠償責任，保護人制度因而產生。同時，1990 年殘障福利法修正條文後即強調病人權益維護，內容包含不得歧視、維護隱私、正常就學就業、所得税減免等，另殘障福利法亦於 1995 年將慢性精神病患者納入殘障者。

2007 年精神衛生法修訂宗旨在於刪除維護社會安全，以去

[1] 編註：精神障礙者，即香港普遍用語精神病患者。

污名化，更重視強調應支持並協助病人於社區生活；病人強制治療除住院方式新增社區方式；強制住院鑒定由二位精神專科醫師決定，改為中央主管機關設置審查會決定；保護人原依親等產生，改由監護人、法定代理人、配偶、父母、家屬互推之；取消家屬須負連帶賠償責任，同時，對應身心障礙者權益規定；會同社政、勞政、教育主管機關建構精神病人社區照顧、支持及復健體系；中央政府獎勵推動精神復健機構之普遍設置，從事病人社區照顧、支持與復健服務；並於相關照護機構增加心理治療所及心理諮商所等，更每年補助各縣市衛生局推展社區精神病患追蹤訪視服務，建立社區精神病患個案管理制度，且獎勵社區發展多元支持性或復健性服務，避免慢性病患長期滯留醫院，得以順利回歸家庭社區生活。

二、台灣精神醫療服務資源

1990 年代以來，衛生署推動精神醫療網進行精神疾病分區負責、建立專業精神醫療、改進醫療品質、推展社區化、精神醫療服務量增加；從精神醫療機構設立到邁入社區精神復健時期，政府對精神疾病採取積極治療與復健方式，降低收容與養護政策導向。[2] 重大精神醫療政策與醫院精神病牀大量增加，衛福部（2017）統計從 2001 至 2016 年，急性精神病牀則從 5,097 牀增為 7,296 牀（增加 43.14%），慢性精神病牀從 9,951 牀增為 13,673 牀（增加 37.40%），病牀服務量的需求性增加，相對帶動對精神醫療專業人員需求，促成醫療專業成熟與社區轉型。[3] 2017 年台灣精神醫療資源現況統計，共 459 家精神科門診、105 家精神科急診，其中 130 家提供全日住院之服務，103

---

[2] 吳信來，2005。
[3] 衛生福利部，2017。

家能提供強制住院，以及 80 家強制社區治療機構及 109 家提供居家治療之機構（如表一）。而台灣的社區心理衛生服務共分為日間留院、社區復健中心、康復之家、會所模式及居家治療。目前全台統計日間留院可收治人數為 6,340 牀；日間精神復健機構 62 家，可收治人數為 3,043 人；住宿型精神復健機構 141 家，可收治人數為 5,917 人；精神護理之家 45 家，開放牀位數 4,450 牀（如表二）。[4] 由國家所規劃的社區精神復健僅提供約一萬五千位精障者，形成一個僧多粥少的局面。台灣社區精神復健服務的提供為求經費的穩定，往往是跟着健保支付的方向與標準，創新的方案單靠個人力量和非政府組織（NGO）與募款難以持續維持以及發展。

表一　台灣住院精神醫療資源

年度	開　辦　項　目					
	門診（家數）	急診（家數）	全日住院（家數）	強制住院（家數）	強制社區治療（家數）	居家治療（家數）
2006	274	97	122	83	-	502
2007	289	106	123	91	-	96
2008	309	109	125	99	-	96
2009	326	105	128	101	-	93
2010	348	106	125	104	-	95
2011	361	108	131	107	-	96
2012	378	107	129	103	55	103
2013	407	106	130	104	76	100

[4] 衛生福利部，2017。

（續）

年度	開辦項目					
	門診（家數）	急診（家數）	全日住院（家數）	強制住院（家數）	強制社區治療（家數）	居家治療（家數）
2014	451	102	127	97	74	98
2015	448	107	173	103	83	110
2016	459	105	130	103	80	109

表二　精神社區復健機構及精神護理之家設置家數

年度	精神復健機構				精神護理之家	
	社區復健中心		康復之家			
	家數	服務量	家數	牀位數	家數	牀位數
2001	18	548	34	1,753	-	-
2002	20	838	39	1,945	-	-
2003	28	1,658	49	2,288	-	-
2004	36	1,214	64	1,948	-	-
2005	48	1,906	78	2,625	-	-
2006	56	2,798	85	3,529	7	291
2007	62	3,178	85	3,630	20	2,039
2008	65	3,423	91	3,747	22	2,163
2009	68	3,455	95	3,844	27	2,335
2010	75	3,855	100	4,017	34	2,949
2011	71	3,630	100	4,081	32	2,809

（續）

年度	精神復健機構				精神護理之家	
	社區復健中心		康復之家			
	家數	服務量	家數	牀位數	家數	牀位數
2012	74	3,695	116	4,745	31	2,920
2013	72	3,472	106	4,784	33	3,467
2014	69	3,433	119	4,989	34	3,602
2015	67	3,386	133	5,535	36	3,818
2016	62	3,043	141	5,917	45	4,450

三、台灣社區精神復健的歷史發展

1972 年開始，擔任台北市立療養院（現台北市立聯合醫院松德院區，簡稱北市療）的創院院長，積極推動「台北模式」的社區精神醫療。當初是以精神專科院為出發，「以醫院為基礎」（Hospital-based）的社區精神醫療，結合基層的衛生所而扎根於社區。70 至 80 年代國內受去機構化世界潮流驅使不斷縮減慢性病牀的牀位與關閉大型養護機構，將以往長期住院的病患回歸社區，減少消極收容與養護，降低醫療資源的浪費，投入積極治療與發展社區精神復健，強調社區化的照顧模式以符合人道精神。[5] 許多精障者在家屬的安排下被長期安置在慢性療養為主的醫療機構，然而缺乏相對應的生活經驗與技巧讓許多病患縱使離開慢性療養機構，卻在不足的人際、經濟、就業等條件下未能因應時代洪流而陷入困境；另一方面，關係的疏遠促使一度得

[5] 黃嫒齡，1997，2007；黎嘉欣，2011；韓青蓉，2013。

以重新找到生活平衡的家屬再度面臨親情上的抉擇。為因應此現象，「台北模式」進一步強化至「以社區為基礎」(Community-based)，1984 年於市療成立「台北康復之友協會」[6]，當時衛生署（現合併為衛生福利部）亦開始鼓勵各核心醫院，成立一個可以提供病患相互支持的場所，促成各區域康復之友協會的成立。[7]

立法的支持與政策的轉向對社區精神復健發展有密不可分的關係，1989 年衛生署提出實際的「精神病患社區復健試辦計劃」，北市療隨即借用廣州街仁濟院開辦第一家社區職能工作坊。1990 年「精神衛生法」更明定了精神醫療服務包括門診、急診、全日住院、日間留院、社區復健以及居家治療，在法令上建立支持與協助病人於社區生活的國家方向，並且藉由「精神復健機構設置管理及獎勵辦法」，1994 年鼓勵醫院或民間機構依循立案設置復健機構，包括社區復健中心與康復之家，以獲得健保支付。1995 年正式將社區復健方案與康復之家住宿型精神復健機構（分為全日型、夜間型），納入健保給付項目。

此外，衛生署與內政部於 1997 年共同研訂「病患照顧體系權責劃分表」，依照病患精神疾病症狀、社會功能、家庭支持等因素分成六類，作為服務機構與衛政及社政權責劃分的依據，以因應身心障礙者保護法的修正。[8] 社區復健機構紛紛順勢成立，「以醫院為基礎」或「以社區為基礎」等服務方式逐步普及，家屬與社福團體加入而不限於原先以醫療為主軸的服務體系。這些轉變反映出政策的轉向、多元與友善，衛政、社政與勞政資源的結合，同時以勞政就業基金的補助與衛政全民健保的支付，增加社區精神復健服務提供的管道。[9]

6 吳佳璇，2005。
7 黃嬡齡，2007。
8 劉蓉台，2007；黎嘉欣，2011。
9 黎嘉欣，2011。

四、台灣精神醫療分配原則

台灣精神醫療資源的分配上，訂定有「精神病患照顧體系權責劃分表」作為參考（如表三）。第二類、第四類通常為社區精神醫療照護對象。第二類的「精神病症狀緩和但未穩定，仍需積極治療者」指的是病人的精神症狀已緩和下來，但還不到能穩定之程度，仍需較以醫療為導向，進行積極治療，因此適用之精神醫療服務則為慢性住院治療或日間住院治療、居家治療等。另外就第四類「精神病症狀穩定，局部功能退化，有復健潛能，不需全日住院但需積極復健治療者」來說，適用之精神醫療資源則屬於社區復健資源了。病人之症狀穩定，雖局部功能因精神疾病退化，但仍有復健之潛能，且也能開始進行復歸社會之工作訓練，因此服務之項目則為日間住院治療或社區復健治療、社區追蹤管理、就業輔導等。不再只是以醫療治療為主，而是開始進入復原（Recovery）、康復之復健狀態。以下針對日間留院與社區復健相關服務系統逐項介紹。

表三　精神病患照顧體系權責劃分表

病患性質	服務類別	服務項目	服務機構	權責劃分
一、嚴重精神病症狀，需急性治療者。	精神醫療	急診 急性住院治療	精神醫療機構	衛生醫療單位
二、精神病症狀緩和但未穩定，仍需積極治療者。		慢性住院治療 日間住院治療 居家治療		
三、精神病症狀繼續呈現，干擾社會生活，治療效果不彰，需長期住院治療者。		長期住院治院		

（續）

病患性質	服務類別	服務項目	服務機構	權責劃分
四、精神病症狀穩定，局部功能退化，有復健潛能，不需全日住院但需積極復健治療者。	精神醫療 社區復健	日間住院治療 社區復健治療 社區追蹤管理	精神醫療機構 精神復健機構 衛生所	衛生醫療單位
	就業安置	就業輔導	職業訓練及就業服務機構	勞政單位
五、精神病症狀穩定且呈現慢性化，不需住院治療但需長期生活照顧者。	長期安置 居家服務	安養服務 養護服務 居家服務 護理照顧服務	社會福利機構 護理機構	社政單位 （主辦） 衛生醫療單位 （協辦） 衛生醫療單位
六、精神病症狀穩定且呈現慢性化，不需住院治療之年邁者、痴呆患者、智障者、無家可歸者。				

備註：1. 第五、第六類病患如需醫療服務由醫療單位提供支援。
2. 各類精神病患係依其病情變化，由精神醫療機構、精神復健機構、社會福利機構或職業訓練及就業服務機構共同提供服務。

(一)日間留院

台灣於 1952 年陸續成立正式及非正式日間治療單位，[10] 以解決精神病急性病牀不足及醫院沉重財務壓力。黃芸芳指出「日間留院服務是精神醫療系統中的一環，是指病患白天到醫院接受各項復健治療，夜間返家與家人一起生活的部分住院服務，對象為精神症狀緩和但未穩定，仍需積極治療者，或者症狀穩定、局部功能退化、有復健潛能、不須全日住院但須積極復健治療者」。[11]

日間留院 / 日間病房透過開放性的環境，以醫療為導向的團

---

[10] 王文志、張自強、文榮光，2005。
[11] 黃芸芳，2000。

體治療為主與個別治療為輔的方式。這樣的復健模式是經由專業團隊，即醫師、護理師、社工師以及職能治療師的評估，藉由日常生活功能訓練、社交技巧訓練、工作技能訓練、情緒管理、休閒活動安排、生活指導以及健康維護，提供藥物衛生教育、建立病患的病識感及藥物遵從性，培養規律的生活作息，透過社交技巧與溝通能力，以增加生活與問題處理的能力與工作的習性，讓病患得以適應社區生活，達到自我成長與積極之職業功能復健。台大醫院精神科在 1965 年即開始了台灣社區精神治療的模式，成立了成人日間留院。大多數的家屬都希望病友加強自我照顧能力，家屬雖然對日間留院服務認識不深，卻對日間留院抱持非常正向的看法，也意涵着對服務極高的滿意與期望。[12]

(二)去機構化、社區多元模式

台灣地區精神醫療模式深受西方精神醫療模式之影響，在西方推行去機構化，精神病人回歸社區運動後的 20 年，台灣也開始進行推動，但並未在台灣發展開來，直至 1988 年行政院衛生署依據「加強精神疾病防治五年計劃」第一期中之第七項「推展精神病患復健工作」，指定精神疾病防治醫療網之核心醫院，積極推展社區復健四大方案，包括：康復之家、社區復健中心、庇護性工作場及居家治療。社區精神復健是為病患回歸社區後，醫療資源能夠持續介入，藉由社區復健中心、康復之家、日間病房、居家治療等專業精神科醫療團隊，評估病患症狀與功能，靈活運用各項理論模式，設計適合個別病患需要的復健治療計劃，藉由各種有意義活動，恢復及強化個人學習能力，進而增進身心功能、培養適應技巧、激發潛能並且維護健康，協助病患提升工作能力、增強自我照顧及人際互動技巧、充實生活安排、增加自信心，幫助病患發揮功能、提升病人及家屬生活品質及減輕社

[12] 黃芸芳，2000。

會、家庭的負擔，進而使病患順利回歸社區，逐漸適應社區生活。

社區復健醫療讓病患在社會上能重新扮演有意義且具建設性的角色，因此，社區精神復健對精神病患的病情穩定及其功能提升具有重要意義。精神病患者社區生活需要之技能，美國精神照護[13]列出之教導項目有：使用抗精神病藥物、對症狀之監控及因應、休閒活動及安排、做出簡短與友善之對話、加入及跟隨出院計劃之照護、維護成功與安全的職業、預防藥物酒精問題及復發、保持清醒與安全的生活形態、逐步持續教育與家庭發展出合作關係，及與親近之友人形成支持網絡。

服務社區化已成為當今潮流，意涵「在社區照顧」與「正常化」。在社區照顧指的是非醫院的照顧、由社區照顧及在社區中接受照顧。正常化指的是：使病患依文化所認為有價值的方式生活，強調病患過完全生活的權利。[14] 正常化是病友傳達的需求，是一種積極生活，追求個人嚮往之實現。社區照顧目標的達成需要連續性的服務設計，以滿足病患在社區生活的多元需求，其中涵括醫療照護與社區復健，前者包括持續門診服藥以穩定症狀、日間留院服務、與再發病時緊急住院，後者包括個人生活自理、居住、社交娛樂、教育或就業等重建。

社區復健計劃的開展，開拓了精神病患者多形態的復健模式，復健的場域同時在醫院與社區進行（圖一，頁 46），各個精神專科醫院以及社區復健機構積極拓展病人的職業復健模式，協助病人工作能力與技巧的進步，發展多元化、創新的精神復健模式或職業重建模式，不僅以院內的資源提供服務，社區中也與社政、勞政及民間機構連結，積極辦理精障者之職業輔導評量、職業訓練、庇護性就業、支持性就業、職務再設計等相關轉銜就業機制，以協助病人穩定工作，成功就業，並逐步回歸社區。社區

---

[13] 謝佳蓉、蕭淑珍，2006。
[14] Ekdawi. et al., 1994；取自宋麗玉，2000。

照顧的原則，是以提供連續性的服務措施為主，以滿足個別化醫療照顧和社區復健的需求，前者包括持續性藥物服用以穩定症狀，與再發病時的緊急住院，而後者則包括個人生活自理、居住、社交娛樂、教育或就業等重建。台灣不斷強調去機構與社區多元服務的同時，多元創新的服務理念與形式雖已受到重視認同，然而實施具相當困難度。以會所為例，各地鑒於精障者與家屬需求而開辦，然經費來源不穩定、募款來源有限、醫療健保制度不認同會所模式提供的社區復健成效，無法依據會員的使用頻率給付會所，社政補助一旦終止、會所無法持續，推廣有限。

圖一　台灣社區精神復健資源

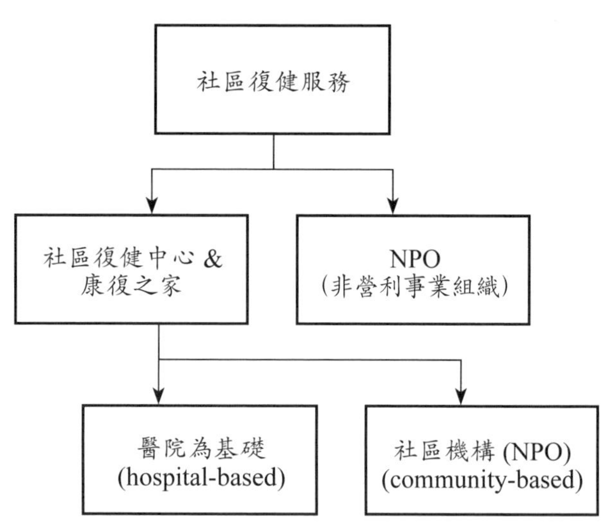

(三)社區復健中心

精神疾病對於個人的認知、自我照顧、社會技巧、人際關係、就業表現和社會休閒活動皆會造成負向影響，進而影響病患的社會適應技巧及社會功能，更可能進一步造成就業困難。傳統的精神醫療專業往往採取醫療模式，將治療目標訂於避免再次發病、症狀消除及維持穩定。從 1980 年代起，美國「復原」的新觀點被提出：無論是否受其疾病之限制，個人仍能追求愉悅及充滿希望之生活方式。台灣受到 1970 年代起西方國家去機構化及消費者運動之影響，1989 年鼓勵並補助試辦社區精神復健服務，之後便帶動了台灣社區精神復健服務之興起。[15]

社區復健中心為精神病患出院返家後，因安排日常生活能力仍有問題時，可參與社區復健中心的活動，它可提供社交技巧、日常生活處理能力訓練等復健治療，能加強精神病患社區生活的適應能力。社區復健中心是在社區中提供病患有關工作能力、工作態度、心理重建、社交技巧、日常生活處理能力等之復健治療，讓病患能維持正常作息，利用白天到社區復健中心參與復健訓練課程，以提升生活功能、環境適應能力，並儘早適應社區環境，獨立面對未來生活。其服務內涵包括：

1、病情行為調適。
2、社區生活參與與適應。
3、獨立生活與自我照顧訓練，如購物訓練、烹飪活動、禮儀訓練、家事處理等。
4、人際行為與社交技巧訓練，如溝通技巧訓練、生活討論等。
5、生活安排與社區生活輔導，如體能活動、休閒娛樂、搭車訓練等。
6、產業治療與工作技巧訓練，如工藝訓練、代工訓練、技能訓練等。
7、職前評估與求職技巧訓練，如職業性向測驗、工作團體等。
8、就業諮詢與工作輔導轉介，有社區就業轉介安置服務。

[15] 劉素芬，2011。

社區復健中心的服務對象與條件為，居住於社區中之精神障礙者，需領有慢性精神疾病之身心障礙手冊及重大傷病卡者、精神狀態穩定且無自傷或傷人之虞、無影響參與復健活動之生理疾病、願意繼續接受精神科門診追蹤治療且經輔導能規律服藥、具自我照顧能力、交通能自行往返或家屬可配合、能接受生活復健且願意接受社區復健治療、稍具耐性及工作動機可以接受工作訓練、可遵守復健場所之規定及生活公約，以及無酗酒、吸毒等行為及無其他法定傳染疾病者。其結案的標準：狀況良好的情況，是能找到工作、或回學校上課、或參加職業訓練、或能穩定就業達三個月者；狀況不好的，則是參與動機差、無法配合社區復健中心管理規則、有不當之行為如暴力、偷竊、性騷擾等，症狀不穩定、住院、學員住家搬離或學員死亡。

社區復健模式是以社區為中心，採用社會工作、心理輔導、職能復健之個案管理為取向。社區復健醫療讓病患在社會上能重新扮演有意義且具建設性的角色，因此，社區精神復健對精神病患的病情穩定及其功能提升具有重要意義。

(四)康復之家（衛政型住宿型機構）

康復之家是當病患因為家庭因素而必須獨立生活，或因病情需要，要訓練其獨立自主的能力，可以藉由醫院和家庭之間的一個暫時性、半保護性、支持性的居住環境。在專業人員的指導下，協助無須再住院的康復期之病患，於出院後遷入康復之家，以期培養其獨立生活能力，適應於社區之中，解決在社區中居住的問題，逐漸回歸社會。在最少限制的環境，訓練住民於社區獨立生活。依據美國精神醫學會與心理衛生協會的定義：精神病患康復之家（Half-way house）是一種特別增強精神病患者或因精神疾病而造成缺陷者的社會適應能力，使他們繼續留在社區中，盡其最大可能的參與社區生活的一種居住機構。1979 年由台北市立療養院開始院內增設康復之家，兩年後向台北市社會局借用安康平宅，康復之家正式走入社區，成為台灣首創。

康復之家的宗旨是病患出院後在重回家庭與社區生活前的一個中途站，透過模擬化家庭生活，依據住民的功能與住民共同擬定一個個別化的復健計劃，協助其社區獨立生活。個別化復健計劃包括督導規律門診與服藥、督促個人衛生自理以及訓練個人財務管理等。1977 年，美國心理衛生協會調查全美 225 所專為精神障礙者提供社區服務的康復之家，研究結果顯示：運用社區性質的服務能有效降低精神病患再住院率。社區居住方案能夠協助治療者使他的努力更有效，康復之家能促進病人的藥物合作，使病人經由支持與訓練逐漸減少依賴，增加獨立，並提供一個社會網絡，協助居民維繫並擴展他的支持系統。[16]

康復之家的收案對象是：「精神病患照顧體系權責劃分表」中第四類病人。條件為經本人或家屬同意、精神狀態保持穩定且無自傷或傷人之虞、無嚴重生理疾病且願意接受精神科治療、日常生活能自理、具工作動機可參與復健方案或外出工作，以及能遵守生活公約，對個案的稱呼或有稱之為住民及居民。其服務內涵包括：提供住宿、定期追蹤治療、居家生活與自我照顧訓練、人際行為與社交技巧訓練、個別諮商輔導、生活安排與社區生活輔導、產業治療與工作技巧訓練、職前評估與求職技巧訓練、就業諮詢與工作輔導轉介、獨立生活訓練、工作適應、社交人際適應、休閒生活安排、社交及娛樂活動、服藥訓練及金錢管理等。

(五)社區家園(社政型住宿型機構)

在過去，身心障礙者多住在原生家庭中或是大型機構內，直到去機構化的概念興起後，才出現其他選擇，而社區家園亦是

---

[16] 劉素芬，2011。

在這樣的背景下產生，身心障礙者擁有較自主化、人性化的生活模式，也成為一種擁有獨立生活能力前的準備，過渡型之居住形態，使其能過一般的生活，而非由大型機構內之服務人員管控、照顧。

社區家園之精神，即是讓身心障礙者能獲得社區資源及支持，且盡可能在社區過「家庭般」的生活，社區家園提供適當程度之支持，讓他們擁有較多的獨立性及自主性。社區家園多設在社區中之房子或公寓內，人數則約為 3~15 人左右，雖仍屬團體生活，但居住形態比大型機構小很多，使他們的生活更接近於一般的社區生活，且非常重視能連結社區之資源，使其住民能使用社區生活資源。而在生活安排上，主要為白天安排簡易工作，夜晚則讓住民自理或是安排休閒活動，讓住民能離家人、自己的社區不遠，亦能學習獨立生活。惟目前台灣的社區家園，以服務心智障礙者的機構較多，精神障礙者的則較不普遍（圖二）。[17]

圖二　社政資源——社區家園、Club House

[17] 中華民國康復之友聯盟，2013。

(六)會所模式

台灣依循美國紐約活泉之家(Fountain house)成立的宗旨，強調恢復精障者自信與建構一個促進生活技能的支持性環境，達到回歸職場與社區生活為目標。主張精障者自主自助，透過「去病人化」，甚至是「去個案化」，並以會員的身分，與工作人員打破幫助與受助的關係，以夥伴關係作為基礎，建立工作日(Work-order day)同經營會所的日常運作與發展。運用會所提供過渡性就業作為職前準備，致力於精障者多元社區復健服務的需求。會所模式(Clubhouse model)的設置重新定義精障者，改變受助關係，更相信人有復原的潛能，視精障者為有能力付出的人，並稱之為會員。會員彼此互助、支持、復健與增進自信的場所，促使會員回到有生產力的生活，期待從自助團體促進演變成一個社會服務，強調平權的工作環境。[18] 會務共同工作過程中每個會員都感受到是被需要的，更相信一個人可以自主安排、規劃、有所貢獻，會員被期待投身在自我權益，非專家的管理，讓會員在會所中獲得歸屬感，並重建職業上和生活上的信心與技巧，進而達到生活目標。[19] 藉由會所互助的特質，增進同儕互動進而促進社會的連結，自發性的互助團體是一種社會網絡，對會員而言，發展社會網絡是建構個人認同和社會認同，是實質的社會與心理支持。[20]

台灣精障會所模式由伊甸社會服務基金會引進，於 2004 年推動精障者的社區服務籌劃成立「活泉之家」。會所模式如雨後春筍分別由台北市康復之友協會、康復之友聯盟、高雄市視而不見關懷協會以及新竹市精神健康協會四家社福團體以及家屬和病友倡議團體成立。台灣成立的會所包括伊甸社會福利基金會附

---

[18] 林亦茹，2009；曾淑欣，2012。
[19] 曹寶玉，2014。
[20] 林亦茹，2009。

設台北市活泉之家、台北市真福之家、台北市康復之友聯盟 My House 精神障礙者交誼中心（已結束）、台北市清新坊長青關懷中心、新北市慈芳關懷中心、高雄市視而不見（已結束）以及新竹市心築關懷中心（已結束）。2011 年慈芳關懷中心為台灣唯一通過 International Center for Clubhouse Development 的國際認證（ICCD，2015）。ICCD 認定標準的會所模式提供八種服務：工作導向的一天（a work-ordered day）、就業方案（employment programs）、夜間與休假日活動（evening, weekend and holiday activities）、社區支持（community support）、外展服務（reach-out）、教育服務（education）、居住服務（housing）、參與決策與管理（decision-making and governance），這些服務都是協助會員回歸社區與職場生活作準備。

（七）居家治療（主動式社區關懷）

精神疾病和其他疾病相比，常會有缺乏病識感之問題，而與醫療系統連結性較為低，也形成共病性高及死亡率較高的問題。在去機構化運動後，更需重視病患回到社區後的精神醫療照護，但若病患功能下降、缺乏病識感而無法規律就診時，在常規的門診外，亦可選擇居家治療此治療模式，居家治療採個案管理模式及院外門診之模式進行，使醫院之治療延伸至病患家中，由醫護人員直接至病患家中進行醫療服務。[21]

主動式社區關懷的居家治療是滿足精神障礙者在社區生活的重要因素，居家治療不只是藥物諮詢、生活指導，並包括教導活動設計與安排。服務照顧個案數的多寡是有彈性的，在服務上是具有機動性及主動性的，是以個案管理、多專業團隊治療模式的延續性照顧。其服務對象為無病識感不願就醫且家屬亦無法帶至醫院治療、有明顯精神症狀、干擾家庭生活及社區、未能持續

[21] 陳文瑩、邱智強、董秀珠、陳俊澤、陳坤波、楊添圍、郭千哲，2017。

接受治療之慢性精神病患。亦有因應精神障礙者在社區生活的多元需求，設有之整合性服務機制的個案管理模式，提供綜合性的服務，包括生活協助、居住安排、社交生活、過度性與支持性的就業服務，由個案管理者（關懷訪視員）串聯這些服務，陪伴案主處理日常生活問題。居家治療提供社區精神病患與家屬獲得支持性、人性面個人尊顏的照顧服務，由醫院居家治療醫療人員到家裏服務，不僅減低住院率，亦增進家屬照顧精神病人的能力及病人社區適應力。

五、長期照顧機構、護理之家

精神疾病患者需要接受長期照顧的潛在風險和需求與其疾病是相連的。1999 年，Eliopoulos 定義慢性疾病五點特徵：1. 疾病為無法根治且為不可逆的過程；2. 為長期疾病；3. 需長期指導、觀察或照顧；4. 需執行自我照顧；5. 疾病已潛在地影響個案的身、心、社會及靈性層面。[22] 精神疾病常與其他疾病有共病現象，例如，思覺失調症病人最常見合併有糖尿病、代謝症候羣、冠心病、慢性阻塞性肺病；憂鬱症病人也較一般人罹患心血管疾病之盛行率高出 1.5 至 2 倍，雙極性疾患與病人罹患心血管疾病及循環方面疾病風險增加也有關。慢性精神疾患者，不僅是心智方面產生障礙，在罹患內外科疾病、其他慢性疾病的風險也較一般人高出許多，一旦風險發生，照護需求隨之而來。[23] 因此，精神病患的長期照顧問題就成為社會關注的議題。

由於照顧精神病患的沉重壓力，當家屬無法承受時，機構式照顧就成為一種替代選擇。台灣於 2003 年由行政院衛生署核准設置精神護理之家，公佈精神科護理之家設置標準。「精神護理

[22] 邱琬育，2014。
[23] 邱琬育，2014。

之家，其服務對象是以『精神病患照顧體系權責劃分表』的第五類（精神病症狀穩定且呈現慢性化，不須住院治療但須生活照顧者）和第六類（精神病症狀穩定且呈現慢性化，不須住院治療之年邁者、失智者、智障者、無家可歸者）為主。他們多為症狀穩定呈現慢性化、自我照顧功能差、社會角色功能以及家庭社會支持差者，其設置目的在延續社區心理衛生工作的理念，為精神病患呈現慢性化及病況穩定者，提供持續性、連續性照顧。」[24] 台灣一般護理之家以護理人員提供服務為主，服務內容多以基本日常生活照護、護理及醫療為主，住民的精神生活貧乏，缺少復健或刺激。且為了方便工作人員時間的安排，住民的生活作息皆有固定的時間，缺乏彈性。[25]

當精神病患之症狀穩定且呈慢性化，不需住院治療但需要長期的生活照顧，但家人無法照顧的情況下可選擇精神護理之家。精神護理之家與社區復健中心及康復之家的差別在於病患之自我照顧能力。精神護理之家之病患是屬於自我照顧能力較差的，而社區復健中心及康復之家的服務對象則需要有自我照顧能力。服務內容主要分為基本醫療服務、生活照顧及復健活動等。基本醫療照護是由護理人員給予病患個別化之護理照護及指導；生活照顧則是協助沐浴、用餐等生活起居事項；復健活動則是會每日安排職能治療、復健活動、休閒活動等以增進、維持功能及充實生活。精神護理之家之入住條件為症狀穩定且呈慢性化但需長期照顧者、領有慢性精神疾病身心障礙證明或重大傷病卡、無嚴重生理疾病或特別管路護理、無傳染性疾病、無嚴重行為問題等。[26]

---

[24] 蕭淑貞、謝佳容、張秀春、曾洙荔，2006。
[25] 林梅珠、邵文娟、王雅慧，2013。
[26] 中華民國康復之友聯盟，2013。

六、康復之友聯盟團體

1984 年衛生署鼓勵各核心醫院成立一個可以提供病患相互支持的場所，促成各區域康復之友協會的成立。[27] 各縣市的康復之友協會有部分由醫療人員發起，另一部分為病友家屬自行成立。1997 年 11 月 8 日，各縣市康復之友協會集結成立全國性精神障礙者自助團體——社團法人中華民國康復之友聯盟，自此國內之病友自助團體可以更有組織、更有策略地推動爭取病人的權益。中華民國康復之友聯盟近年來積極倡導精神倡導之權益，目前全國各縣市 27 個會員團體參與（圖三，頁 56）。[28]

劉運康（1986）提到，回顧美國病友自主團體和家屬自助團體的快速興起的原因，除了回應社會運動的演進和個人意識的抬頭，更重要的是，專業工作者提供服務有既定的內容和限制，無法滿足與回應實務需求，故受服務者查覺困境後自發性現身，進而成立專業的組織服務該領域的人。30 年後的台灣，精神障礙者的自助團體也出現在各社羣中，台灣自助團體的經驗不如美國蓬勃發展，除了文化差異性之外，更值得思考非營利組織運作在台灣有甚麼要求與規範。以精障者的會所模式為例，一開始有六間會所運作，最後剩下五間；[29] 另外，會所模式服務的效益不敵外在環境對精神障礙者的歧視和不了解，造成社會融和的困難（包含就業方案）。

---

[27] 黃嫒齡，2007。
[28] 韓青蓉，2015。
[29] 呂又慧、戴雅君，2011。

圖三　社政與勞政資源

七、社區復健到復原

2000 年之後，世界盛行的精神社區復健理念已發展至促進精神疾患復原，美國聯邦物質濫用與心理衛生服務署對於復原的定義為，個人恢復其健康、福祉、生活自主性，以及努力實現自我潛能的改變過程。支持生活復原四個面向包括健康（克服或管理個人的疾病或症狀）、住家（穩定與安全的居所 ）、目的（有意義的日常活動）與社區（關係與提供支持、友誼、希望的社會網絡）。強調的十項復原原則為：復原是以文化為基礎的且受其影響的；處理創傷有助於復原；復原涉及個人、家庭、社區的優勢與責任；復原奠基於尊重；復原源自希望；復原為個人驅力的；復原的發生是經由多途徑的；復原是全人的；復原是同儕與團體支持的；復原是透過關係與社會網絡支持的。重視服務過程輸送取向，該理念與社工的價值背景相近，強調的觀點為：

1. 不再看到個人的疾病為主，視為思覺失調者；而是看待一個人是個罹患有嚴重精神病的人；

2. 是個人性或個別的復原；

3. 從症狀、症狀的緩解到支持個人的發展；

4. 強調建立自尊、賦予生命意義、從個人身上獲得希望與信念；

5. 不論疾病的嚴重程度，人們都可以擁有希望，認為自己能夠擴展個人能力，並且自己做決定的態度或取向；

6. 疾病仍然存在，但自我的價值感以及社會的認同來自接受這個疾病；

7. 視為學習，因應疾病過程以及建立韌性 / 復原力；

8. 從被動接受者轉換為主動參與者；

9. 從服務提供者是專家轉變為案主和提供者在不同的角度，各是專家；

10. 夥伴關係，從「為」個案服務，轉換為「一起工作」。

精障者的復原需包括醫療、復健、家屬以及社區這四方面共同努力與合作，「醫院」與「社區」的藩籬，以及「治療」與「復健」的框架必須突破，以復原的光譜（Spectrum）來看待精障者階段性的需要，是未來精障者照顧的指標。精障者除了具備復原力量，更需要結合從民間到政府的力量，形成一個完整的服務輸送網絡，勾勒出新的社區精神復健整合模式。不論「以醫院為基礎」或之後的「以社區為基礎」的照顧模式，都需要視精障者階段式的個別化需求而介入，務求在其復健之路程上提供完整的照顧。此外，精障者如何順利取得社區精神復健資源，進入服務體系的方式與過程以獲得持續的服務，並沒有標準化的流程依循，更不代表某一種社區精神復健模式才，是最好，需要視居住地區社區復健資源的選擇性，家屬的配合與支持，精障者的需要與動機，視目前階段性的需求來尋找復健模式。[30]

參考資料

中文文獻

中華民國康復之友聯盟（2013）。如何幫助精神康復者回歸社會資源手冊 —— 就養篇。取自：http://www.tamiroc.org.tw/sourseclass/02%E5%B0%B1%E9%A4%8A%E7%AF%87.pdf

王文志、張自強、文榮光（2005）。精神科病患於日間病房之預後分析。臺灣職能治療研究與實務雜誌，1，36-43。

吳佳璇（2005）。台灣精神醫療的開拓者葉英堃傳記。台北市：心靈工坊。

吳來信（2005）。精神醫療政策的變遷與社會工作角色的改變。載於吳來信、廖榮利（主編），精神病理社會工作（1-47）。台北：空大。

呂又慧、戴雅君（2011）。社區精神復健的另類服務：以新北市慈芳關懷中心的「會所模式」為例。社區發展季刊，136，308-330。

宋麗玉（2000）。精神病患社區復健照顧服務 - 理想篇，社區精神復健研討會彙編本。行政院衛生署。

林奕如（2009）。探索台北 My House 機制與網絡 —— 兼論會員的康復。國立臺灣大學社會工作學研究所碩士論文。

林梅珠、邵文娟、王雅慧（2013）。精神護理之家住民長期安置之生活經驗。護理暨健康照護研究，9(4)，282-289。

邱琬育（2014）。慢性精神疾患與潛在長期照護風險之關聯性。國立臺北護理健康大學長期照護研究所碩士論文。

曹寶玉（2014）。重返社區之路：會所模式中的過渡性就業。國立臺灣大學社會工作學研究所碩士論文。

陳文瑩、邱智強、董秀珠、陳俊澤、陳坤波、楊添圍、郭千哲（2017）。使用精神科居家醫療整合照護病人之臨床特徵。北市醫學雜誌，14(2)，147-160。

曾淑欣（2011）。會所模式下精障者邁向獨立生活的歷程 —— 以伊甸活泉之家為例。國立臺灣師範大學社會工作研究所碩士論文。

黃芸芳（2000）。高雄地區精神醫療日間留院病友家屬對服務需求之探討。東海大學社會工作學系碩士論文。

黃嬡齡（2007）。慢性精神病患治療性社區在玉里的在地實踐。國立陽明大學衛生福利研究所博士論文。

劉素芬（2011）。台灣社區精神復健服務簡介。台大社會工作學刊，23，137-180。

劉蓉台（2007）。精障個案社區整合照顧模式。護理雜誌，54(5)，11-17。

衛生福利部（2017）。10511-90-02 精神醫療資源現況表。取自：https://dep.mohw.gov.tw/DOS/cp-1728-2920-113.html

黎嘉欣（2011）。實現社區精神復健之新藍圖 —— 一個台灣經驗的反思。國立陽明大學衛生福利研究所碩士論文。

蕭淑貞、謝佳容、張秀香、曾洙茘（2006）。精神護理之家護理功能與經營現象之探討。

[30] 黎嘉欣，2011。

精神衛生護理雜誌，1(2)，27-36。

謝佳容、蕭淑貞（2006）。台灣社區精神復健機構的服務現況與展望，精神衛生護理雜誌，1(2)，41-50。

韓青蓉（2013）。精神醫療社會工作。台北市：華都文化事業有限公司。

英文文獻

Ekdawi, M.Y., Conning, A.M., & Campling, J. (1994). *Psychiatric Rehabilitation: A Practice Guide.* New York, NY: Chapman & Hall.

第三章

上海精神健康服務和發展

范明林 教授

在各方的共同努力下，上海近 10 年來精神健康服務有了長足的發展，精神障礙人士的院舍服務、社區康復服務和家庭支援服務，或者已經成為政府相關政策的重要組成部分，也成為有關社會組織在社區層面提供專業服務的主要內容。

一、上海市精神病患基本現狀和精神疾病防治網絡

(一)上海精神病患基本現狀

根據上海市精神衛生中心的相關調查資料顯示，截止 2015 年，上海市共有在冊精神病人 115,425 人，精神病人檢出率 6.26%；監護精神病患者 114,864 人，監護率達到 99.51%；其中，顯好總人數 113,442 人，顯好率 98.28%；參與社會人數 98,494 人，社會參與率 85.33% 。

但是，大家應該看到，中國的精神疾病患病率總的呈上升趨勢，據全國第三次精神衛生工作會議統計，我國各種精神疾病的患病率已上升至 13.47% ，而上海市已達到 16.9% 。另據上海市疾病控制中心統計，本市約有精神疾病患者 16-20 萬人。[1]

(二)上海市精神疾病防治工作三級網絡

上海市精神疾病防治工作於全國率先起步，1956 年成立由衛生、民政和公安三局負責人組成的「三人小組」，下設辦公室。這是國內最早的精神疾病防治工作的領導和協調機構。1958 年全國第一次精神病防治管理工作會議（南京會議），提出了「積極防治、就地管理、重點收容和開放治療」的指導原則，上海市開展了一系列工作，包括：第一，1958 年上海市精神病防治院派出專家團隊，完成了對全市千萬人口的精神病普查，歷時近兩

[1] 施澤斌，2010。

年。第二，在上海的農村開辦了精神病療養村，探索職業康復的方法和途徑。第三，派出防治組，深入大專院校，進行對神經衰弱的綜合防治和康復工作，還對部分出院病人進行家庭訪視和康復指導。第四，60年代前半期，許多區縣建立了精神病防治站（院），開設精神科門診點，為建立和健全精神科專業網絡以及開展社區服務打下基礎。第五，1978年由市政府主持召開「上海市精神病防治管理工作現場經驗交流會」，推廣由街道主辦的精神病人工療組和由里委會組織的精神病看護網。至20世紀80年代，防治和康復形式迅速在市內普及，許多大中型工廠都相繼開展工作，全市的精神病防治工作網絡基本形成。

上述網絡的基本特色和內容是：形成了「市—區（縣）—街道（鄉鎮）」三級精神病防治網（圖一，頁64）。它的主體包括行政管理、專業機構和社區防治康復設施等三個系統。首先，行政領導和協調系統。在上海市，市、區（縣）和街道（鄉、鎮）都設有精神病防治管理領導小組，主要任務為：制訂計劃、組織宣傳、協調分工、總結經驗和檢查督促。領導小組的成員由各級政府、衛生民政和公安等部門組成。市和區縣的領導小組設辦公室，定期召開會議。街道或鄉鎮的領導小組由分工福利或治保的負責人擔任組長，根據地區的具體情況，將精神病的社區工作納入綜合治理、福利保障、文明建設或社區衛生等網絡，以保證工作的落實和檢查。

圖一　上海市精神病防治三級網絡

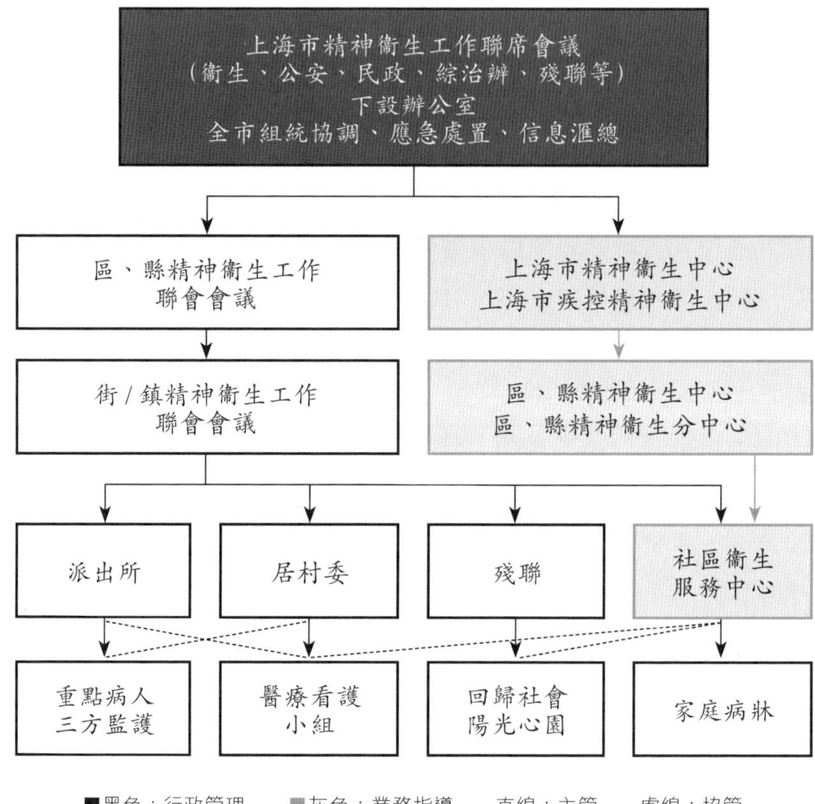

■黑色：行政管理　■灰色：業務指導　直線：主管　虛線：協管

其次是專業機構。上海市市級精神科機構有 6 所，21 個區縣均有精神病防治院，合計病牀 5,789 張，精神科醫生 500 多名。這些專業機構是全市精神病防治工作的支柱，在實踐中努力把住院和社區康復有機地結合起來。市和區縣的專業機構均設防治科（組），分工負責社區工作，指導轄區內的各種康復機構和服務。全市共有 158 名精神科醫生和護士在防治科（組）工作，他們是社區工作的業務骨幹，在某種意義起着各級精神病防治管理領導小組辦公室的聯絡員作用。街道和鄉鎮設有精神科專業機構，由經短期精神科培訓的街道醫院或鄉鎮衛生院醫生，兼職精神科，負責門診和社區工作。

最後，社區康復設施和服務系統。這個系統主要從事以下幾項工作：

第一，開展隨訪服務。建立了「市—區縣—基層」一貫制的一人一卡，按照統一規定的社區隨訪方案工作。有 341 所（佔總數 98%）街道醫院和鄉鎮衛生院開設精神科隨訪門診，主要對象為需長期服藥的慢性或穩定期病人；根據轄區病人的情況，定期訪視，指導他們的治療和康復，定期到精神病工療組和看護網，進行訪視和指導。

第二，建立工療組（福利工廠）。這是由街道或鄉鎮的民政福利部門主管的社區康復設施，對象為地區內無固定職業、病情比較穩定、有一定勞動能力的慢性精神分裂症和智障人士。他們白天去工療組，晚上回家。康復措施以職業康復為主，結合藥物、文娛體育和社會心理教育，病人在社會功能康復的同時，還有一定的經濟收益。

第三，組建羣眾性看護網。這是以里委會為單位的羣眾性自助組織，由熱心社會公益、願意為地區病人服務的退休工人、鄰居、里弄幹部和病人家屬組成。任務為關心和幫助病人及其家屬，預防和制止病人的肇事和闖禍，以及向羣眾進行精神衛生的宣傳。

第四，建設工廠的防治和康復設施。大中型工廠在許多方面類似社區，參照社區模式和結合工廠特點，它們成立廠和車間精神病防治管理領導小組，派出保健站醫生接受專業培訓，開設專科門診，下車間或上病家進行訪視，建立工療組及車間看護網。

第五，設立日間住院和晚間住院。日間住院是一種作為回歸社會過渡形式的部分住院。讓經住院治療好轉的病人，白天來院接受治療和康復訓練，晚上回家。市精神衛生中心和部分區縣精神病防治院，開展這日間住院服務。而晚間住院是另一種部分住院形式，對象為無家可歸、或家庭無法或不願接受的穩定期病人。他們白天去工作單位，晚上回院，上海第三精神康復院已進行了多年試點。

為了更好地開展精神疾病管理工作，自 2001 年起上海市逐漸建立了一個統一的精神衞生資訊管理網絡，目的在於通過先進的網絡技術、實施分散採集、集中管理的方法，初步形成了覆蓋全市 19 個區（縣）、200 餘個鎮（鄉）的精神衞生資訊網絡，對本市在冊精神疾病患者的相關資訊進行即時、動態、有效的管理。上海的精神疾病康復資訊管理系統主要涉及以下內容：人口學資料收集和管理；疾病資料登記及管理；疾病動態資料更新及管理；疾病康復措施落實；康復效果的評估；快速高效的傳送及方便的資料查詢；資料的統計處理；精神衞生知識的宣傳和普及等等。上海市精神疾病康復資訊管理系統，不僅在社區精神衞生服務中起着重要作用，同時又為政府有關部門規劃精神衞生工作作提供科學依據；另外，對精神疾病的科學研究也提供了重要的條件。[2]

二、院舍治療

通過對相關文獻的檢索以及上海部分精神衞生中心網站的查詢與資料收集，發現上海約有 33 家精神衞生專科醫療機構，其中三級精神衞生專科醫療機構有兩家，二級精神衞生專科醫療機構有 21 家、未定級的有 10 家（5 家為精神病康復院）。把這些精神衞生醫療機構的具體服務作粗略的分類，大致的服務內容或種類可以詳見表一。

[2] 孟國榮，2005。

表一　上海精神衛生醫療機構服務種類和服務內容

服務種類	主要服務內容
藥物治療	醫務工作者為服務對象提供疾病診治和精神病治療藥物
音樂療法	工作人員提供音樂體驗，説明服務對象達到康復的目的，形式包括感受型音樂治療（音樂聆聽）、合唱訓練、樂器授課等等
體育鍛煉	定期讓服務對象開展體育鍛煉，形式包括：太極拳、乒乓球、羽毛球、籃球、網球、多功能健騎機、保健操等等
娛樂療法	為服務對象提供娛樂活動及相關服務，形式包括：棋牌活動、集體小遊戲、繪畫、書法、折紙等等
勞動療法	為服務對象安排簡單的日常工作，以充實他們的日常生活，形式包括：農耕、手工編製、輔助就業（如洗餐具、洗衣、清掃室內外環境、養花護綠）、養殖、一次性衛生耗材加工以及其他適應性勞動等等
健康教育	對服務對象開展精神疾病相關知識的教育，形式或內容包括：疾病知識（如疾病的成因、症狀、特徵等）、藥物知識（如藥物效果、藥物管理、藥物不良反應識別等）、症狀自我監控、重返社會技能訓練等等
心理治療	通過與服務對象接觸，對他們進行科學的啟發、教育和暗示，促使他們了解自身疾病，消除來自他們自身的或者外界的各種消極因素，幫助他們掌握防治疾病和鞏固療效的基本知識。同時增強他們的各種能力，協助修復精神功能，從而適應生活環境和社會環境。形式包括：放鬆訓練、個別心理治療、團體心理治療、認知行為治療等等
生活技能訓練	工作人員訓練服務對象的生活自理和個人衛生處理能力，內容包括：個人衛生整理、鋪牀疊被、洗衣服、洗碗、烹飪等等
社會社交技能	提供服務對象在家庭和社會中與人交往的角色扮演訓練以提升其相關能力，形式和內容包括：討論會、角色扮演、基本人際交往訓練、語言技能訓練、社會適應能力訓練、重返社會技能訓練程式等等
物理治療	提供針對特定精神障礙症狀的物理治療手段，形式包括：低頻重複經項磁刺激、腦電生物回饋、腦波治療等等

進一步探尋發現，並不是所有的精神衞生中心都有上述所列的所有服務，有些機構提供種類較為全面的服務，有些機構則提供相對專一的服務，其中，所有機構都強調以堅持服用抗精神病藥物為基礎，因此，服用精神病藥物是精神病康復的主要方法。娛樂療法、健康教育、勞動療法和生活技能訓練等都是比較常見的服務方法，有超過 20% 的機構提供此類服務，提及比例均超過，各類康復干預手段或院舍服務方法在機構中的使用比例如下表二所示。

表二　上海精神衞生中心精神病康復常用干預和服務方法比例

干預和服務方法	使用比例（%）
音樂療法	3.4
體育鍛煉	10.2
娛樂療法	26.6
勞動療法	23.7
健康教育	23.7
家庭干預	7.3
心理治療	13.6
生活技能訓練	20.3
社會技能訓練	15.3
其他物理治療	6.2

資料來源：研究者根據上海各個精神衞生中心網上資料整理而得。

三、社區康復

除了在院舍提供服務，上海還大力發展社區層面上的精神健康服務，促進服務對象更好、更快地在社區康復。這項工作上海在 2012 年以前呈零散和無序狀，沒有規劃也沒有統一部署，自 2012 年以後狀況則完全有了根本的改變。

（三）上海市殘聯系統組織的社區康復服務——陽光心園

2010 年 12 月，上海市殘疾人康復工作辦公室下發《上海市精神殘疾人社區康復機構管理意見》，要求全市精神殘疾人社區康復機構統一名稱為「陽光心園」，並明確規定了機構服務人員的職責以及詳細的精神殘疾人康復管理流程，由此標誌着上海市精神殘疾人社區康復「陽光心園」的模式開始確立。

陽光心園由民政部門和殘聯主管，2015 年 100% 覆蓋全市的街道（鄉鎮），是全國首個覆蓋城市每一個社區的精神殘疾人日托機構的模式。陽光心園現有服務對象分為註冊學員和非註冊學員兩種，前者每週五天幾乎都在陽光心園進行康復活動。

陽光心園組建了包括精神障礙防治醫生（精防醫生）、康復專管員、心理諮詢師、社會工作者、心園專職工作者、康復者家屬及志願者等人士的專業服務團隊，共同為對象提供集日間康復照料、心理疏導、娛樂康復、社會適應能力訓練等功能為一體的康復服務。

以上海市長寧區為例，截至 2015 年 12 日統計資料，長寧區居住人口 707,655 人，精神疾病在冊患者 4,159 人，社區精神康復患者 3,449 人。長寧區有 1 家二級甲等精神專科醫院（長寧區精神衞生中心），區內有 10 個街道、187 個居委會共設 10 家社區衞生服務中心、40 個衞生服務站。10 個街道各建 1 家「陽光心園」康復機構，由街道提供場所，殘聯提供康復服務資金，精神衞生專業機構提供技術指導，社區醫生、護士、民警、社工、居委幹部等協助，並配置全職管理人員 16 名，提供社區精神康復服務，共管理 318 名康復學員。

(四)社會組織提供的社區康復服務

在政府組織、安排的「陽光心園」服務的同時，上海的一些社會組織主要通過購買服務的方式，向精神障礙人士提供各種各樣的説明與服務，上海市嘉定區的「陽光工坊」和長寧區的「明心社工站」即是很好的案例。

- **陽光工坊**

陽光工坊於 2011 年 4 月成立，以社會化運作的模式，通過招投標，由徐行鎮殘疾人服務社承接，旨在通過利用嘉定的傳統特色——黃草編織、嘉定竹刻等國家非物質文化遺產，鼓勵、支持殘疾人參與文化遺產的學習和傳承，幫助他們掌握技能，實現就業並扶持創業。至 2016 年 9 月，已累計培訓全日制殘疾學員 85 人，其中精神障礙學員 32 名。目前，工坊現有全日制學員 23 名，其中草編學員 8 名，竹刻學員 15 名。

近年來，陽光工坊主要為精神障礙人士提供以下一些服務：

第一，制定扶持政策。它們包括安全制度、精神障礙學員防控制度、扶持補貼制度、管理人員考核制度等一系列制度，確保服務對象在基地有序規範地開展培訓學習。其中，扶持補貼制度規定，在工坊培訓的學員，兩年內分別給予全日制學員每月 700 元，定期培訓學員每月 400 元的生活補貼，以及每天 15 元的午餐補貼。學員在學到技能的同時，還可拿到所做產品的部分銷售收益。兩年後，能夠獨立完成作品的予以畢業，可以個體創業或居家創業，可以被其他工作室吸納就業。繼續進行定期培訓，再給予第三、四年每月扶持補貼 400 元，第五年每月給予扶持補貼 200 元，並對個體創業或居家創業的殘疾人作品實行從原材料供應到設計、包裝、銷售的一條龍服務，同時每月請指導老師點評他們的作品，説明他們的技藝有否提升。

第二，配備專業管理和服務團隊。陽光工坊聘請擁有十多年草編經驗的草編能手三名和具有一定聲望的竹刻老師一名，對精神障礙學員實行全日制輔導，分期分批進行專業培訓，讓其熟練掌握技能，並獨立完成作品。陽光工坊同時還配備了一支專業的管理團隊，全面負責日常管理工作。其中配有專業社工兩名，定期根據學員的需求開展各類活動及輔導工作。

第三，整合家屬力量協助服務。陽光工坊在 2013 年 4 月成立了家屬委員會並舉行揭牌儀式。每年定期邀請學員家屬參與項目活動，交流互動，讓家屬能夠充分了解學員在基地的培訓與學習情況，形成社會、機構、家庭和諧共進的局面，共同促進殘疾學員健康發展。

第四，開展形式多樣的活動，豐富學員生活。陽光工坊每年定期開展需求調研，根據學員的切實需求，開展相匹配的活動。如，針對精神障礙學員，定期開展心理輔導講座，緩解他們的情緒，紓緩壓力。開展養生講座，讓學員了解養生知識，注重身心健康的重要性。又如定期舉辦「比出風采、超越自我」趣味運動會。在增強學員的體質、活躍學員的精神文化生活的同時，也鍛煉了學員們的團隊合作能力及協調能力。再如定期開展「取長補短、再接再厲」技能競賽，通過舉辦草編、竹刻技能比賽，來檢驗學員近半年來在掌握竹刻、草編技藝的學習成果。同時為學員間提供技藝交流的台平台，激發學員們對竹刻、草編的熱情，以及對自身和生活的信心。

幾年實踐結果表明，陽光工坊取得了較大的成效，截止 2016 年 10 月年底累計銷售額約為 90 萬元，已經開拓的銷售管道為上海城市超市、「幸福轉不婷」淘寶店、「陽光工坊」門店零售、京東商城旗艦店，也有愛心企業前來購買等等。

- **明心精神衛生社工站**

明心精神衛生社工站是由區衛生與計劃生育委員會擔任主管，在區社會團體管理局正式註冊的社會組織，具有政府部門主導、專業機構培育、民辦非企業運作的特徵。以專科醫院門診和病區、患者家庭、社區康復機構（如陽光心園）及居民委員會為服務場所，以獨居、弱監護等重性精神疾病患者及其家屬為主要服務對象。貫穿醫院社區一體化服務，實現了三個服務層面的對接。在醫院社區一體化服務模式中，除精神科醫護人員、社區醫生、居民委員會幹部及社區民警外，還組建了「第三種力量」，即精神衛生社工隊伍。

明心精神衛生社工站的理事會成員，分別來自長寧區精神衛生中心和長寧區衛生工作者協會，理事會下設社工站，現有專、兼職人員 15 名，分為社工站站長、社工點負責人及普通社工等，負責社工站的日常管理、服務提供、專案設計和執行、績效評估等工作。員工均具有大專以上學歷，70% 以上具有社工師、助理社工師、社工三或四級等專業職稱，入職後接受 80 個學時的精神衛生、社會工作及心理學等崗位培訓。社工站組織架構及職責分工見圖二。

圖二　明心精神衛生社工站組織架構及職責分工示意圖

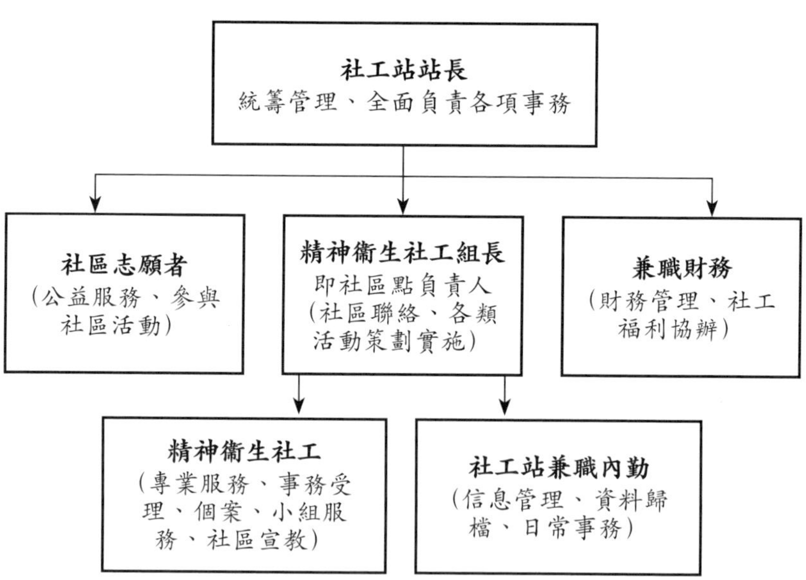

通過前期的社區調查，梳理並確定符合服務標準的患者，採用書面或電話聯繫的方式，開展精神健康服務需求調查，願意接受服務的患者及其家屬，與社工站簽約或委託服務。具體而言，

明心精神衛生社工站與精神衛生中心（醫院）連接成一個醫院社區一體化服務模式，其服務路徑為：（1）醫院內服務層面：工作場所在專科醫院，社工需協同醫療機構的醫護人員，介入到免費服務門診、應急干預、緊急住院等環節，提供病區探訪、個案管理、資訊核實、應急干預協同等專業服務和就醫引導、減免申辦指導、政策諮詢等便民服務；（2）醫院－社區服務層面：工作場所在專科醫院，社工需介入到健康宣教和康復指導等環節，提供離院前指導等專業服務和社區資源推介等便民服務；（3）社區服務層面：工作場所主要在患者家裏、社區康復機構（陽光心園）及居民委員會等，社工需介入和追蹤隨訪、應急處置、家屬護理教育及社區康復指導等環節，提供陽光課堂、小組服務、職業訓練指導等專業服務，建檔、隨訪、資訊傳報、應急協同等公共衛生服務，社區公益宣導、健康宣教等公益服務（圖三）。

圖三　明心精神衛生社工站服務路徑示意圖

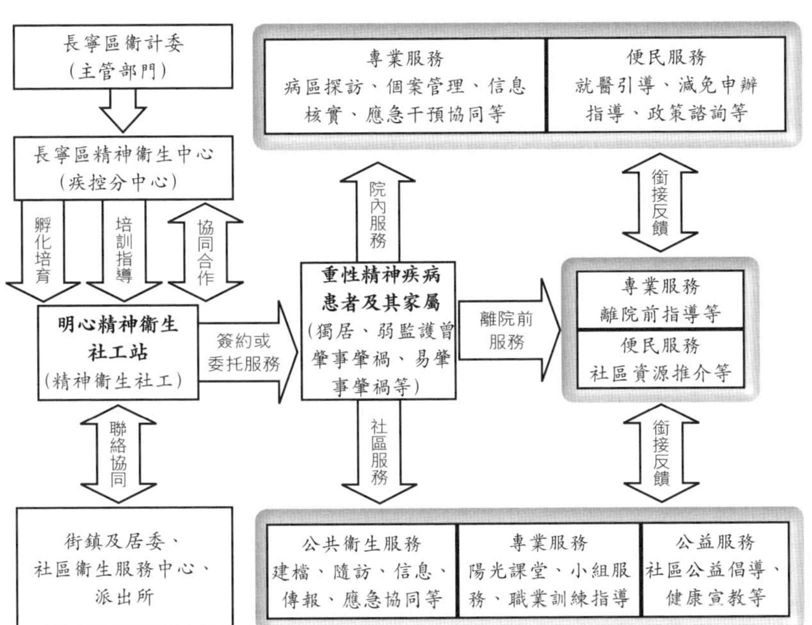

四、上海精神健康服務存在的問題

儘管在精神衛生醫院管理部門、精神衛生醫務工作者以及社區相關單位的共同努力下，上海的精神健康服務取得了巨大成績，但毋庸置疑的是，與歐美發達國家以及香港、台灣地區精神健康服務相比，上海的精神衛生服務仍然有許多進一步改善的空間。上海精神健康服務主要存在的問題是：

（一）院舍精神健康服務設施和醫護人員不足

隨着上海各類精神疾患人數的增加，各級精神衛生中心的服務設施呈明顯的應接不暇的態勢。以上海市二級精神衛生中心為例，根據《醫療機構基本標準（試行）》中的配置標準規定：二級精神衛生中心每牀建築面積不少於 40m^2；患者室外活動的場地平均每牀不少於 3m^2；每牀至少配備 0.44 名衛生技術人員；每牀至少配備 0.3 名護士等。但從上海市情況來看，按核定牀位計算，每牀建築面積、室外活動場地面積、每牀配備的衛生技術人員和護士及其職稱條件均符合要求，但由於實際開放牀位接近核定牀位的兩倍，故按實際開放牀位數計算，則每牀建築面積、每牀配備的衛生技術人員和護士均未達到上述標準（表三）。

表三　上海市精神衛生中心建築面積與醫護人員配置達標情況

項目	標準規定	按核定牀位計算	按實際開放牀位計算
每床建築面積（m^2）	≧ 40	48	27
每床配備衛技人員（人）	≧ 0.44	0.45	0.25
每床配備護士（人）	≧ 0.30	0.31	0.17

另有一項研究比較詳細地調查和了解上海市 33 家精神衛生中心，內容涉及醫院的牀位數、專業醫生人數以及專業護士人數，結果發現，許多指標均沒有達到國家衛生等相關部門頒佈的標準（表四）。

表四　上海市精神衛生中心牀位與醫護人員配置

機構編號	核定牀位	開放牀位	醫護人員總數	醫師數	護士數	核定牀位的牀護比（牀：護）	實際開放牀位的牀護比（牀：護）	醫護比（醫：護）
1	877	980	786	249	537	1:0.61	1:0.55	1:2.16
2	290	420	110	36	74	1:0.26	1:0.18	1:2.06
3	250	350	70	19	51	1:0.20	1:0.15	1:2.68
4	33	215	19	5	14	1:0.42	1:0.07	1:2.80
5	300	400	87	26	61	1:0.20	1:0.15	1:2.35
6	200	450	97	34	63	1:0.32	1:0.14	1:1.85
7	100	495	116	50	66	1:0.66	1:0.13	1:1.32
8	90	250	43	20	23	1:0.26	1:0.09	1:1.15
9	280	480	123	37	86	1:0.31	1:0.18	1:2.32
10	450	510	124	34	90	1:0.20	1:0.18	1:2.65
11	150	314	77	22	55	1:0.37	1:0.18	1:2.50
12	200	700	136	38	98	1:0.49	1:0.14	1:2.58
13	360	445	128	42	86	1:0.24	1:0.19	1:2.05
14	320	560	138	48	90	1:0.28	1:0.16	1:1.88
15	70	250	59	22	37	1:0.53	1:0.15	1:1.68
16	100	400	109	38	71	1:0.71	1:0.18	1:1.87
17	180	360	75	27	48	1:0.27	1:0.13	1:1.78
18	450	800	142	52	90	1:0.20	1:0.11	1:1.73
19	150	400	70	13	57	1:0.38	1:0.14	1:4.38
20	100	200	13	6	7	1:0.07	1:0.04	1:1.17
21	100	700	156	53	103	1:1.03	1:0.15	1:1.94
22	99	108	12	5	7	1:0.07	1:0.06	1:1.40
23	400	800	129	28	101	1:0.25	1:0.13	1:3.61
24	146	460	82	22	60	1:0.41	1:0.13	1:2.73

（續）

機構編號	核定牀位	開放牀位	醫護人員總數	醫師數	護士數	核定牀位的牀護比（牀：護）	實際開放牀位的牀護比（牀：護）	醫護比（醫：護）
25	200	265	85	25	60	1:0.30	1:0.23	1:2.40
26	898	1,259	414	113	301	1:0.34	1:0.24	1:2.66
27	400	666	135	39	96	1:0.24	1:0.14	1:2.46
28	230	560	86	21	65	1:0.28	1:0.12	1:3.10
29	180	180	14	5	9	1:0.05	1:0.05	1:1.80
30	120	142	10	3	7	1:0.06	1:0.05	1:2.33
31	120	220	16	6	10	1:0.08	1:0.05	1:1.67
32	220	240	16	5	11	1:0.05	1:0.05	1:2.20
33	220	210	16	5	11	1:0.05	1:0.05	1:2.20
合計	8,283	14,789	3,693	1,148	2,545	1:0.31	1:0.17	1:2.22

資料來源：摘自李戈等，2014，上海預防醫學。

資料顯示，面對迅速增加的精神衛生服務需求，上海市院舍精神衛生服務的基礎設施和人力資源隊伍建設仍需加強與完善。

(二)社區精神康復服務理念滯後和專業人員匱乏

在上海社區層面，精神康復服務許多做法雖然一直領先全國，但是仍然有許多明顯的不足之處，它們集中表現在社區康復的主要場所——陽光心園的種種不足上。

- **管控邏輯根深蒂固**

管控邏輯是指政府對精神障礙人士以管控為核心，以科層化的精神衛生管理體系為載體，主要包括街鎮和地方殘聯等實踐力量的一套認知和規範體系。利用家庭的力量，採用「鎖錮」的方式限制精神障礙人士的人身自由，防止其危害社會穩定和安全，這是長期以來中國對待精神病患的主要思維方式和具體做法。管控邏輯滲透陽光心園的運作主要體現在兩方面：推動陽光心園的建立、構築心園外部等級分明的精神衛生管理體系。首先，上海市陽光心園作為政府主導的社區康復服務，其設立的最初目的就是借開闢社區精神康復機構的新空間，優化對精神障礙者的管控效果，維持社會穩定。陽光心園專案的誕生適逢上海籌辦世博會，市政府從服務建立之初，就將其作為世博會的相關項目。最大限度地避免病患病情復發和肇事，這也是平安世博的重要一環。其次，按照政府領導、部門合作的原則，各街鎮建立起社區精神康復服務機構，其管控邏輯充分體現在陽光心園所處的精神衛生管理體系中，陽光心園的服務提供、組織管理、資源配置等一系列環節之中。[3]

- **專業人員嚴重匱乏**

目前上海社區層面的精神康復服務專業人員的嚴重缺乏，最顯著的表現是：

第一，陽光心園的工作人員全稱是社區殘疾人工作助理員（簡稱助殘員），是上海市從全市下崗、協保、失業殘疾人中選拔、培訓，專為社區殘疾人做服務工作的一批基層工作者。助殘員的選用，是上海市自年起的「萬人就業專案」的一部分，其出發點以解決殘疾人就業為優先，因此對助殘員本身的資質沒有太大要求。助殘員的工資（或補貼）按照上海市最低工資水準發放。由於陽光心園的工作人員配置的工資發放沒有統一標準，他們大部分又是助殘員，因此目前各區殘聯基本上均按助殘員的工資水準——最低工資標準，為陽光心園工作人員發放工資和補貼（街道自行與社工團體簽約購買服務的除外）。由此帶來的問題是難以吸引有一定專業知識的人才到陽光心園。但由於陽光心園的康復對象特殊，缺乏專業知識的工作人員在開展服務時面臨困難重重。

---

[3] 楊銼，陳婷婷，2017。

第二，由於工作人員沒有統一的資質要求，因此無法對服務開展提出明確的標準甚至專業的要求，導致不同陽光心園之間服務開展情況與品質參差不齊。這不僅造成不同陽光心園之間的服務不公平現象，也使陽光心園難以產生足夠的影響力，吸引社區內有潛在康復需要的精神殘疾人到陽光心園康復，導致陽光心園學員普遍偏少，資源利用率不高。

五、上海精神健康服務政策發展

上海精神健康服務除了具體服務發展之外，還可以從相關政策的發展窺其一斑，甚至可以說，正是這些政策的頒佈和實施，逐步推動了上海實務領域裏的精神健康服務規範化、科學化的發展。

2001 年 12 月 28 日上海市第十一屆人民代表大會常務委員會第三十五次會議通過《上海市精神衛生條例》，上海市成為中國第一個擁有獨立完整的精神衛生地方法規的城市。《條例》第七條規定，「街道辦事處和有條件的鎮鄉人民政府應當設立社會福利性質的工療站、日托康復站以下統稱社區康復機構，為精神疾病患者提供就近康復的場所」；第三十八條規定，「社區康復機構應當安排精神疾病患者參加有利於康復的勞動、娛樂、體育活動，增強其生活自理和社會適應能力。參加勞動的精神疾病患者應當獲得相應的報酬」等等。

2005 年 4 月，上海市民政局、衛生局、財政局、公安局、殘聯聯合發佈了《關於進一步加強本市社區精神病人日間康復照料機構建設的意見》。《建設意見》首次對社區康復機構的功能與形式、建設標準與規模、人員配置和管理制度提出明確要求，並在附件《社區精神病人日間康復照料機構標準》將社區康復機構建設標準劃分為基本型、標準型和示範型三檔，對各類型的建築面積、科室設置、人員配備均有詳細的要求。

2006 和 2007 年，上海市衛生局、民政局、財政局、勞動與社會保障局、殘聯又聯合分別發佈了《上海市無業貧困精神病人免費服藥專案實施方案》和《上海市精神病防治康復五實施方案》，進一步為精神病患者康復創造條件。

2009 年 9 月，上海市殘疾人康復工作辦公室下發《關於下發精神病人社區康復機構建設標準及達標驗收的通知》，重新明確了 2005 年《社區精神病人日間康復照料機構標準》的機構建設標準，並提出了設備設施配備參考表。12 月，上海市殘疾人康復工作辦公室下發《上海市精神殘疾人社區康復機構管理意見》(簡稱《管理意見》)。《管理意見》要求全市精神殘疾人社區康復機構統一名稱為「陽光心園」，並明確規定了機構服務人員職責以及詳細的精神殘疾人康復管理流程。《管理意見》標誌着上海市精神殘疾人社區康復陽光心園模式的正式確立。

上海市各級政府和主管部門最近 15 年出台了許多政策與措施，大大推動精神障礙人士康復服務的發展（表五）。

表五　2001- 2017 年上海市精神衛生主要政策檔

年份	頒發部門	檔案名稱
2001	市人大常委	《上海市精神衛生條例》
2005	市民政局、衛生局、財政局、公安局、殘聯	《關於進一步加強本市社區精神病人日間康復照料機構建設的意見》
2006	市衛生局、民政局、財政局、勞動與社會保障局、殘聯	《上海市無業貧困精神病人免費服藥專案實施方案》
2007	市衛生局、民政局、教育委員會、財政局、公安局、殘聯	《上海市精神病防治康復「十一五」實施方案》

（續）

年份	頒發部門	檔案名稱
2009	市殘疾康復工作辦公室	《關於對本市精神病人社區康復日間照料機構給予補貼的通知》、《關於下發精神病人社區康復機構建設標準及達標驗收的通知》、《上海市精神殘疾人社區康復機構管理意見》
2010	上海市衛生局	《上海市重性精神疾病報告管理辦法（試行）》
2012	市殘疾康復工作辦公室	《關於下發創建「上海市街道（鄉鎮）示範型陽光心園」建設標準的通知》
2015	上海市人民政府	《上海市精神衛生條例》
2016	上海市人民政府	《上海市殘疾人事業「十三五」發展規劃》
2017	上海市衛計委	《上海市嚴重精神障礙患者發病報告和資訊登記管理辦法》

對上海市有關精神健康的政策文件做一解讀，發現上海各級政府和相關部門對此項工作越來越予以高度關注，對待服務對象的態度與理念也開始轉變。比如在 2015 年上海市人民政府頒佈的《上海市精神衛生條例》第二條中，強調本市行政區域內開展維護和增進市民心理健康、預防和治療精神障礙、促進精神障礙患者康復等活動，推進精神衛生服務體系建設。在第三條中強調市和區、縣人民政府領導精神衛生工作，組織編制精神衛生發展規劃，並將其納入國民經濟和社會發展規劃，建設和完善精神障礙的預防、治療和康復服務體系，建立健全精神衛生工作協調機制和工作責任制，統籌協調精神衛生工作中的重大事項，對有關部門承擔的精神衛生工作進行考核、監督。鄉、鎮人民政府和街道辦事處根據本地區的實際情況，組織開展預防精神障礙發生、

促進精神障礙患者康復等工作。而在第六條中則重申精神障礙患者的人格尊嚴、人身和財產安全不受侵犯。精神障礙患者的教育、勞動、醫療以及從國家和社會獲得物質幫助等方面的合法權益受法律保護。學校或者單位不得以曾患精神障礙為由，侵害精神障礙患者康復後享有的合法權益。

2016 年，上海市人民政府發佈《上海市殘疾人事業「十三五」發展規劃》，規劃按照「四個全面」戰略佈局，貫徹落實創新、協調、綠色、開放、共用發展理念，聚焦薄弱環節、關注困難殘疾人，進一步加大改革力度，擴大服務供給，滿足基本需求，讓殘疾人享有更好的民生保障和發展機會。禁止一切基於殘疾的歧視，保障殘疾人的合法權益和人格尊嚴，優化扶殘助殘社會環境，促使殘疾人平等參與公民、政治、經濟、社會和文化生活，與全市人民共同邁入更高水準的小康社會。

在中國，精神障礙人士也歸屬於殘疾人範圍，相信隨着經濟發展、社會進步，上海的精神障礙人士也如殘疾人事業「十三五」發展規劃所指出的那樣，一起分享更多和更優質的發展成果。

參考資料

孟國榮、姚新偉、李學海（2005）。上海市精神疾病社區康復資訊管理系統運作及效果評價。上海精神醫學，17。

施澤斌（2010）。社工協助精神病患者再社會化研究。上海交通大學學報，5。

楊鋥、陳婷婷（2017）。多重制度邏輯下的社區精神康復機構研究 —— 兼論本土精神衛生公共性建設的可能路徑。社會科學戰線，3。

李戈、曹曉紅、李力達、朱亞捷（2014）。上海市精神衛生醫療機構牀位及衛生技術人員配置。上海預防醫學，10。

第二部分

復元導向及新發展的介入手法

第四章

復元導向職業培訓模式

楊劍雲 博士
梁振康 先生

香港的社區精神健康服務多元，包括：輔導、個案管理、精神健康綜合社區中心、就業培訓服務、住宿服務、自助組織、朋輩支援和家屬支援服務等。然而，較少精神健康服務專門提供予年青復元人士 / 精神病康復者。本文主要探討以年青復元人士為對象的復元導向職業培訓模式。本文所指的「青年」年齡介乎 16 至 25 歲的年輕人，他們所患的精神病包括：抑鬱、焦慮、思覺失調及其他精神病等。

香港近年的大規模調查研究顯示，本港青年在過去一星期患上精神病（包括抑鬱、焦慮及思覺失調等）的患病率約為 14%。[1] 這患病率與西方社會類同研究所得的患病率相約。例如英國的研究顯示，16 至 25 歲的青年在過去一星期患上精神病（包括抑鬱、焦慮及思覺失調等）的患病率為 17%。[2]

一、年青復元人士的就業狀況

影響年青復元人士就業的因素眾多，一般來説，可分為個人層面和社會層面兩方面。在個人層面，精神病患會顯著影響患者的工作表現和就業率。[3] 精神病症狀如抑鬱、焦慮和思覺失調等，會影響年青復元人士的精神和心理健康，亦可能影響他們多方面的能力，包括：解難（problem solving）、社交（social skills）和社區生活技能（community living skills）等；他們還要面對自信和自我形象低落等問題。他們要按病情服食精神科藥物，但藥物的負作用（side effects）亦會影響他們的工作表現。精神病患亦可能會令青年患者輟學，沒法獲取較高學歷和專業資格，他們可能會低學歷、低技術和欠缺工作經驗的困境，影響他們的就業

---

1 Chang et al., 2015; Lam et al., 2015.
2 McManus, Meltzer, Brugha, Bebbington & Jenkins, 2009.
3 Gibb, Fergusson, & Horwood, 2010.

機會。在社會層面，社會大眾對精神病的負面標籤和污名化，大大減少年青復元人士的就業機會。縱使他們找到工作，亦可能因為上司、同事和顧客對精神病的污名化，而構成壓力，影響其工作表現和人際關係。很多患者因未能應付這些壓力而離職，影響他們的工作穩定性。

在香港和西方社會的調查研究均顯示，相比一般青年，年青復元人士的經濟參與率較低，失業率則較高。[4] 例如美國的一項調查顯示，只有 37.8% 患上嚴重精神病的青年就業，遠低於一般青年約 54% 的就業率。[5] 香港政府統計處的資料顯示，在 2013 年，只有三分之一（約 33.3%）的年青復元人士就業，他們的失業率是一般青年失業率的 2.4 倍。[6] 失業為年青復元人士帶來很多不良後果和困擾，包括：精神病症狀變差、負面情緒增多、工作能力減弱、社交支援減少、經濟困難，和社區融合減弱。[7] 在沒有適當支援下，年青復元人士的就業率會持續下降，[8] 當中許多人要面臨長期失業的危機。[9]

儘管患有精神疾病，許多年青復元人士和一般青年一樣，就業動機高，希望透過就業獲取薪酬改善生活質素，並透過良好工作表現，獲取成就感、自我肯定、別人的讚賞和認同。[10] 能在公開市場就業為年青復元人士帶來很多正面影響，包括提升自尊心、改善生活質素、加強人際社交、增強獨立生活能力，和減少對社區精神服務的依賴。[11] 因此，協助年青復元人士在公開市場

---

4 香港政府統計處，2014；Lloyd & Waghorn,2007; Ramsay, Stewart & Compton, 2012。
5 Ramsay et al., 2012.
6 香港政府統計處，2014。
7 Ramsay et al., 2012.
8 Gibb, et al., 2010; Rinaldi, Killacket, Smith, Shepherd, Singh & Craig, 2010.
9 Lloyd & Waghorn, 2007.
10 Bond, Drake & Luciano, 2015; Rinaldi et al., 2010.
11 Fossey & Harvey，2010; Modini et al., 2016.

就業，在香港和西方社會社區精神健康服務都被視為是促進復元（Recovery）的重要元素之一。[12]

二、多方面的復元觀念

甚麼是復元？甚麼是職業復元（Vocational recovery）？職業復元是否等於復元？根據美國官方聲明，復元是「一個治癒和改變的旅程，藉此讓患上精神健康問題的人能夠在他或她所選擇的社區中過上有意義的生活，同時實現他或她的全部潛能」。[13] 然而，各國的專業人士和學者都對復元有不同觀點，並提出了各種復元的定義，因此至今還沒有一個普遍認同的復元定義。[14] 一般來說，文獻將復元的定義分為兩大派別：復元過程（Recovery process）/ 個人復元（Personal recovery），或復元結果（Recovery outcome）/ 臨床復元（Clinical recovery）。提倡復元過程 / 個人復元的學者，將復元定義為令人滿意的、有希望的、有貢獻的生活方式，縱使仍須面對由精神病患對生活所造成的限制。[15] 此派學者還提出達致復元過程 / 個人復元的重要原素，包括：自我導向（self-direction）、個人化和以人為本（individualized and person-centered）、充權（empowerment）、整全（holistic）、起伏中成長（nonlinear growth）、強項為本（strengths-based）、同伴支持（peer support）、尊重和抗污名化（respect and anti-stigma）、責任（responsibility）和希望（hope）等。[16] 支持復元結果 / 臨床復元的學者將復元定義精神病

[12] Lloyd & Waghorn, 2007; Rinaldi et al., 2010; Tsang, Fung, Leung, Li & Cheung, 2010; Wong, Chiu, Tang, Mak, Liu. & Chiu, 2008; Young, Ng & Pan, 2014; Young, Ng & Pan, 2017.

[13] Substance Abuse and Mental Health Service Administration, 2003.

[14] Færden, Nesvåg & Marder, 2008.

[15] Davidson, Sells, Sangster & O' Connell, 2005; Leamy, Bird, Le Boutillier, Williams & Slade, 2011.

[16] Substance Abuse and Mental Health Service Administration, 2003.

症狀的減輕（symptomatic reduction）和能力的改善（functioning improvement）。[17] 此派學者還提出一些實證為本的服務（evidence-based interventions）以促進復元結果 / 臨床復元，包括：藥物治療（psychiatric medication）、輔助就業（supported employment）、家庭心理教育（family psycho-education）、堅定社區治療計劃（assertive community treatment program）、疾病自我管理技能（illness management skills），和綜合治療精神疾病和藥物濫用（integrated treatments for mental illness and substance abuse）。[18]

筆者認為，以上兩派學者在復元上所提倡的觀點並非對立矛盾，而是可以相輔相成的。事實上，有學者[19]指出，復元是一個複雜的過程，完全復元（full recovery）涉及多方面的復元（multi-dimensional recovery），包括個人復元（personal recovery）、生理復元（physical recovery）、症狀復元（symptomatic recovery）、人際復元（social recovery）和職業復元（vocational recovery）等。本文採用了上述的完全復元概念，當中涉及個人、生理、症狀、人際和職業等多方面復元。此外，職業復元被定義為實現公開市場就業，而個人復元則被定義為一種令人滿意的、有希望的、有貢獻的生活方式，縱使仍須面對由精神病患對生活所造成的限制。

三、現時職業培訓模式

在香港已發展了幾個職業培訓模式，促進年青復元人士的職業復元，協助他們在公開市場就業和改善工作表現。職業

---

[17] Rodgers, Norell, Roll & Dyck, 2007.
[18] Drake et al., 2001.
[19] Whitley & Drake, 2010.

培訓模式包括：個別在職培訓和支援（individual placement and support）、社會企業（social enterprise）和陽光路上（Sunnyway）。

個別在職培訓和支援服務是輔助就業的其中一種職業培訓模式。傳統職業培訓服務強調先培訓後工作（train-to-place），先透過一系列訓練課程，提升學員的工作知識和技能至合適水平，才協助他們在公開市場就業。有別於傳統職業培訓模式，個別在職培訓和支援服務提倡邊學邊做（place-to-train），先安排合適工作崗位（individualized job）予個別學員，同時提供適切的在職培訓，好讓學員能適應所屬工作崗位的工作環境和要求，藉此促進就業率和工作穩定性。在外國的研究結果顯示，個別在職培訓和支援服務有效顯著提升年青復元人士的就業率。[20] 例如，在美國進行的隨機對照研究（randomized controlled trial）顯示，參與個別在職培訓和支援服務的年青復元人士的就業率，比沒有參與此服務的對照者的就業率高出一倍。[21] 在香港類似的研究同樣顯示，個別在職培訓和支援服務能有效提升參與者的就業率。[22]

雖然個別在職培訓和支援服務成效顯著，但在香港社會普遍對精神病都帶有負面標籤和污名化，社區精神健康服務機構能為每一位學員，在公開市場提供合適的在職培訓崗位，實在殊不容易。然而，近年社區精神健康服務機構可以透過社會企業直接聘請年青復元人士，為他們增加公開就業機會。根據香港社會服務聯會資料顯示，截至 2016 年年底，全港有 610 間社會企業，[23] 當中很多社會企業由社會服務機構直接營運，僱用年青復元人士

[20] Bond, Drake & Becker, 2012; Bond, Drake & Campbell, 2016; Bond, Drake & Luciano, 2015; Modini et al., 2016.
[21] Bond et al., 2016.
[22] Tsang et al., 2010; Wong et al., 2008.
[23] 香港社會服務聯會，2017。

和其他服務對象。雖然社會企業發展蓬勃，但有關社會企業對精神病康復者的成效研究卻不多。縱使如此，有研究顯示社會企業能有效提高精神病患者的就業率和改善其精神健康。[24] 本港一項採用質性研究方法的研究亦肯定，社會企業能促進精神病康復者的就業率和精神健康。[25]

陽光路上為年青復元人士提供職業培訓服務。[26] 服務內容包括：輔導服務（job-related counselling）、180 小時的就業培訓（employment training）、為期三個月的見習（job attachment），和在職試用（job trial）。其中三個月的見習每月可獲取港幣 2,000 元的見習津貼。為了鼓勵僱主聘用年青復元人士，於在職試用期間，僱主可獲發最多六個月的補助金，金額為每位參加者每月薪酬的一半。陽光路上培訓服務已推行超過 10 年，但在本港卻欠缺有關陽光路上服務的成效研究。

雖然有研究顯示個別在職培訓和支援服務與社會企業能有效提升參與者的就業率，但個別在職培訓和支援服務與社會企業能否促進康復者個人復元，至今仍未能確定。[27]

四、復元導向職業培訓模式——應用於陽光路上服務

倡導復元過程 / 個人復元的學者中，有研究員探索階段性復元模式（stage of recovery）。Young & Ensing（1999）為最早期學者去探索有關話題，他們認為復元人士必須經歷的復元旅程，包括三個階段：初期、中期和後期階段。在初期階段，復元人士須對復元抱持希望，拒絕自暴自棄。在中期階段，復元人士

[24] Gilbert et al., 2013; Roy, Donaldson Baker & Kerr, 2014.
[25] Ho & Chan, 2010.
[26] Hong Kong Social Welfare Department, 2017.
[27] Lloyd, King & Moore, 2010.

須自我充權，提升自己的能力和參與有意義的活動等。在後期階段，復元人士須追求改善生活質素，完成所訂定的個人目標和理想。Andersen, Oades & Caputi（2003）則發展了五階段的復元模式，依次為：退縮、醒覺、準備、重建和成長階段。Ralph（2005）則提出另一個階段性復元模式，當中有六個階段：極度痛苦、覺醒、洞察、行動計劃、決心改變和幸福快樂。

建基於上述階段性復元模式的理論框架，筆者嘗試發展一個新的復元導向職業培訓模式（Recovery-oriented vocational training model），並將模式應用於陽光路上服務。此模式包括四個培訓階段：獲取復元知識（gaining knowledge and insight on recovery）、技能學習（skill building）、克服就業挑戰（overcoming challenges in employment）、實現公開就業（achieving open employment）。這個應用於陽光路上服務的職業復元模式的四個培訓階段詳述如下。

在第一階段——獲取復元知識，透過參與心理教育小組（psycho-education group），參與者掌握個人復元知識和促進個人復元的基本要素，包括：社會支持、希望、非線性復元過程、症狀管理和社區資源等。此外，參與者還需學習症狀管理和處理技巧，包括：鬆弛技巧（relaxation skills）、分散注意力和再專注（distraction and re-focusing）、健康的生活模式（healthy living style）、根據醫生指示服藥，和處理藥物副作用等。此外，這心理教育小組能促進參與者之間相互支持。小組為期兩星期，每星期提供五天的小組活動。

在第二階段——技能學習，參與者會接受兩方面的技能培訓：社交技能和工作技能培訓。社交技能培訓包括溝通技巧、團隊合作技巧和面試技巧。與工作有關的技能培訓包括電腦軟件、商用英語、社會企業和私營企業組織的介紹和考察等。在此階段，參與者可以根據自己的需要和進度，計劃和完成這些培訓課程。

在第三階段——克服就業挑戰，社會服務機構會為每名參與者進行為期三個月的全職見習（job placement）。參與者會在政府或社會服務機構提供的工作崗位見習，並會接受主管指導工作技能。此外，擔任個案經理的社工會與參與者保持聯繫，協助他們適應工作崗位的工作環境和要求，特別重視改善他們的工作習慣、工作態度、團隊合作、溝通技巧、壓力處理和情緒控制等。

在最後階段，完成實習後，參與者開始在公開就業市場尋求就業機會，接受個案經理的跟進服務。雖然跟進服務的重點是幫助參與者尋找和維持就業，個案經理會採納促進個人復元的策略，包括尊重參與者的選擇，強調參與者的責任，及促重參加者的社交支持。

五、復元導向介入手法

在浸信會愛羣社會服務處的支持下，筆者嘗試將以上復元導向職業培訓模應用於機構屬下的陽光路上服務上。浸信會愛羣社會服務處的社工（簡稱個案社工）還運用了一些復元導向的介入手法於上述培訓課程和個案工作服務內，藉此促進參加年青的個人復元，改變他們的自我形象，追尋健康愉快的生活。這些復元導向的介入手法簡述如下。

- **自主**

矛盾與掙扎離不開整個復元過程，進程中學員自覺仍在病患中，帶着一份無力感，但家庭、友人、社工、身邊整個環境都期望自己能主動走出病患的陰霾。自己常常被這份推動力拉扯着，身心都覺得疲累。

學員：「我根本不想參加，我是被迫前來的。」

個案社工：「那你喜歡把自己安排在哪裏？」

學員：「不知道。或許留在家中會更好。」

個案社工：「那你為甚麼不讓自己好好留在家中？」

學員：「因為家人不想。」

個案社工：「你自己想嗎？？」

這種對話的內容幾乎都出現在大部分學員身上，他們都覺得自己是唯一被社會和家庭壓得透不過氣的一位，所有事情都被擺佈；自己因要遷就別人，甘於接受這種「擺佈」。個案社工在平日傾談的過程中，多點引領學員回去探索其自身的想法，讓其認識自我，學習每一個決定都是向自己交代，而不是向他人負責任，此方法可提升他們的自主想法，進一步提高出席的動機。

要努力打破種種內心矛盾，習得自主是復元過程中重要的一環，每個人都必須為自己的生命負上責任，而不是單單去滿足別人給予自己的責任。倘若缺乏了自主，盲目滿足別人的要求，學員就沒有機會去看清自己的能力與限制，不能建立屬於自己的界線；而他們的生命更會一直被別人善意惡意的拖帶，容易令到自己的情緒受別人牽引。讓他們認識自我，才能建立和發揮個人特質，所以整個訓練過程中，不論甚麼活動，培訓的重點是讓學員發掘真正的自己，培養他們的自主和獨立能力。

- **得力在乎平靜安穩**

要讓學員看清楚自己，甚至改變自己，學員需要有足夠的正能量，沒有正能量，他們無法在心靈空出一些空間去注入新元素。但這份能量不能單從個案社工的打氣、同學朋友的互相支持中獲取，而需要學員自身的培養。學員可以學習在平靜和鬆弛中，減少負面情緒，釋放心靈空間，藉此培植自己的正能量。

試想一下，一個很久沒有離家參加團體活動的人的心情是如何的？缺乏動力，害怕沿路有甚麼不如意的事，每踏出一步都如腳上有千斤重擔。擔心在團體中別人會用怎樣的眼光看自己的外貌，令自己更受傷害，又怕會被人排擠，再次跌入無奈之中；但又不甘心放棄一個可能令自己改變，結識新朋友的機會。所以，每位學員到達中心，坐進一個不知是否屬於自己的地方，已經被種種焦慮和擔憂的念頭壓得筋疲力盡，他們也許會發現，怎麼活動還未開始，坐在前面的學員面容疲累，活像幾天沒有睡過的樣子！是的，有些學員可能因為要踏進這個陌生地方，已好幾天失眠了。試問又如何能在混亂的狀態下替自己加入正能量？

要讓學員能夠在平靜中從新得力，其中一個方法是在培訓開始的初期，安排一些藝術為主的活動，讓學員透過活動得到心靈上的鬆弛和平靜。可以是用雜誌剪貼製作自己的名牌，或單純將當刻感受，透過顏色和圖像去表達出來等等。開始活動前，個案社工會帶領學員有一個靜觀，或簡單的安靜時間，讓參加者進入心情平靜的狀態。

圖一　小芬的圖畫

「請你分享一下你的圖畫好嗎？」個案社工問小芬。

「好。」小芬點頭道。

個案社工慢慢移步到小芬旁邊，蹲下來與坐着的小芬成同一水平高度，姿態上給予她支持：「我看到你的圖畫用了很多藍色，集中在畫紙的一邊，這給你的想法是甚麼？」

小芬這時候慢慢舉起自己的圖畫，讓大家看到，接着說：「這是我服藥後……模模糊糊的。」

個案社工停頓了一下，看不善表達的小芬是否還有更多的話想說。

小芬想了想，繼續道：「很難表達那種感覺，就是畫出來這樣。」

「是的，感受這東西是很難用言語表達出來的，謝謝你讓我們看到了！我相信現在我們每人都很清楚這是怎麼樣的！」

「而我也看到你畫在橙色的畫紙上……」個案社工繼續說道。

小芬思考了一會，目光停在前方不遠處，個案社工的發問似乎讓她想起了一些東西：「是的，我想自己有青春。橙色，有活力。」

在這個活動中，小芬將平時不容易表達的感覺用圖畫形容了出來。更重要的是，她能夠透過一個簡單、屬於自己的創作過程，具體地將自己所想的，透過藝術表現出來。這個過程看似簡單，卻能夠讓她將自己心頭的想法用具體圖畫「抽出來」，使其心中多了一分空間去容納更多東西。

- **連繫**

年輕學員多為早期病發，往往在求學階段已經失去了與學校、朋友的連繫。久而久之，這些未能與社會連繫的青年在社交、經濟、健康上都產生了長期的負面影響。職業培訓的其中一個重點，在於讓學員重新拾回一個年輕人應有的生活，與一班朋友去闖闖世界，在不同的互動中認識自己。針對這方面的需要可以加入一些時興的活動，例如去參與「密室逃脱」的體驗遊戲、跳流行舞蹈、挑戰難度較高的歷奇活動，又或大夥一起去種田等等。

個案社工曾經帶一班學員去連鎖咖啡店，其中有以下的片段：

小林抬頭凝望着咖啡店的餐牌說：「我不知應該點甚麼，我沒有來過。」其他學員都在小林身後，沒人上前點餐，原來所有學員都沒有到咖啡店的經驗。於是，個案社工協助他們一一點了飲品。

小慧：「謝謝你，這是我第一次在這種咖啡店飲咖啡！」小慧一臉喜悦，彷彿達成了人生中某個人生目標一樣，然後滿足地喝了一口咖啡。

小林：「像這種咖啡店，每次我經過門口，總覺得貴得自己不能負擔，所以從不會進來，但原來價格不是想像中貴。」其他學員都點頭認同，面上都帶着喜悦。

小慧：「我常常見到很多穿校服的學生在這裏，我很想試一次，但從未能鼓起勇氣，有時會覺得自己很可憐！」

社工：「那現在你還可憐嗎？」

小慧沒有回答，拿起了她的咖啡，若有所思，又放了下來：「仍然⋯⋯可憐⋯⋯還有很多事沒有機會試過。」

社工：「這樣的想法很好，你開始覺得有很多事沒有機會試過，很想試試。告訴我們你還想做甚麼事？」

「我想去旅行。」小慧看似漫不經心地説，但能在當中看出她很介意自己沒有機會去嘗試。是她沒有足夠經濟能力去旅行嗎？不是。她只是覺得自己沒有去旅行的勇氣，也沒有同伴同行。

社工：「『想』去旅行是個不錯的選擇，因為這不是沒可能發生的事。你覺得自己如何才能達成呢？」

小林搶着答：「錢啦！要有份工作啦！」小慧聽到小林一說，面露為難的表情：「我還未有工作。」

社工：「玩電腦遊戲才需要完成一個任務才開鎖下一個任務，要去旅行根本不需要解鎖『工作』這個任務，你只需要的只是一本旅遊書。」

第二天，個案社工拿了幾本本地和台灣的旅遊書籍和大家研究，當中詳細列明去不同地方的方法、路徑和準備。閱畢，大家都興高采烈地嚷着要儘快出發，個案社工致電他們的家人，探討他們獨自準備一個青年旅程的可能性。不少家人都對這個建議說好，因為在他們腦中，曾患病的兒女是長不大的，永遠都要靠父母。一想到出門，那怕只是由港島去上水，都有很多挑戰和困難。更沒想過他們可以像一般年輕人獨自去旅行。這個由兒女發起的新想法，從沒有在父母的腦中出現。最後，這班年青人去了本地一個熱門的郊遊地點玩樂，至今他們仍會自發組織去郊遊。

- **個人健康及去污名化**

此培訓計劃加入了一個為期 12 堂的跑步和體適能訓練、4 堂的營養工作坊，和 4 堂儀容外形改善課堂，讓學員在運動中提升個人健康、增加個人自信、減少焦慮感及去污名化，同時協助提升學員的自我效能感（self-efficacy）。在運動部分，聘用了專業教練，協助學員進行 8 堂的跑步訓練，最後一堂學員將能完成一個 10 公里的跑步目標。以下是其中一些學員完成 8 堂跑步活動後的感想：

紫：「我覺得跟阿 sir 跑長途，隻腳有小小攰。不過開心，想繼續跑，頭先我跑完之後同小明、琪琪、婷婷扮石像，拍照，好開心。跑的時候見到附近建築，覺得很久沒這樣遊走這個城市。」

婷：「其實我不是很喜歡跑步，但都跟大家一齊跑。雖然好攰，但都堅持跑落去，攰嘅咪行下。今日阿 sir 講，他說他今天也行了很久，但能一齊出來行下跑下，鍛煉下身體就很好，我都好認同。況且又可以同朋友一齊，無自己一個咁孤獨。」

皓：「我覺得參加這個活動係好開心嘅，成班朋友一齊跑，既有益身心，而且又好開心，又可以識到新朋友。每次跑步都可以見下唔同嘅風景啊，而且可以同一班志同道合嘅朋友一齊跑好開心。大家出身汗，又可以學到跑步呼吸嘅技巧，跑步拉筋嘅動作等等。還有，我在這個活動都識到很多新朋友，大家相處都好融洽。整體來説我覺得這個活動好有意義，既可以幫到人鍛煉身心健康，又可以建立自信心。」

俊：「跑完這個活動很開心，既可以一班人一齊跑，又可以鍛煉體能，最重要是看到自己都能應付到，一齊跑的時候都要用上很多體力。」

琪：「我覺得這個活動訓練到我意志力，跑的時候可以訓練到身體、技能等等，而且更可以認識社區。」

能仔：「我覺得我可以做到領袖嘅角色！因為我可以知道不同會員對甚麼特別有衝勁，有唔同嘅目標要達到，喺過程之中，會學到很多東西。我明白唔同嘅隊員都有唔同嘅理想，所以我都覺得我係做到領袖嘅角色嘅。」

艾美：「我覺得從身出發跑步活動幫到我 keep fit，加強我的活力和毅力，能夠增強我的體能和意志力。」

從學員的反應可以看到，建立一個恆常的運動習慣，對他們的好處並非單單在改善體能，更能給予他們一個建立社交、對自我形象改觀的機會。當他們對自己的能力和觀感都有一種新的理解和演繹，又透過參與一些普遍人都會恆常參與的活動，他們就能夠協助自己去污名化，勇於嘗試更多，重新建立健康的日常生活習慣。

- **希望**

學員很多時會把別人附加在他們身上的期望，當作自己希望達成的事情。可惜別人的期望往往高出他們的能力範圍。一旦無法達到，他們會陷入失望當中。有一次，在一個參觀機構活動中，一位商界義工與學員傾談了幾句。義工的表達方式直接，但每句都擊中學員的「要害」，以下節錄幾句：

「你對未來幾年有甚麼希望？」義工問道。

志偉笑笑口，想也不想就答道：「我想做文職工作。」

義工聞言感到奇怪：「為甚麼做文職工作會是你的希望？」

「因為家人想我做文職。」志偉爽快地回答。

「但你覺得文職工作最適合自己嗎？現在做文職要求很高，除了懂行政、財務、語文能力，還要具備細心、準確、學習快速等等條件。」義工道。

志偉好像被問題難到了，露出尷尬的笑容：「……那我猜想我做不到。」

義工笑了笑，接着説道：「我才説兩句，你就覺得自己不行了？」

志偉：「係……」

義工：「那你最好不要把工作當成你的人生希望，否則你只有無盡的失望啊！」

義工的坦白不是人人都能承受得起，對某些人可能是當頭棒喝，但對某些人或會感到徹底崩潰。義工的對話用語和技巧不是討論重點，反而想談的是「工作的定義」是甚麼呢？成年人生活中的「希望」是否就只以一份職業來界定呢？如果這些觀點不清晰，學員或許會跌入一個不停被社會、被家庭拖帶的生活，沒有了屬於他們的人生。

社會大眾很多時會將「工作」和「收入」掛勾，有收入，工作才重要。沒有收入，在社會大眾的眼光中「工作」甚麼都不是，只是浪費人生。但我們卻經常忽略了工作帶給人的成就感和自我認同感，也忽略了工作能夠發揮的功能並不單是經濟收益。如能將狹義的工作定義得更廣，例如成為一個「稱職」的家庭主婦都是一份工作，恆常當義工都是一份工作，或許很多人會因此得到解脱，不會執着於沒有一份有收入的工作，就是一個失敗者的想法，也能在其他工作中尋回自信和尊嚴，令未來生活帶來更多的希望。

個案社工：「志偉，我看到你眉頭深鎖，在想着甚麼嗎？」個案社工拍了拍志偉的肩膊，志偉看到個案社工面容放鬆了一下，但很快又低下頭來。

「先生，我覺得自己一事無成。」志偉好像甚麼希望都幻滅了，那種無力的感覺，就像要説一句話都要用盡氣力才發得出聲。

「我相信在最無力的時候是沒有甚麼事能令你覺得會做得成的，這種一事無成的感覺總是喜歡霸佔你內心的空間。」個案社工看着志偉的頭比之前垂得更低。

「是的，我一天都在想着這件事，覺得自己沒有前途……」志偉用細小而沒氣力的聲音説道。不知道的人還以為這像是志偉生前最後一句説話。

「我知道志偉你很喜歡踢足球，而且上次比賽還踢得很不錯。為甚麼你不選擇去打籃球？」個案社工決定不在志偉那無限自責的話題中繼續鑽下去，那會是一個泥沼，兩人花盡氣力也許都不會走出來。

「……我打籃球不行的。」志健仍然低下頭，苦惱着。但轉個話題好像讓他抽離了一下，因為球類活動是志偉的最愛，特別是足球。

「有甚麼不行？」

「我覺得自己運用腳比運用手好。」志偉抬起頭來説道，更坐着用腳比劃了一個足球「插花」的動作。

「你最初接觸足球時運用腳已經很好？」

「不，我一直苦練，所以我相信自己用腳的技巧。」他不但用了堅定的聲音，還禁不住在嘴角露出了一絲笑容。

「很好，那即是説，你踢足球踢得好，不是先天就好的，你需要苦練和相信自己能做到，這兩者加起來就成了今天會踢足球的你。同樣，如果你要做到某些行業，你需要認識到當中需要甚麼技能，接着你就是要……」

「苦練、信自己。」志偉接着道。

很多時候人覺得沒有盼望，不是因為做不到某些事，而是缺乏了做到某些事的具體方法和步驟。當學會了達成一些事的步驟，而且每次都能一步一步地跟着這些步驟走，並取得合理的成功，他就能慢慢在內心建立一種新的信念，相信自己有辦法去處理每個困難。這次對話好像很快就重燃了志偉的希望，但個案社工仍有很長的一段路要陪着他去走，要在訓練期間與他及每一個學員一起訂定訓練項目，要恆常地鼓勵，更要製造一些短期能達到的成功目標，這個過程需要實際行動，個案社工可不是每週與志偉在面談室「輔導」，就能成就出來的。

- **增權**

學員在患病後長期被標籤和保護，其實他們自身也很了解別人對他們的想法，然後塑造了一個屬於自己的患病形象。在平日的訓練中，訓練員需要十分敏感，辨識他們這方面的特性，並在每個課堂的細節中糾正他們一些負面想法：

「各位朋友你們好，不如讓我先認識一下大家，叫甚麼名字？」

同學甲：「我叫陳大文。」

同學乙：「我叫小忠。」

同學丙：「我是小梅。」

全班十多位同學介紹完畢，我想同學甲再分享其個人興趣：

「阿……阿甚麼名呢，同學……」同學甲笑了笑，目光向着我說：「我是陳大文。」

「是的，陳大文……我記得的，旁邊的是小通！」小忠也對着我笑說：「我是小忠。」

小梅似乎對這位沒有記性的導師很感興趣，大聲叫道：「你怎麼這麼快就記不起來？我還以為我服藥以來記性已經很差，但似乎都比你好！」

「是的，記性差未必是病了或服了藥，是人的問題！也是方法的問題！」我哈哈大笑地回應道。「或許你不單記性，還有很多東西都比我更好！」

這是一個很典型的例子，大部分曾有情緒病患的學員都會覺得記憶力比沒患過病的人差。事實是，記憶力不好更多時候是因為他們不會記憶的方法，或是在接收訊息時集中力不足。他們對自己患病後遺的誤解，演化成他們的無力感，讓他們一直在把自己「去權」。

去權化會導向甚麼結果呢？就是他們都缺乏了對自我能力的認同感，減少了就業的意慾。故此，在整個訓練期中，除了思想教育外，也要在實際的行動上讓他們重新認識自己，包括工作技能訓練和鼓勵工作實習。個案社工都講求需要給學員一份「真實」的工作及一些「真實」的學習經驗。在學習經驗上，個案社工要求學員學習一種實際工作環境的技能，例如社會普遍要求中文打字能力能達到每分鐘 40 個字，學員的訓練要求便會分階段學習，直到達到每分鐘 40 字。在工作經驗上，若一般茶餐廳的技能要求是熟練「落單」、「執盤」、「下欄」、「傳菜」等，工作實習上個案社工都同樣希望學員能全面體驗這些崗位的工作，不會因估計他們能力上可能的限制，只給予某部分工作的體驗和培訓。

透過真實的體驗，培養學員的能力和思想模式，這種體驗的想法其實亦在整個訓練期中貫穿，例如前一節提及的「從身出發」活動，學員在參與前，一般都會說：「我不能像一般人一樣跑完 10 公里。」但這個訓練不會因學員思想上的限制，去局限他們發揮潛能的可能性。在循序漸進的訓練下，學員或快跑或慢步，都以能夠完成 10 公里為目標。當他們能夠完成生命中第一個 10 公里的時候，他們便會發覺，自己其實都和一般人一樣有能力，減少了對自己能力的誤解。

- **復元在社區**

上述眾多的訓練環節介入手法，大部分的着眼點都是從個人出發，而且都是在福利環境（welfare settings）下進行的。直到實習部分才真真正正訓練學員活在社區的能力。這些在社區進行訓練的部分，個案社工要準備的不單只學員，還有社區，否則將會事倍功半。

一位社工曾經介紹了一位左手永遠殘障的學員到一個需要雙手操作器械的環境訓練，在面見僱主的過程中，社工隱瞞了學員手部殘疾的情況。僱主因為學員面見時對答表現出色，答應讓他到工作間訓練。但第一天上班便出現尷尬情況，學員根本不能安全地使用器械。僱主當然對這次訓練轉介十分不滿，學員不單完成不了工作任務，更在工作間有很大的自身安全問題。社工卻站在自己的觀點上據理力爭，認為學員只要在工作間接受特別訓練就能夠完成工作，而現在面對的不安全，只是因為學員尚未熟練操作方法罷了。

上述的例子其實並不陌生，社福機構的同工本着一顆助人的心，常常把自己的觀點強加於僱主身上，要每個工作場所都變成自己的訓練場所。這些情況會把學員夾在兩者中間，最後往往令學員的福利受損，讓他們得不着愉快的工作訓練，反而減低了他們重投社會的意欲。

因此，在職業訓練的配對上，同工需要具備和商界、僱主的溝通能力。對不同工作場所的每個工序和所需技能都要有實在的認識。「行行出狀元」，每個行業都是一種專業，個案社工不能從媒體上認知的行業面貌便當作真正的工作環境。要仔細和行業內有關崗位的人員作深入交流，才能準確配對能力相配的學員到各種工作訓練環境。

六、成效研究

筆者曾研究應用在陽光路上服務的復元導向職業培訓模式的成效。此研究為期六個月，追縱年青復元人士的職業培訓狀況，並採用有效的量表評估培訓結果。研究結果顯示這復元導向職業培訓模式能提升年青復元人士的職業復元和個人復元。具體來説，這復元導向職業培訓模式能提升學員就業率、個人復元評分和人際支持評分。[28]

參考資料

Andersen, R., Oades, L., & Caputi, P. (2003). The experience of recovery stage from schizophrenia: towards an empirically-validated stage model. *Australian and New Zealand Journal of Psychiatry*, *37*, 586-594.

Bond, G. R., Drake, R. E., & Becker, D. R. (2012). Generalizability of the Individual Placement and Support (IPS) model of supported employment outside the US. *World Psychiatry*, *11*, 32-39.

Bond, G. R., Drake, R. E., & Campbell, K. (2016). Effectiveness of Individual Placement

[28] Young, Ng, Leung & Cheng, 2018.

and Support supported employment for young adults. *Early Intervention in Psychiatry, 10,* 300-307. Doi: 10.1111/eip.12175.

Bond, G. R., Drake, R. E., & Luciano, A. (2015). Employment and educational outcomes in early intervention programmes for early psychosis: A systematic review. *Epidemiology and Psychiatric Sciences, 24,* 446-457.

Chang, W. C., Wong, C. S. M., Lam, L. C. W., Lee, E. H. M., Chen, E. Y. H., Chan, W. C., ...Babington, P. (2015). Prevalence, psychosocial and physical health correlates of psychotic disorders in Hong Kong: The Hong Kong Mental Health Morbidity Survey. *Schizophrenia Bulletin, 41(suppl. 1),* S135.

Davidson, L., Sells, D., Sangster, S., & O' Connell, M. (2005). Qualitative studies of recovery: What we can learn from the person? In R. O. Ralph & P. W. Corrigan (Eds.), *Recovery in mental illness - Broadening our understanding of wellness* (pp. 147-170). Washington, DC: American Psychological Association.

Drake R. E., Goldman, H. H., Leff, H. S., Lehman, A. F., Dixon, L., Mueser, K. T., ...Torrey, W. C. (2001). Implementing evidence-based practices in routine mental health service settings. *Psychiatric Services, 52,* 179-82.

Færden, A., Nesvåg, R., & Marder, S. R. (2008). Definitions of the term 'Recovered' in schizophrenia and other disorders. *Psychopathology, 41,* 271-278.

Fossey, E. M., & Harvey, C. A. (2010). Finding and sustaining employment: A qualitative meta-synthesis of mental health consumer views. *Canada Journal of Occupational Therapy, 77,* 303-314.

Gibb, S. J., Fergusson, D. M., & Horwood, L. J. (2010). Burden of psychiatric disorder in young adulthood and life outcomes at age 30. *British Journal of Psychiatry, 197,* 122-127.

Gilbert, E., Marwaha, S., Milton, A., Johnson, S., Morant, N., Parsons, N., ...Cunliffe, D. (2013). Social firms as a means of vocational recovery for people with mental illness: a UK survey. *BMC Heath Service Research, 13,* 270.

Ho, P. Y., & Chan K. T. (2010). The social impact of work-integration social enterprise in Hong Kong. *International Social Work, 53,* 33-45.

Hong Kong Census and Statistical Department (2014). *Special topics report No. 62—Person with disabilities and chronic disease.* HK: Census and Statistical Department. Retrieved from http://www.statistics.gov.hk/pub/B11301622014XXXXB0100.pdf

Hong Kong Social Welfare Department (2017). Sunnyway - on the job training programme for young people with disabilities. HK: Hong Kong Social Welfare Department. Retrieved fromhttps://www.swd.gov.hk/doc/Subv_SAMPLE%20FSAs%202015/Rehabilitation%20Services/RM40-e.pdf

Lam, L. C. W., Wong, C. S. M., Wang, M. J., Chan, W. C., Chen, E. Y. H., Ng, R. M. K., ...Hung, S. F. (2015). Prevalence, psychosocial correlates and service utilization of depressive and anxiety disorders in Hong Kong: The Hong Kong Mental Morbidity Survey (HKMMS). *Social Psychiatry and Psychiatric Epidemiology, 50,* 1379-1388.

Leamy, M., Bird, V., Le Boutillier, C., Williams, J., & Slade, M. (2011). Conceptual framework for personal recovery in mental health: Systematic review and narrative synthesis. *British Journal of Psychiatry, 199,* 445-452.

Lloyd, C., King, R., & Moore, L. (2010). Subjective and objective indicators of recovery in severe mental illness: A cross-sectional study. *International Journal of Social Psychiatry, 56,* 220-229.

Lloyd, C., & Waghorn, G. (2007). The importance of vocation in recovery for young people with psychiatric disabilities. *British Journal of Occupational Therapy, 70,* 50-59.

McManus, S., Meltzer, H., Brugha, T., Bebbington, P., & Jenkins, R. (2009). *Adult Psychiatric Morbidity in England, 2007: Results of a household survey.* UK: The NHS Information Centre for Health and Social Care.

Modini, M., Tan, L., Brinchmann, B., Wang, M. J., Killackey, E., Glozier, N., ...Harvey, S. B. (2016). Supported employment for people with severe mental illness: Systematic review and meta-analysis of the international evidence. *British Journal of Psychiatry, 209*, 14-22.

Ralph, R.O. (2005). Verbal definitions and visual models of recovery: focus on the recovery model. In Ralph, R.O. & Corrigan, P.W. (Eds.), *Recovery in mental illness: broadening our understanding of wellness* (pp.131-146). Washington DC: American Psychological Association.

Ramsay, C., Stewart, T., & Compton, M. T. (2012). Unemployment among patients with newly diagnosed first-episode psychosis: Prevalence and clinical correlates in a US sample. *Social Psychiatric and Psychiatric Epidemiology, 47*, 797-803.

Rinaldi, M., Killackey, E., Smith, J., Shepherd, G., Singh, S. P., & Craig,T. (2010). First episode psychosis and employment: A review. *International Review of Psychiatry, 22*, 148-162. Doi:10.3109/09540261003661825

Rodgers, M. L., Norell, D. M., Roll, J. M., & Dyck, D. G. (2007). An overview of mental health recovery. *Primary Psychiatry, 14*, 76-85.

Roy, M., Donaldson, C., Baker, R., & Kerr, S. (2014). The potential of social enterprise to enhance health and well-being: a model and systematic review. *Social Science of Medicine, 123*, 182-93.

Substance Abuse and Mental Health Service Administration (2003). *National consensus statement on mental health recovery.* Retrieved from http://store.samhsa.gov/shin/content/SMA05-4129/SMA05-4129.pdf

Tsang, H. W. H., Fung, K. M. T., Leung, A. Y., Li, S. M. Y., & Cheung, W. M. (2010). Three year follow up study of an integrated supported employment for individuals with severe mental illness. *Australian and New Zealand Journal of Psychiatry, 44*, 49-58.

Whitley, R., & Drake, R. (2010). Recovery: A dimensional approach. *Psychiatric Services, 61*, 1248-1250.

Wong, K. K., Chiu, R., Tang, B., Mak, D., Liu, J., & Chiu, S. H. (2008). A randomized controlled trial of a supported employment program for persons with long-term mental illness in Hong Kong. *Psychiatric Services, 59*, 84-90.

Young, S. L., & Ensing, D. S. (1999). Exploring recovery from the perspective of people with psychiatric disabilities. *Psychiatric Rehabilitation Journal, 22,* 219- 223.

Young, K. W., Ng, P., & Pan, J. Y. (2014). Functional recovery for consumers discharged from mental hospital and received community-based psychosocial program provided by a Non-Government Organization. *East Asian Archives of Psychiatry, 24*, 139-147.

Young, K. W., Ng, P., & Pan, J. Y. (2017). Predictors and prevalence of recovery and remission for consumers discharged from mental hospitals in a Chinese society. *Psychiatric Quarterly* 2017 (first published online: 23 February 2017). Doi: 10.1007/s11126-017-9497-8.

Young, K. W., Ng, P., Leung, C. H., & Cheng, D. (2018). A vocational recovery model for young people with mental illness — A Pretest-Posttest Study. *Research on Social Work Practice* (article accepted and is in press)

香港社會服務聯會（2017）。《社企指南 2017》。香港：香港社會服務聯會。

第五章

優勢觀點取向應用於受精神困擾之青少年

陳國溪 先生

優勢觀點模式（Strengths perspective）近十年被廣泛應用於協助不同的服務對象，在社會工作中已成為一個重要的工作取向，[1] 而且在不同工作範疇都取得很好的效果。[2] 不過，在精神健康的領域，病態模式（Disease model）或缺失模式一向成為專業人士主導的工作模式，運用於個案的介入及評估，往往視精神病患為一種病態、功能缺失及問題等，因而常受到社會標籤及邊緣化。[3] 相反，優勢觀點則從人的能耐出發，視精神病患者為有能力的人，與一般人無異，他們有個人的優勢、潛能、能力、想望及資源，同樣能夠活得有尊嚴、有意義及擁有豐盛的人生。[4] 本文會以一個受精神困擾的青少年為案例，解說如何運用優勢觀點取向，協助青少年重新探索個人能耐、技能及資源等，以建立信心、重拾生活動力。

一、優勢觀點與精神健康領域

優勢觀點在西方的發展始自 1980 年代，廣泛運用在各種領域。[5] 另外，Rapp（2006）將優勢觀點與個案管理結合，發展出「優點個案管理模式」（The strengths model of case management），運用於精神健康領域已達 30 年，而且取得很好的效果。

Marty、Rapp 和 Carlson（2001）指出，驗證優勢個案管理的八個評估研究顯示有一致的正向結果，包括降低住院次數、提升生活品質、社會功能及增進社會支持。而 Macias et al（1994）在他們的研究中比較了兩個組別於接受不同服務後的效果，結果顯示以優勢觀點取向為介入手法的組別，比以一般復康介入手法

---

1 Lietz, 2007; Rawana & Brownlee, 2009.
2 Saleeby, 2013.
3 Yip, 2009.
4 宋麗玉、施教裕，2009。
5 Saleebey, 2013.

的組別優勝，前者接受服務後，參加者明顯減少了症狀、改善了對家庭的負擔及減少了住院。Sullivan（1992）在 6 年內評估了 12 項以優勢觀點取向為工作手法的計劃，結果指出了百分之七十九的服務使用者能夠達到所訂定的目標。近年，宋麗玉等學者（2015）在台灣也進行了一項以優勢觀點取向促進精神病患者的復元研究，實證支持了對服務使用者的成效及有效促進復元。

在香港，有關運用優勢觀點取向於精神健康服務的研究雖然不多，但是，近十年，卻越來越多社會服務機構採用優勢觀點為社會工作主要介入手法，包括青年服務、家庭服務、老人服務及精神健康服務等等。同時，最近坊間也成立了多個以優勢觀點取向為工作手法之團體，開始就此模式進行培訓業界前線同工、舉辦各項研討會及國際學術交流會與各項相關研究。相信不久將來，將能夠填補對此工作手法研究方面的不足。而基督教家庭服務中心於十年前亦開始應用優勢觀點於精神健康服務及疾疾人士服務。過去多年，結集了前線同工的工作經驗及心得，彙集成多本書籍，包括：《個案工作手法》、《小組工作手冊》及《優勢觀點圖卡工具》等，給予業界同工作為參考。

二、優勢觀點工作原則及工作框架

優勢觀點取向工作手法基本上有兩個核心價值，分別是強調服務使用者的個別性和獨特性之價值，並提倡服務使用者自我導向及自我作出抉擇的信念，以及服務使用者與工作人員都共同珍視前項抉擇與行動的一些結果。[6] 而優勢觀點背後亦有一套整全的工作理念，歸納為六項原則（見表一，頁 112）。這些原則是思維和行動規範的準則、價值或義理，也是工作方法的基石。

---

[6] Saleeby, 2013.

表一　優勢觀點的六項原則

一	個人有學習、成長和改變的能力
二	焦點在於個人的優點而不是病理
三	服務使用者是助人關係中的指導者
四	助人關係被視為基本且必要的
五	外展（社區工作）是較佳的工作介入方法
六	社區是一個資源的綠洲

(一)「個人有學習、成長和改變的能力」

這是基於對人的一種信念，相信人有能力、潛能及資源轉變個人的現狀及對生命的態度。因為個人的能力及潛能沒有上限，嚴格而言，別人是無法知道他人的能力及潛能如何，只有當事人能夠揭示及活現自己的生命。[7] 即使當事人處於惡劣的環境，例如長期的精神病患，他們亦有能力、潛能及資源面對不同的挑戰，及選擇自己的生活方式，以協助自己復元。宋麗玉及施教裕（2009）認為這種對當事人的相信，本身具有理解、實踐、驗證三者之行動意義，能夠激發當事人改變的動機。

(二)「焦點在於個人的優點而不是病理」

優點模式的興起即由病態焦點轉向，從一個不同以往的角度看待案主。其提供一個架構以協助工作員揭開服務使用者本身擁有的優勢和權能，以創造性的方法借力（優勢）使力（功能），而非聚焦在案主的缺失和治療。[8] 故此，優勢觀點強調工作員的介入工作焦點應放於協助服務使用者尋求建設性的方法來滿足、利用或轉化人生的挑戰。

---

[7] Saleeby, 2013.

[8] Rapp & Goscha, 2006；宋麗玉，2015。

(三)「服務使用者是助人關係中的指導者」

優勢觀點強調服務使用者才是整個服務工作關係中的主導者，因為他們最清楚自己的人生挑戰是甚麼，自己想要甚麼，以及自己想怎樣做。他們可以選擇自己生活的方式及為自己的行動作出決定。這在助人關係中是非常重要的，只有在服務使用者願意行動的情況下，他們才有動力求變，而工作員是服務使用者的同行者，支持服務使用者發現能耐及探索想望，以達至目標。

(四)「助人關係被視為基本且必要的」

這原則乃承接第三個原則，我們首先需要尊重及肯定服務使用者才是工作中的主人翁，他們能夠為自己的行動作出選擇及決定，同時，亦相信他們有能力作出改變，只有在這種情況下，工作員才能與服務使用者真正建立互信的工作關係。而助人關係，乃指專業的友誼關係，即在關心、陪伴和支持服務使用者的同時，亦需兼顧工作員之專業介入工作，包括與服務使用者訂定計劃、目標、選擇介入方法和評估成效等，二者之間需要維持適當的平衡，使服務使用者可以獲得正面的成長與學習，從而能夠作出轉變。[9]

(五)「外展（社區工作）是較佳的工作介入方法」

服務使用者面對的人生挑戰及困境，往往與其家庭及身處的社區息息相關。故此，優勢觀點強調工作員需要走進服務使用者身處的社區，了解及體察家庭、社區等不同的生態環境，如何影響及塑造服務使用者。同時，社區資源處處，工作員亦可藉此機會與服務使用者共同探索不同的地區聯絡及資源，以支援他們去改變。

---

[9] Goscha & Huff，2002；宋麗玉、施教裕，2009。

(六)「社區是一個資源的綠洲」

社區資源運用和外展可以說是優勢觀點工作的一體兩面，外展是一種方法、手段和途徑，而社區資源則是目標、目的和結果。[10] 社區除了正式資源外，如其他社會服務，亦包括非正式的資源，如互助及支援網絡，而優勢觀點更強調後者的重要性，只有協助服務使用者獲取更多的非正式資源，才能為他們共建一個支援性的社區環境（holding environment），促進服務使用者健康成長。

三、優勢觀點個案工作分析

以上六個原則，即是優勢觀點的工作理念，也是一套工作手法。筆者現將以上的原則歸納為以下四個工作介入手法，並賦予一個受精神健康困擾的青少年個案記明之：

1) 建立同感（Empathetic understanding）與互信的關係

2) 共同探索與發現能耐

3) 激發想望

4) 共建支援網絡

(一)個案背景及歷史

為保護個案私穩，個案部分背景內容已經過修改。

姓名：亞銘（化名）

性別：男性

年齡：17 歲

學歷：中四

亞銘與父母同住，由於父母均需工作，沒有太多時間陪伴他，大家相處的時間不多，關係亦一般。父母均是專業人士，對

[10] 宋麗玉、施教裕，2009。

亞銘的期望及要求都很高。

亞銘於升讀中三時被診斷患有思覺失調，他深信自己擁有特別的能力（超能力），能夠預知未來的事情，故此，他經常告誡學校老師及同學，將有大災難發生，並經常勸勉他們儘早作出防備。初時，大家還理解及體諒亞銘可能因為焦慮而引致如此的行為，但是，他對同學造成的滋擾行為有增無減，久而久之，大家開始覺得他的行為怪異、有問題，而慢慢疏遠他，不敢與他接觸。亞銘在一次的事件中，因深信學校將被隕石擊中，而在課室裏大吵大罵，情緒失控地逼迫同學離開學校避難，結果被強制送往醫院，後被診斷患上思覺失調，需接受精神科治療。

亞銘在學校的經歷，對他打擊十分嚴重，也直接影響了他的尊嚴及自信心。自此，他變得垂頭喪氣，眼光不敢直視其他同學，慢慢變得非常孤癖，不喜歡接近人羣。後來更常缺課，即使上學每次均出現身體不適的情況（如頭痛、肚痛及腸胃不適），後來，他更表示因不勝壓力及想發展其他興趣，打算退學。

家人初期都能夠諒解亞銘的處境，認為需要給予時間，讓他慢慢適應。但是，後來發覺他終日「打機」度日，非常懶散，不思進取，故常因小事而發生爭執，家人也拿他沒辦法。不過，他們深信自己的兒子有天會好過來的，對他依然存有希望，特別他是家中獨子，更希望他將來有所成就。

亞銘後被學校轉介至青少年精神健康服務接受輔導，盼望能夠協助他穩定情緒，與探索未來的目標（升學、工作或其他）。

(二)與服務使用者建立同感（Empathetic understanding）與互信的關係

優勢觀點主張工作員應整全地了解服務使用者面對的生活挑戰及需要，以協助他們轉化，從已有的優勢、技能及資源等發展及成長，促進復元。[11] 故此，要求工作員發展服務使用者個人的優勢，支援系統以及其他社區資源。但是，當處理受精神健康困擾人士時，很多專業人士習慣將焦點放於服務使用者的問題、病徵及缺失，相反，較少關注他們的能耐、資源及想望。[12]

(三)了解服務使用者的過去經歷

亞銘被診斷為思覺失調，並非一朝一夕的事，相反，是經過長年累月的創傷及傷痛的經歷所致。工作員初次接觸他時，明白過去的傷害令他不再相信身邊的人，特別是一些專業人士，曾經在治療過程中給他一種冷漠的感覺，所以，他不容易與他人建立互信關係。亞銘多次拒絕約見工作員，家人雖然很着急，但是也拿他沒辦法。後來，工作員從家人口中發覺他較沉迷一些網上遊戲及曾經很喜歡攝影，特別鍾情於拍攝建築物及大自然風景。該工作員對於網上遊戲及拍攝素來有些研究，故此，投其所好，以此媒介接觸及親近他，作為工作的切入點。從服務使用者已有的優勢出發，認同及肯定他的興趣及嗜好。

亞銘慢慢與工作員建立了信任關係，開始分享以前的創傷經歷，特別是就讀小學四、五年級時，常常遭到同學欺凌，取笑他的外表及言行，同學覺得他十分古怪，經常向他指手劃腳，讓他十分難受及無助。他曾因此向學校老師投訴同學的行為，可是，卻換來老師的指責，認為他小事化大，不懂與同學相處等問題。亞銘形容當時感到十分無助及絕望，似乎世界上沒有人可以幫助他。他常幻想，如果他擁有超能力，生活便會不同了。

(四)肯定服務使用者的主觀感受及經驗

亞銘從小學開始，已經歷了很多創傷的事件：給同學不斷取笑、學校老師的誤解、同學餵食擦膠碎，及被同學集體孤立等

[11] Barton, 2006.
[12] Yip, 2009.

等，都直接影響了他的情感及自我形象，我們不難理解亞銘會從無奈、傷心發展到後來的憤怒、沮喪；亦不難了解亞銘慢慢出現一些古怪行為，如他形容那時只是想保護自己，不想再給人欺負而已。但是，當他的古怪行為越加頻密時，越容易被同學理解為「有問題」。同學除取笑他外，更會遠離他。而最讓亞銘感到受傷害的還是在同學面前被強迫送到醫院，對於當時發生的事他仍歷歷在目。雖然同學、老師及專業人員形容他當時十分混亂，已失去控制，但是，亞銘表示其實他的意識仍是清楚的，他知道發生了甚麼事，只是大家忽略了他的感受，認定他已精神錯亂，需要被直接控制，而沒有人願意理解他究竟發生了甚麼事。他形容那時候真是覺得無地自容，想從此消失於世界。

當工作員願意專注聆聽他過往的每個經歷，及肯定他的主觀感受時，亞銘頓時雙眼充滿「紅根」，眼淚直湧而下，他感到被理解及關心。他表示大部分專業人士只關心他的病癥是否減少、是否得到控制及是否依時服藥等，但卻不太關心他的感受及遭遇，令他有一種冷漠的感覺。

(五)從服務使用者已有的出發

優勢觀點取向強調儘管服務使用者的生活面對如何的困境及挑戰，所有人和環境都具備優勢，可以協助提升服務使用者的生活質量。而這些優勢，往往在服務使用者身上已經存有，只是因面對苦難，而被忽略了。而助人專業人員只有協助服務使用者發現這些優勢，才能激發他們求變的動機。[13]

(六)「過去、現在、將來」方法切入，發現已有的優勢

很多服務使用者因長年累月受到精神困擾，他們對現實環境慢慢變得不敏銳，甚至失去興趣及聯繫，而重複的遭遇及傷害，

---

[13] Saleeby, 2013.

也使他們不敢存有盼望。他們過往的能耐、聯繫、渴望也被壓抑了，慢慢失去以前的「記憶」。所以，我們不難想像亞銘會總覺得自己一無是處，生活變得沒有意義及價值。因為在同學及老師的眼中，他只是一個精神錯亂的同學及學生；在父母的眼中，他只是終日沉迷於網上遊戲、不思進取的兒子。他不覺得自己擁有甚麼優勢及能力，也不感到自己有甚麼自豪的地方，更不覺得自己有能力改變現況。

然而，優勢觀點取向強調每個人都有過去的回憶及片段、現在的生活及對將來的期盼，即使現在面對巨大的挑戰及煎熬，以致對將來不敢存有希望，但是，服務使用者在未發病時，他仍有能力、資源及抱負。[14] 而亞銘在病發前，他很喜歡攝影，每逢假日，便會邀約幾個志同道合的朋友外出拍攝。他表示那段時間是他人生記憶最深刻、最開心的日子。但後來，因學業關係，已慢慢與那些朋友變得疏離了，不再結伴外出攝影。亞銘曾向工作員展示很多自己以往的作品，他分享時十分起勁及投入，恍如置身於相片展覽中，向參觀者介紹作品似的。工作員發現了亞銘這項興趣及優勢，於是慢慢協助他重拾志趣與動力，跳出圍牆，重新聯繫社區。亞銘起初不太願意重拾舊愛，認為已事過境遷，再沒有甚麼值得留戀，更甚的是他覺得攝影又不能幫助他康復。

在亞銘父母的配合下，經過多次邀請及遊說，他終於勉強陪伴工作員外出攝影。而亞銘也從陪伴、從旁觀察、抽離角色慢慢變得主動，與工作員討論構圖、拍攝手法，以至親自示範，後來更主動邀請工作員陪同外出拍攝，而他對以往那種拍攝帶來的喜悅感也慢慢強烈了。工作員相信要讓個人的強項得以發揮，就必須讓個人投放更多時間在強項的發展及維繫，這樣，個人才能真真正正確相信自己的能力及願意付出。所以，工作員與亞銘討論

---

[14] Saleeby, 2013.

後，安排他到青少年中心教授攝影班，而最重要的還是他深信自己有這能力及信心可以勝任。

亞銘除了對攝影有興趣外，亦很喜愛中國水墨畫。亞銘向工作員表示，每次經歷不開心的事，自己總喜歡作水墨畫抒發內心的鬱結，久而久之，作了接近一百幅水墨畫，但是，很多都沒有留下，因經歷最差情緒時，毀掉了大部分的畫作。Saleeby (2013) 強調即使服務使用者在生活上經歷任何創傷，他們亦有自我復元的能力，助人專業人員應該小心發掘他們這方面的能耐，加以運用及發揮，變成生活的智慧。亞銘也有自己的能耐，他以作畫化解生活面對的挑戰，只因接踵而來的困境，使他不能輕易處理，而慢慢發展成現狀而已。工作員肯定了他的付出及努力，也確認他解決生活困境的能力，接續最重要的是協助他繼續發展這項技能。家人雖然仍深信他會復元過來，可以繼續升學，亦期望他能夠進大學，以保障將來的出路。但是，面對亞銘對退學的堅持及理據，經過多番討論後，家人最後也接受了現實，讓亞銘自己做抉擇。亞銘退學後，報讀了一些短期的課程，包括攝影班及國畫班，除了協助自己暫時打發時間外，也可培訓技能，同時，他也積極計劃未來的方向。

(七)激發想望

服務使用者往往因看見及經驗自己的優勢，他們才確確實實相信自己擁有這些優勢。在過程中，助人專業人員需要協助服務使用者看見自己的能力及優勢，他們才能有信心跨出自己的圍牆，相信自己有復元的能力，及實踐自己的想望。

亞銘雖然重拾自己對攝影及國畫的志趣，也願意修讀短期課程，深化技能，但是，對於將來的方向，他仍感到模糊，時而想成為一個攝影師，時而想成為一個國畫家，他自己表示仍欠心思細密。工作員以「能耐卡」(共有 48 張形容不同能力及優勢的圖卡，分成五個優勢範疇。）協助亞銘想得更仔細，看得更遠。與亞銘探索的過程中，發覺他對設計有濃厚的興趣，特別是對珠寶首飾方面的設計，他希望融入國畫及攝影的藝術元素於其中。工作員對他的發現十分欣賞，且鼓勵他多收集相關資料，及與家人詳細談論，便將想法付諸實行。亞銘最初仍感到有點猶豫，是否應該把自己的想法告知家人，因為他擔心他們不會支持他的想法。但是，家人的回應卻令亞銘感到非常意外，他們不但沒有任何反對，反而為他的想法及計劃感到鼓舞及欣慰。後來，他們還介紹了一位任職珠寶首飾設計師的朋友給亞銘，讓他可以深入了解。亞銘最後決定報讀一個兩年制的珠寶首飾設計課程，實現他的想望。

（八）共建支援網絡

優勢觀點取向指出社區及環境都充滿了不同的資源，可以促進服務使用者復元。[15] Rapp & Goscha（2012）同樣表示社區是一個資源綠洲，包括正式資源及非正式資源，助人專業人員需要加以發掘及運用，協助服務使用者復元。

促進亞銘復元，協助他在社區裏建立不同的支援網絡，似乎是必須的條件。亞銘在病發前，曾經結識了一班志同道合的好朋友，故此，工作員鼓勵亞銘主動尋找那些朋友，重新建立聯繫。可惜，很多朋友已經更改了電話，有些還移居外地，無法接觸。不過，亞銘在青少年中心義務教授攝影班時，結識了一些義工朋友及愛好攝影的青年，他們不時會相約討論大家的嗜好，同時，也會參與中心其他義務工作，協助中心舉辦活動給其他有需要的人士。亞銘感到很充實及有意義。另外他報了珠寶首飾設計課程，他也希望能夠結識更多朋友，多與他們交流，希望有助學習。

---

[15] Sakeeby, 2013.

(九)後記

當亞銘入讀珠寶首飾設計課程大約三個月後，工作員便結束輔導跟進。亞銘面對的精神健康問題已經穩定了，他能夠從以往每兩星期需要復診一次，至現時每四、五個月才需要覆診一次。同時，與醫生討論後，也成功逐漸減少藥物的份量。亞銘對自己充滿信心，深信總有一天，自己不需要再接受藥物治療。

他仍然非常投入中心義務工作，更在中心裏成立了「龍友團」，定期帶領一班攝影愛好者到戶外拍攝及交流。最近，他還送了工作員一本由他親自編制的相片冊，以示多謝工作員與他同行。

四、反思與討論

越來越多研究及案例顯示，優勢觀點取向應用於很多不同的服務對象後，效果都非常理想，特別對於應用於精神健康服務對象，成效十分顯著。然而，坊間亦有一些對於優勢觀點的批評，認為此取向過於樂觀，只着重於服務對象的優勢，而忽略了他們面對的問題及實況。誠然，優勢觀點並非甚麼妙丹良藥，百試百靈，況且，應用於不同文化背景的人士，亦需要作出一些調節。但對於以上的批評，筆者不予苟同。從筆者多年實踐的經驗，嘗試從以下幾點分享之。

優勢觀點取向要求助人專業人員非但需要了解服務使用者面對的生活困境及挑戰，還需要看得更遠、更深，只有這樣的實踐，才能真正明白及發現服務使用者是如何經歷、處理及克服那些困擾。他們如何運用資源幫助自己，及他們跨越的過程又是怎樣的等等，這樣，我們才能發掘他們的能力、潛能、資源及想望，激發其求變的動機，如 Saleeby (2013) 指出，在困難、創傷及痛苦背後亦蘊藏着機會、能耐及資源，能夠協助服務使用者作出改變。再者，即使我們把焦點放在服務使用者的困境及缺失上，以圖讓他們明白問題的源起，希望他們有所改變。但是，不見得服務使用者洞悉了問題後，便能改變現狀。相反，只把焦點放在服務使用者的問題及缺失上，往往無形中增加了他們的無能感及無助感，對解決服務使用者的現況也不見到有所幫助。從筆者多年的輔導經驗中，體會到服務使用者往往是因為看見，所以相信。他們看見了自己的優勢、能力及資源後，產生信心及激發他們改變動機，更能面對現況及處理困境。

優勢觀點取向既是一套助人的理論，亦是一種助人的態度，以另一角度看待服務使用者，肯定服務使用者有學習、成長及改變的能力；同時也強調服務使用者才是自己問題的專家，是服務過程中的主導者，只有與他們同行及合作，才能激發他們改變的動力。而優勢觀點取向也為助人專業人員提供了清晰的工作原則，我們可以加以發揮及完善，變成較具體的介入手法及技巧。期盼將來會有更多本土研究及文獻，補足優勢觀點取向現時在驗證上的不足。

參考資料

Barton, W. H. (2006). Incorporating the strengths perspective into intensive juvenile aftercare. *Western Criminology Review* 7, 48-61.

Grant, J. S. & Cadell, S. (2009). Power, pathological worldviews, and the strengths perspective in social work. *Social Work Faulty Publication. 7.* Retrieved from http://scholars/scwk_faculty/7.

Goscha, R., & Huff, S. (2002). *Basic case management manual.* Lawrence, Kansas: The University of Kansas School of Social Welfare.

Lietz, C.A. (2007). Strengths based group practice: Three cases studies. *Social Work with Group, 30,* 73-86.

Macias, C., Kinney, R., Farley, O. W., Jackson, R., & Vos, B. (1994). The role of case management within a community support system: Partnership with psychosocial rehabilitation. *Community Mental Health Journal, 30,* 323-339.

Rapp, C. & Goscha, R. J. (2006). *The strengths model: case management with people suffering from severe and persistent mental illness.* New York: Oxford University Press.

Rewana, E. & Brownlee, K.(2009). Making the possible probable: A strengths-based assessment and intervention framework for clinical work with parents, children and adolescents. *The Journal of Contemporary Social Services: 90*, 255-260.

Saleeby, D. (2013). *The strengths perspective in social work practice.*(6th ed.). US, Boston: Allyn & Bacon.

Sullivan, W. P. (1992). Reclaiming the community: The strengths perspective and deinstitutionalization. *Social Work, 37, 204*-209.

Yip, K. S.(2009). A strengths perspective in working with an adolescent with dual diagnosis. *Clinical Social Work Journal, 31,* 189-203.

宋麗玉、施教裕（2009）。《優勢觀點：社會工作理論與實務》。台北：紅葉出版社。

宋麗玉、施教裕、徐淑婷（2015）。《優勢觀點與精神障礙者之復元：駱駝進帳與螺旋上升》。台北：紅葉出版社。

第六章

久病成醫：朋輩支援工作員的角色

梁毅進 先生

朋輩支援（Peer support）在西方國家有悠久的歷史。[1] 在精神復康服務中，朋輩支援是透過已康復的復元人士的個人復元旅程之經歷，分享「過來人」的寶貴經驗，給予其他康復者鼓勵和希望，藉此促進他們的復元。朋輩支援可以透過正規（formal）或非正規（informal）的形式進行。[2] 在過去十多年，越來越多西方國家透過培訓和僱用朋輩支援工作員（Peer support worker / Peer support provider）提供朋輩支援服務，促進康復者的復元。[3] 有學者檢查了由 1992 至 2017 年有關朋輩支援工作員的研究，研究結果顯示朋輩支援工作員提供的朋輩支援服務，能有效提升服務使用者的希望（hope）、充權（empowerment）和復元（recovery）。[4]

香港的朋輩支援工作員的培育和訓練起源於 2012 年，由本港四間精神復康機構，包括新生精神康復會、浸信會愛羣社會服務處、香港明愛和香港心理衛生會，在「思健」贊助下，於 2012 年 11 月開展為期 3 年的「思健」朋輩支援計劃，為精神病復元人士提供有系統的培訓計劃，包括 36 小時的基本知識培訓、12 小時的技巧訓練和 52 小時的實習。復元人士透過計劃舉辦的培訓課程和實習，裝備為朋輩支援工作員，並開始受聘於非政府機構的社區精神康復服務單位。

鑒於朋輩支援工作員服務效果理想，醫院管理局自 2015 年起分階段為「個案管理計劃」加入朋輩支援的元素，聘請了 10 名朋輩支援工作員。社會福利署亦於 2016 年試行為期兩年的朋輩支援服務先導計劃，交由 11 間營辦綜合社區中心的機構負責招聘和訓練朋輩工作員。在 2017 年共有 50 名全職或兼職的朋輩支援者受聘於各社區精神康復服務單位，工作包括：以電話傾

---

1 Walsh et al., 2018.
2 Walsh et al., 2018.
3 Repper & Carter, 2011.
4 Bellamy et al., 2017.

談或會面提供輔導服務、外展或關懷探訪、組織小組和籌辦公眾教育活動等，增加社區人士對精神健康和復元人士的了解和認識。政府自 2017 至 2018 年度起將朋輩支援服務常規化。

以下將以第一身視角，跟大家以親身經驗分享，講述自己如何由患病至成為朋輩支援工作員，讓其他病者得到幫助和支持。

一、復元故事：起伏中成長

我自小是個很好動的男孩，也很愛發脾氣。初中時，我開始表現反叛，上課時經常發怒鬧老師，時常被老師罰留堂和扣操行分。到了中四時，訓導主任告訴我，若我的操行繼續是這樣的話，會考的分數會扣五分算，不能在原校升讀中六。在課堂上罵老師，像是很威風，可是每當自己靜下來檢視自己的生命：會考後很大機會因操行差而不能在原校升讀中六、每天過着漫無目的的生活，身邊沒有可分享心底話的朋友，家中沒有和諧的關係。偶然在睡覺時，不知為何會哭起來，表面看來活潑開朗的我，也曾想過自殺。

中四那年，我被扣了學校有記錄以來最多的操行分，要兩度被迫停課。我開始想改變這生活，於是我每次跟老師發生衝突後，都會找老師認真道歉，表示願意改過。可是，不消一星期，我又會因控制不到脾氣而跟老師起衝突。這種想改過但有心無力的狀態維持了一年，直至有一天，跟一位老師訴說我這矛盾的境況。她說：「既然你想改過，但沒有能力去改，倒不如試試返教會讓神改變你吧！」

很快我便信了主，認真返教會。脾氣控制得好了，沒再罵老師，跟爸爸的關係也好了。中六七的時候當了教會的組長，帶了不少人信主。但好景不常，在高考後的暑假，我突然覺得這個世界沒有人關心我，生活各方面盡都不如意。我便開始與外界斷絕來往，教友來我家找我也沒理會，只躲在牀上，每日只有吃和睡。

就是在這狀態下我開始了大學生活，沒再上教會。幸好認識了一位到了現在還很要好的朋友，他也是基督徒。我們經常一起上課，一起溫習，很多東西也一起做。某一天我們溫習時，他突然自己坐到一邊，我過去問候，他便告訴我家裏發生了一件悲劇，他父母不許他告訴其他人，他只告訴了我；所以我覺得他很信任我，我也很重視他。

自始我們成了無所不談的好朋友，雖然間中會有爭執，但我們會一起祈禱解決。但好景再不常，一次爭執後，他説他不想再解決，我便再也沒看到他上課了。失去了這個伙伴，慢慢我沒了上課的動力，功課也不懂怎樣做。一年後，他才告訴我他患了抑鬱症，原因是他家裏的悲劇，跟我鬧翻後，他原本唯一的傾訴對象都沒了。我知道後覺得很內疚，加上身邊沒有其他傾訴對象，我便故態復萌，自己躲在宿舍裏不見人，連吃飯也待飯堂沒甚麼人的時候才去用餐。我開始覺得自己很陌生，原本我是個很愛在飯堂與人聊天的人。

由於我常躲在牀上睡覺，很容易便日夜顛倒；喜歡做的事沒心情做，生活上基本的事都沒法完成；更曾想過自殺，幸好沒有動力去自殺。我的大學生活有一半時間就是這樣度過，到了後期，一晚不睡覺，一晚睡很多。

三年的大學生活差不多完結時，我才偶然地到教會告知傳道人我的境況。恰巧精神科醫生康貴華醫生到了教會分享訊息，他強調不要以為信了主便沒機會患上情緒病或精神病，又講解了不同精神病症狀的病徵。我發現跟我的狀況很吻合，教會知道後便安排我見康醫生。他開頭處方了一些安眠藥，以解決我一晚睡不了，一晚睡很多的情況。

睡眠狀況好了些，我便開始處理抑鬱的情緒。那時我想，既然我抑鬱了不短的時間，不如不要理會我的記事日程，只憑感覺想去哪裏便去哪裏，想做甚麼便做甚麼。結果我在泳池游泳了七小時，幻想自己是神仙在漂浮；又到了墓地幻想自己被釘十字架；再去公園，隨便將自己身上的東西送給一羣年青人；還去了很多地方……這時我還不知道自己已處於躁狂的狀態。情況就像把一個皮球壓在水底一段時間，然後突然放手，皮球便會立刻飛彈上升，彈離水面！

星期日，我如常到教會聚會，那時我很亢奮，在教會不斷跟教友説要召開緊急會議。教會有醫生見到我的狀況，建議我到醫院檢查，最後被確診為躁狂抑鬱症，進了精神科病房接受治療。那是 2009 年 7 月 12 日。

剛進醫院的頭幾天已經記憶模糊，只記得自己扮 MJ 跳舞，在牀下尋寶和被護士縛在牀上。初期服藥的日子很不好捱，副作用不少，如疲倦、手震、視力模糊、睡覺時後腦繃緊等等。藥的分量要不時調教，又害怕會分量不合。

幸好有很多人來探望我，鼓勵我。來得最多（幾乎日日來）的當然是爸爸。很多教友都來探我，其中一位導師買了李誠醫生的書《吾鬱吾躁》給我看，鼓勵我在患難中感恩，也慶幸自己及早發現這病症並對症下藥。

我的病情慢慢好轉，與病房裏的院友都慢慢熟絡起來。我們每天一起聊天、下棋、打乒乓球、打麻雀，時間也好過點。有一天，我發現病房裏也有好幾個基督徒，於是組織了一個祈禱小組，每天晚飯後一起分享心事，一起唱詩歌，誰想起哪首歌都可立刻唱，有一次還唱到所有人都哭起來，感覺很溫暖。住了兩個月醫院，我不時有靈感填詞，大概填了六七首。

2009 年 9 月 4 日，終於出院了！逐一跟院友和護士道別，這情景仍然歷歷在目。初出院時，每天要睡很多，大概 10 天有精神，10 天便感覺低沉。早期我膽粗粗應徵了一份全職工作，但應付不了每日只有返工和睡覺的生活，結果做了不夠三個月便被要求離職。後來在東華三院的社企做義工，在職員和社工的協助和鼓勵下慢慢康復（急不來的）。其間參加了很多活動，其中首年參加的樂康足球隊，便得到季軍，另外也參加了名叫思樂兵團的康復者義工團隊。

大半年後，得教會轉介，到一間基督教機構當半職實習生。開始工作不久，我的精神便穩定多了，不會大幅度時起時跌。後來這機構成立了一間食物合作社，我便在那裏當收銀員，工作時數是全職同工的 80%，更具挑戰性。與此同時，東華三院的主任知道我喜歡教書，便安排我教授一班成人基本運算班。從預備教材到課堂教授都由自己一手包辦，讓我重拾教育的熱誠和夢想。

現在我已康復近九年了，感恩的是這九年來都沒有像以前般大發脾氣，情緒暴躁。在 2014 至 2015 年，我修讀了教育文憑，現在正為五個學生私人補習，空餘時間會去探訪我認識的精神病康復者，以我的經歷和體會，在他們的康復路上與他們同行，當中我自己亦有所得着，累積了一些朋輩支援的經驗。

在 2016 年，當我一知道有朋輩支援工作員（Peer support worker）這職位，便立刻報名申請。我想，既然我得了這個病，現在康復情況不錯，這樣的經歷可不要浪費，應把這些經歷跟其他康復者分享。我期望透過這機會，正式裝備自己，學懂輔導和其他技巧，更有效地支援更多康復者，帶給他們希望、愛心和信心！

在過去的一年，我同時是利民會和聯合醫院的半職朋輩工作員，切實感到這崗位的意義和重要性。經過這些工作經驗和交流機會，我深切體會到其實病者不必追求回復到本來的狀態，也不必要除掉病患或停藥，真正的復元在乎恢復生活的元氣和生命力，重新過有希望、有貢獻和有滿足感[5]的人生！

---

5 Anthony, 1993.

二、久病成醫：朋輩式工作

我是一名有兩極情緒病（又名躁鬱症）的朋輩支援工作員。朋輩支援，顧名思義，我和我的服務使用者都是精神病康復者。我的工作主要以朋輩的身分，分享我的復元故事，從而支援其他復元人士。具體一點，我會透過個人面談、小組活動、外展探訪和公開演説去推廣精神健康和分享復元心得。由於朋輩支援在香港是較新的工種，各工作員都一同在摸石過河，故此工作的形式還在探索階段，但同時也意味着朋輩工作實在有很大的開發和進步空間。以下會分享一下我分別在不同環境設定下朋輩工作的實況（以小組活動為主）。

(一)中途宿舍

過去兩年我在利民會這非政府機構任半職的朋輩支援工作員。首年我主要在一間中途宿舍支援正在接受住宿服務的舍友。入職不久，宿舍主任給我一個任務，就是重新設計宿舍的壁報和嘗試推動舍友分享他們的復元故事。經過一輪考慮，我打算用「復元 87」的形式呈現舍友們的復元歷程。我先個別訪問他們的經歷和心聲（他們比我想像中願意分享），然後將他們口述的每篇故事，轉化成 8 句押韻的句子，每句 7 個字，就像一首首打油詩。之後我再配上和個別故事相關的圖片，逐篇回贈他們。舍友收到後都表示欣慰，有人傾聽和珍重他們的心路歷程，同時也幫助他們重新檢視過去的人生，明白多一點未來怎樣繼續前行。最後，這些故事還被編製成月曆公開派發；當然，同時也成為了宿舍壁報的一部分。以下是我為自己的復元故事編寫的：

抑鬱果陣冇心機
自尋短見無力死
躁狂時候滿天飛
老豆照打發脾氣

慶幸親友陪我醫
定時服藥不再痴
凡事感恩要及時
毅進朋輩作首詩

在中途宿舍服務的後半年，我不時在構思方法讓舍友可以輕鬆地分享復元故事，加上機構一直在推動優勢為本的導向，我便想到用我的強項去帶動舍友體驗復元，於是開辦一個名為「滄海桑填」的填詞小組了。在準備的過程中，我為每位組員設計了一本名為《填詞心經》的學員手冊，以下是其中一段核心的文字：

> 填詞，好像是高深莫測？其實只要你掌握了一些基本的道理和技巧，填詞就會好像砌砌圖，將文字砌進旋律中。但這還是不夠的，一首好的歌詞，必須再加上對生命的熱誠和體會，才能感動人的心靈！所以，我相信在填詞的過程中，填詞者能自然地把感受和體會抒發在歌詞中，甚至感染身邊的聽眾，從而實現復元精神！

填詞和復元的共通之處，在於它們都需要在很多的限制中譜出生命的樂章。填詞的限制在於要啱音押韻；復元的限制就在康復者病患。填詞的巧妙是在啱音押韻的要求下，填出優美的歌詞；復元的巧妙則在於如何在各種病患帶來的限制沒有完全消除時，活出精彩的人生。而兩者都需要注入生命力才會有成果。

於是我便計劃透過教授填詞的基本技巧，讓舍友把復元經歷和心底感受抒發在歌詞中，實現「個人化」和「重視個人優勢」[6]等復元元素。同時希望舍友藉此小組初嘗分享復元故事，舍友間促進較深入的認識，推廣復元精神和朋輩概念。目標為每位參加者都能創作一段屬於自己的歌詞，以下是四節活動的內容大綱：

---

[6] SAMHSA, 2011.

第一節：討論填詞的動機 / 目的

第二節：教授填詞的基本技巧

第三節：練習用簡單的歌曲填詞

第四節：分享填詞作品和復元故事

計劃好便開展小組的籌備工作，我分別在兩次舍友大會宣傳，帶領各舍友及職員唱出改編作品《絕配》，喚起舍友對填詞的興趣，並張貼報名海報於飯廳，再個別邀請舍友參加。另外，我還預備了學員手冊《填詞心經》的初稿，在職員會議向其他職員介紹小組，再請他們推介舍友參加。最後，在每節小組開始之前，我會根據當日情況，擬定該節的流程和時間分配。

《絕配》

原曲：朋友　原唱：譚詠麟　新詞：梁毅進

曾經無奈如困籠內
童真消失只得軀殼在
望着鏡子發着呆

前生狂傲傻笑迷路
如失心瘋怎麼差錯步
混亂記憶怕命途到病發

何時探戈只想高歌怎麼坎坷
終於清楚天天充滿負荷
懂得感恩今生不枉過是誰沒犯錯？

齊齊碰杯彼此支撐彼此依偎
即使艱辛心底不會後悔

背後有我撐着你背

伴着病患是絕配 總不會灰　朋～輩～

小組最主要的目標是讓舍友初嘗分享復元故事，每節小組均安排每位參加者分享近況，他們都樂意分享經歷和生活點滴，令舍友間也較深入地互相認識。另外，每節小組會討論一些復元元素的環節，復元精神和朋輩概念也得以推廣。雖然起初會有意見擔心舍友難以學好填詞，最後不是每位組員都能完成一段屬於自己的歌詞，但個別組員表現出色，其他都能完成一些填詞練習，我還與個別組員合作創作了一首代表宿舍的歌，張貼在壁報上，在舍友大會和所有舍友合唱。

整體來説，參加者表現投入、生動和願意學習。每次小組均一同精神地念口訣和唱班歌，做練習時遇到不明白大家都樂意發問。其中第四節，每人都分享了他 / 她認為感恩和困難的事，還有他們的心願。最後還加了一節和組員出外晚膳，氣氛很融洽。

(二)精神健康綜合社區中心

第二年我在利民會的一間精神健康綜合社區中心（ICCMW）工作，中心定期舉辦興趣小組，我便在第三季開辦了名叫「自得奇樂」的製作樂器小組，主要想凝聚中心的會員，並為第四季的復元小組作預備。

我計劃透過自製小樂器，糅合音樂與手工藝的成分，讓參加者樂在其中，並可獲得小樂器，閒時可奏樂紓解身心。活動以小組形式舉辦，促進參加者之間的朋輩互動，並鼓勵他們在中心內或外自發合奏，實踐「個人化」和「自主自決」的復元元素。[7] 小組的目標是希望每位參加者都可完成兩至三件樂器，並在最後一節合奏一些樂曲，錄製成短片在可能的場合播放。另外，每節小

[7] SAMHSA, 2011.

組皆有個人分享和討論復元元素環節，期望每位參加者可在輕鬆的氣氛下互相分享復元故事，以下是五節內容的大綱：

第一節：玩小遊戲互相認識，初談復元元素和經歷，觀看製作小樂器的短片

第二節：製作並試奏敲擊樂器 —— 鼓

第三節：製作並試奏彈撥樂器 —— 吉他

第四節：製作並試奏吹奏樂器 —— 排笛

第五節：練習合奏一些樂曲，可看情況錄製成短片

準備活動時，我先在網上搜尋了一些自製樂器的短片，然後首先自己從短片中學習如何製作樂器。之後買材料試製和試奏樂器，當中會遇到技術上的困難，幸好最後透過不斷嘗試克服了。其中於小組前錄影了吉他和排笛的示範短片，並在小組時播放。至於演奏的曲目方面，為了平衡奏樂的難易度和趣味性，選取了簡單的《小蜜蜂》，再配上小組口訣作為歌詞。另外，我還製作了《奇樂手冊》分派給各參加者，當中有小組資料、復元元素和樂器製法等，最後一節還沖曬了小組合照，讓參加者貼在手冊的最後一頁作紀念。

最後，每位出席的參加者都製作了兩至三件樂器，還在最後一節合奏了一首樂曲，錄成短片。小組在輕鬆友善的氣氛中進行，其間每位參加者均參與討論不同的復元元素，個別組員更自發在手冊寫低體會；不少參加者都樂於分享個人經歷和感受，在某幾節小組活動完結後留下繼續交談。整體來説，參加者表現投入、活潑和願意學習，出席率維持在每節五至七人。每次小組均一同團結地念口訣；製作和演奏樂器時遇到不明白大家都樂意發問。在最後一節活動時，組員間彼此都依依不捨，表示希望參加日後的小組。

特別一提，其中一位參加者因身體不適需要多次致電中心告假，唯見她表示參與的熱誠，故安排了一次下午個別補堂。另有

一位參加者缺席了所有節數，已向他的個案工作員了解和慰問。另外部分製作物資使用了中心已有資源或利用廢物造成，不少組員均表達這跟復元的過程很相似，就是一些本以為不值一提的經歷，現在竟成了復元中重要的一環。以下是《奇樂手冊》的一段主要內容：

> 音樂，好像是難以捉摸？其實只要你掌握了一些基本的原理和技巧，音樂其實可以帶給我們無限樂趣！再者，親手製作小樂器的過程，當中有很多細節要我們留意和細心處理，製成品還可以用來奏樂、陶冶性情，甚或和朋友合奏演出；相信我們從中定能體驗滿足感和成就感！我特此作為比喻復元的過程：復元的初期我們或會迷惘，不明白自己在做甚麼，但經過一番苦工和別人的協助，我們可以重新掌舵人生，高奏凱歌，自得其樂！

（三）日間醫院

去年除了在利民會任半職，我亦同時在聯合醫院當半職的朋輩工作員。在第四季，我在兩個工作地點都開辦了名為「隨您復元百寶袋」的朋輩式復元小組，以下我將以在日間醫院舉辦的情況作例子分享。

「隨您復元」的意思是朋輩工作員和參加的院友彼此伴隨一同邁向復元，同時意味復元的方向是隨個人喜好和意願的；「百寶袋」表示每一個復元人士都是復元的專家，都有不少復元的法寶。這小組正好是一個平台，讓朋輩工作員和參加的院友一同發掘和互相交流復元心得，讓各人在復元路上走得更自在和有生命力（Vitality）。

小組強調復元的整全性，加上集合不同復元人士的經驗（一般每次醫生復診時間只有 3 至 5 分鐘，而且醫生未能跟復元人士一起生活，觀察他們的變化。這計劃的其中一部分「復活時光機」正好讓參與的組員把生活的起伏（現在）和復元的計劃（將來）有條理地記錄下來，同時在小組內分階段回顧以往（過去）的生活習慣、思維模式、人際交往和價值觀等等，以致組員能整全地檢視他們的人生，這不但能改善復診的效率，更能改善他們藥物未必能涉及的心靈層面調整，這是橫向的「過程」。為了使整個復元過程更立體，這計劃還包括縱向的「輸入」和「輸出」。輸入的部分「元氣麪包」提供 30 篇不同形式的 100 字左右的短文，內容主要為勵志故事、人生哲理、復元故事等，在每週的小組會鼓勵組員在週間閱讀 0 至 3 篇短文，簡單記下感受和反思，在下節小組互相分享。在小組的中段以後，可開放由組員提供短文，體現朋輩式的充權和個人化的復元元素。輸出的部分「隨意分享」讓組員在組內自由地分享生活點滴和對復元的看法，及後完成製作「復元時間線」和「復元 87」，組員可使用這兩種工具向社區人士分享自己的復元故事，期望藉此促進組員的復元和推廣社區的精神健康。

總　覽

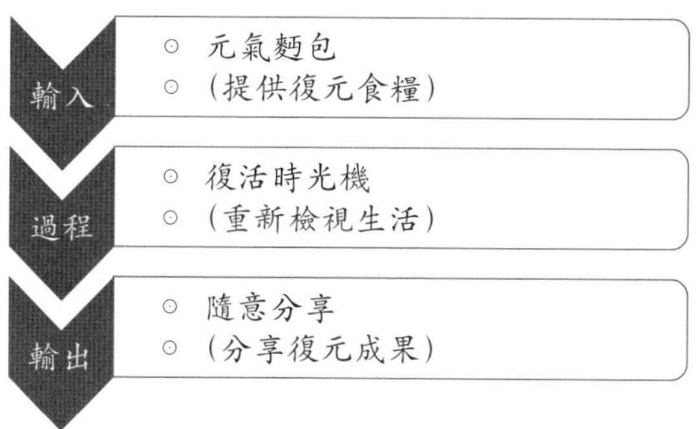

每節一小時的小組約有半小時會讓組員記錄近況在「復活時光機」、討論上週閱讀「元氣麪包」的感想、和「隨意分享」復元心得及對復元元素的看法。另外半小時則有以下的活動內容：

第一節：簡介小組

第二節：分組玩「復元大電視」

第三節：合作玩「解開復元關鍵」（密室逃脫解謎遊戲）

第四節：摺紙「川崎玫瑰」

第五節：繪製「復元時間線」（上）

第六節：繪製「復元時間線」（下）

第七節：創作「復元 87」（上）

第八節：創作「復元 87」（下）

第九節：演練分享復元故事

第十節：向社區人士分享復元故事

我在小組第一節後準備了小組的主題曲，並在每節小組一同和組員合唱，氣氛甚為輕鬆。彼此在組內分享復元經歷和心得，尤其有組員原本較抗拒回想陳年往事，後來也被感染並詳盡分享，相信此活動對他們的復元進程有一定的幫助。很多組員都表示用「復元 87」的詩句表達自身經歷很有意思，組員間也因此主動互相分享詩句。最後大部分參加小組的日間院友，都分別向一組四至六位職業治療的學生分享他 / 她的復元故事，還有院友充當導賞員帶學生參觀日間醫院。當中尤其令我感動的，是其中一位本來頗為抗拒分享經歷的院友，最後克服了心理關口勇敢地分享，事後見到他滿足的笑容和回應，我都感動得落淚了。

三、理念反思：價值觀整合

（一）患難中感恩

經過這些復元歷程和朋輩工作，尤其每次公開分享時總會被問及：究竟復元的關鍵或轉捩點是甚麼呢？我一般會首先釐清復元之路是沒有單一的轉捩「點」的，只有由很多轉捩「點」累積而成的「線」甚至「面」，而且這些轉捩點的累積是很個人的，[8] 每個人的復元關鍵都不盡相同。所以，請別以為我有甚麼復元捷徑或魔法可以推介給你，但回望自己的復元之路，對我來説尤其重要的是學會在患難中感恩。

在順境或福樂中感恩，我相信不少人都能做到，但在逆境或患難中依然感恩，你可能會認為我在開玩笑。我被困在精神病院時，受盡煎熬，度日如年；我的教友探望我時鼓勵我要感恩，我以為他們在説笑，或是阿 Q 精神吧。我當時完全不明白有甚麼可以感恩，我的前途幾乎都沒有了，就連拿筷子都會手震，怎樣感恩呢？但不知道為何，我嘗試努力地為這些我視為負面的東西去感恩。

現在，我慶幸當年得了精神病進了精神病院，也終於領略到我當時為何可以感恩。若然我不是被診斷為躁鬱症，現在不會九年來都沒有像以前般胡亂發脾氣，更不會多了這麼多知己好友和信任我的人。既然九年前的「絕對」患難，轉眼可以成為現在的福樂，我何不對凡事都以感恩的態度去面對呢？正因為世事無常，事情是福是禍我們無法定性，所以我們才應把定性事情為福或禍的決定權放手，用感恩的心擁抱發生在自己身上的每一件事。

讓我用滑浪作比喻，説明一下復元與在患難中感恩是怎樣的一回事。病患和苦難就像一個個巨浪，把我們打沉，把我們捲到水底。這時我們要做的，不是胡亂掙扎，而是覺察和相信自身的浮力，讓自己慢慢浮到水面。這好比康復的初期，需要時間和忍耐，相信自己的抗逆力，按部就班地走出病患的漩渦。接着，我們要在附近找到適合自己的滑浪板，嘗試學習自己站起來，掌握

---

[8] SAMHSA, 2011.

怎樣能取得平衡。滑浪板就好像社區上不同的資源，是康復者的助力；康復者也要主動探索，找到適合自己的康復計劃。即使過程中也許會再掉進漩渦裏，請謹記這是正常的過程，我們總會又再克服並浮上水面，這叫「起伏中成長」。[9] 當我們慢慢在學習滑浪的基本功，就會發現身邊有不少同路人，可以互相交流和彼此借鏡，成為我們的朋輩支援。直至我們已可以在巨浪中自由自在地馳騁，就會發現巨浪也許不但沒有消失，反而帶領我們到沒有想過到達的境地。就像我在上文分享《絕配》的歌詞：「伴着病患是絕配」。「復元」不是追求除去病患，而是怎樣在病患中活得自由自在和富生命力，我認為感恩就是擁抱患難的應有態度。

(二)同理心

也許有人會認為朋輩支援工作員和服務使用者都有相近的康復經歷，應該會比一般人更容易發揮同理心去明白他們的感受吧？我並不是這麼認為的。

首先，精神病患有好幾種，每位康復者的經歷和感受都不盡相同，甚至可以說是有很大的不同。即使兩位同樣都是躁鬱症的康復者，對同一事情的看法和感受都可以有差異，例如一位可以對父母的管教很受落，另一位則可能覺得父母的管教十分煩厭，甚至視之為一種主要的壓力。同理心反而重要。同理心的發揮其實是透過想像力，把自己代入對方的處境，設身處地去嘗試理解對方的感受，再加上適當提問去確認，有時候會把對方的感受描述得更仔細和準確。例如，曾經有一位服務使用者跟我表達他的「唔開心」，聆聽他的處境後，我問他會否感到「冤屈」和「不忿」，他立時驚訝：「對啊！就是這樣！你怎麼知道的？」

經過這兩年朋輩工作上的觀察、體驗和反思，我認為朋輩工作員擁有和服務使用者相似的復元經驗，本應對代入對方的處境

---

9 SAMHSA, 2011.

是有幫助的；但如果因為有相關經歷而忽略了想像力的運用，甚至理所當然地假設自己已有很好的同理心，能明白每一個康復者的感受，那就恐怕會弄巧反拙了。

(三)社交連結

世界衛生組織曾指出，社交連結（social connectedness）是抑鬱症的最佳良藥。而我認為建立社交連結很需要付出時間和愛。

不少康復者和他們的家屬都認為精神病已經浪費了患者和身邊的人很多光陰，所以在復元過程中會比較着急，這情況在急速的香港社會尤其明顯。我在康復初期因擔憂自己的前途而特別焦急，後來發現復元需要時間，也需要身邊的人給予時間和空間。正正是這一點點的時間和空間，康復者跟身邊的人才有機會漸漸重新建立連結，當關係和連結慢慢強化，我相信病情就會一步一步好轉。

如果時間是復元需要的「量」，那我相信復元所需的「質」就是愛。中學時曾讀到一本書[10]有這精闢的一句：「They do not care what we know until they know we care！」復元和社交連結的建立都是這樣，康復者一般都不會在意別人知道甚麼方法幫助他 / 她，除非他 / 她知道那人着緊他 / 她。而我歸納愛的表達方式為 L.O.V.E.，也就是聆聽（Listen）、洞察（Overlook）、重視（Value）和同理心（Empathize）。

最後，總結我對復元的體會和反思，就是需要復元人士和社會大眾一同付出時間和愛，建立並強化社交連結，讓每一個「我」(I) 連繫成「我們」(We)，那麼「病患」(Illness) 便能轉化成「安康」(Wellness)！

---

[10] Warren, 2002.

參考資料

Anthony, W.A. (1993).Recovery from mental illness: The guiding vision of the mental health service system in the 1990s. *Psychosocial Rehabilitation Journal, 16*, 11-23.

Bellamy, C., Schmutte, T., & Davidson, L. (2017). An update on the growing evidence base for peer support. *Mental Health and Social Inclusion, 21,* 161-167.

Repper, J., & Carter, T. (2011). A review of the literature on peer support in mental health services. *Journal of Mental Health,* 20, 392-411.

SAMHSA. (2011). *SAMHSA's Working Definition of Recovery.* Retrieved from https://www.store.samhsa.gov/product/SAMHSA-s-Working-Definition-of-Recovery/PEP12-RECDEF

Walsh, P. E., McMillan, S. S., Stewart, V., & Wheeler, A. J. (2018). Understanding paid peer support in mental health. *Disability & Society, 33,* 579-597.

Warren, R. (2002). *The purpose-driven life: What on earth am I here for?* Lake Forest, CA: Purpose Driven.

第七章

動機晤談法應用在精神復康服務

馮祥添 博士
盧爾傑 先生

一、動機晤談法簡介

動機晤談法（Motivational interviewing）是一種協助服務使用者喚起內在改變動機及承責作自我改變的方法，目標是協助案主解決內心關於應否切實作出改變的矛盾心態及掙扎，並鞏固其改變的決心。米勒及勞力克[1]解釋這種晤談方法為簡便、聚焦、有指向性及案主為本的臨床介入手法，用以協助受酒精及藥物癮癖困擾人士及其家人去辨別、探索及解決矛盾心態。能夠解決這些矛盾心態，正是推動長遠改變的里程碑。

傳統上，行為改變通常被認為是一種「事件」，如戒煙、飲酒或暴飲暴食。自從米勒[2]提出動機晤談理念及相關的手法之後，改變便被認定為一種「過程」。動機晤談法就是促進改變的一種方法。這種方法一直被應用於物質誤用類別相關的精神疾患，主要針對物質誤用成癮人士作出改變的困難及反覆重吸的情況，使他們在尚未打算改變時縮短掙扎的時間，在準備作出改變時加強其動機，維持避免重吸的動力和氛圍，促進長遠的復元。早期，米勒建基於普羅契卡及狹克禮門提[3]的經驗理論模型，描述的改變六大階段包括：懵懂期、沉思期、決定期、行動期、維繫期及復發期而作出推斷，認為物質誤用行為的復元過程是反覆的，而且周而復始，由未有打算改變的懵懂期開始，進入開始對現況反思甚或追悔的沉思期，再經省悟而打算改變的決定期，然後進入正式改變的行動期，以至於改變後維持在新生活模式中的維繫期。此時，如能長久維繫，也許便能永久擺脱成癮行為的羈絆。然而，假若不能成功維繫，便又進入最後一個階段——復發期。經歷了不同階段後，又回到開始時不願改變的懵懂期，彷彿永難自拔，終身都在重複循環，成了物質誤用人士的宿命。

---

1 Miller & Rollnick, 2013.
2 Miller, 1983.
3 Prochaska & Diclemente,1982.

然而，經過多年的臨床實踐之後，普羅契卡、狹克禮門提及諾克羅斯[4]為改變階段的理論作出調整，進一步推斷即使案主的物質誤用行為有所反覆，回到了懵懂期，但他在先前成功改變的經歷及重吸時的不成功經歷都是學習過程，都令案主有所反省、感悟及學習，即使不幸回到了繼續重吸的懵懂期，還是較以往仍在初次懵懂期時為之進步及有實際應付的經驗。他們因而把改變的理論修正為螺旋式上進的向導，換言之，即使重吸也較以前有所進步。米勒和莫耶斯[5]再把改變的面談歷程中輔導員需要注意的變化及展現，細分為八大階段，列舉如下:

1. 持開放態度與服務對象合作，確認他們為自己問題的「專家」。

2. 有效展現人本取向輔導的態度與技巧，當中包括「同理心」的運用。

3. 發現「有利改變的語言」。

4. 進一步激勵及加強「有利改變的語言」。

5. 處理「抗拒」。

6. 建立改變計劃。

7. 鞏固服務對象改變的決心。

8. 動機晤談與其他輔導方法的混合使用。

在現實上，動機晤談亦不單可運用在處理物質誤用或成癮行為的臨床工作，更可用於改變其他生活習慣。在精神康復工作中，如能透過動機晤談去除一些因較長期精神疾患所帶來的負性徵狀，以改善復元人士的生活質素，便可協助他們向正常的生活模式跨進一步。本文以精神健康服務工作員與案主面談作例，依據上述階段的展現，來說明工作員在面談中如何運用動機晤談，並提出與此相關的討論和反思。

---

4 Prochaska, Diclemente & Norcross, 1992.

5 Miller & Moyers, 2006.

二、個案工作實例：缺乏動力的抑鬱症患者

(一)個案背景資料

何女士（化名），現年 56 歲，獨居，有一姊在香港，不與她同住。何女士為精神健康綜合服務中心會員，受抑鬱症困擾。她表示希望自己有時能多參與中心活動，但收到中心通訊時卻提不起勁報名參加。另外，她在一些生活事務的處理上都有同樣提不起勁的情況。

工作員以加強案主外出參與社交活動為主要目標，從 2017 年 6 月至 8 月期間與她進行四次輔導面談，每次面談時間約一小時。9 月底與案主再見面一次，了解情況有否變化。

(二)面談內容及評論分析

	面談內容一
工作員 案主 工作員 案主 工作員 案主 工作員 案主 工作員	甚麼原因讓妳想參加活動？或參加活動對妳有甚麼好處？ 參加活動可打發時間，有娛樂，不那麼悶。 嗯，可以打發時間，解悶。那有沒有特別喜歡的活動？ 有吃有玩的、去生日會、唱歌。 嗯，較消閒的活動。你怎樣可以參與這些活動？ 報名中心舉辦的活動。 那其實妳也清楚能參加活動的方法。 嗯，但我沒有動力。 嗯，這也是我們走在一起面談的原因。
	討論分析
	工作員向案主詢問她參加活動的原因及喜歡甚麼活動，希望了解她對自己情況的看法，有甚麼阻礙她完成目標。 從以上的對話，工作員發現案主的困難似乎不在於找到合適的方法，而是去改變（參加活動）的慾望（desire）或原因（reasons）不夠強。嘗試充分了解她的想法，尊重她是自己面對困境的專家，同時也讓她有機會訴説自己的情況。
	經歷階段
	持開放態度與服務對象合作，確認他們為自己問題的「專家」。

	面談內容二
案主	人們説我不夠主動，該去問親友有沒有活動及可讓我一起去。
工作員	這是別人告訴妳的原因，而妳也有點認同？
案主	我有點認同。
工作員	那是甚麼原因讓妳不主動去問親友有沒有活動及可讓妳一起去？
案主	嗯……可能有時是我自己不想去參與。
工作員	那麼事情似乎有矛盾的地方需要我們整理，是想去還是不想去?
案主	嗯……有時會感麻煩，一早起來做準備之後出門，不如繼續睡好了。
工作員	那時是去哪裏？
案主	中國內地。
工作員	那我嘗試這樣説，活動本身對妳吸引，但事前的準備功夫卻不想做？
案主	是。越想這些事越減少參與活動的意欲，但不做準備功夫就無法去！ 對，其實我也不該想太多，要學習「想去就去」，該自己提出。
	討論分析
	這段對話發生在輔導較早期，那時工作員仍在了解或確立案主對轉變的意欲及有哪些因素會影響案主決定做或不做出轉變的行為，所以工作員仍是首先會花時間詢問案主過往相關經歷的細節，並嘗試把案主所説的內容整合，再反映給她聽。 工作員事後回顧以上對話，認為案主的最後一句話是一句「有利改變的語言」，只是當時未有太注意，未有就着這一句説話再誘發及加強。當時其實可以再問案主如何可做到她所説的「想去就去，並自己提出」，可以怎樣成真，讓她描述更多，之後再對比現在的實際狀況，加大現實與理想狀態之間的差異，促進案主發現改變的重要性。而在「怎樣成真」的探討中，也許更能讓案主想出一些方法，進而加強了她改變的能力。
	經歷階段
	發現「有利改變的語言」。

	面談內容三
工作員 案主 工作員 案主 工作員 案主 工作員 案主 工作員 案主	似乎對妳來說，參與活動是開心的，但是否不足夠令妳真的踏出一步？ 與甚麼人去也很重要。 有哪些人是妳很喜歡與他們一起去的？ 以前常一起玩的朋友，但現在都沒怎在一起了。 能尋回他們嗎？ 已沒有聯絡了，大家各散東西。 如果我們想未來多些活動可參與…… （案主打斷）多些朋友。 嗯，多些朋友，那就要投入到新羣體中認識新人，同意嗎？ 同意！
	討論分析
	在面談中案主多次提到「人」是作為自己參加活動的重要因素，而在目標的描述中也較多說出自己想「多些朋友」，工作員認為掌握這一點在個案的推展中非常重要。原本跟進案主的社工把案主轉介工作員時表示，案主甚為缺乏動力，社工多次鼓勵她都沒作用。但在工作員跟進的過程中，沒發現案主有抗拒（resistance）的情況出現，原本跟進的社工有為案主介紹活動，但似乎沒有在「朋友」這範疇上定下介入策略，故此介入也事倍功半。 案主在後來的對話中都有提到感覺自己現時的生活孤獨。如前述，工作員其實可以對比現時的生活狀況與目標達到後的生活狀況，讓案主更能發現當中的差異，進而加強她改變的意欲。
	經歷階段
	• 發現「有利改變的語言」 • 有效展現人本取向輔導的態度與技巧，當中包括「同理心」的運用

	面談內容四
工作員 案主 工作員 案主 工作員 案主 工作員 案主	妳提到妳不清楚中心活動的細節，我想這一點不難處理。 對有些要抽籤，我也不太懂。有些活動時間又不合我，反正我希望有人幫我。 妳希望別人怎樣幫妳？ 介紹一下活動、與我一起參加，如果有認識的人會興趣大一點，識了人有伴，有伴才開心。 同意，而妳之前提到這位在初期可帶着妳的人較有機會是中心的同工，那妳在中心有較熟悉的同事嗎？ 負責我的社工，但我在活動表中沒有見到有她負責的活動。 那就是說，只要能滿足這條件，妳參與中心活動的意願會提高？ 應該是。
	討論分析
	案主之前有提出較有利自己轉變的條件之一是有人帶引着自己，而當時工作員有進一步引發她對狀況作更多的描述，她表示由於自己在中心認識的會員不多，所以較能帶動她的似乎是中心的職員。工作員再引出這段說話，之後再引導案主進一步落實她心中的人選，一步步與案主建立她的改變計劃，工作員的最後一句是意圖確認案主，對自己初訂的計劃是否有執行的決心（commitment）。
	經歷階段
	• 進一步誘發及加強「有利改變的語言」 • 建立改變計劃

	面談內容五
案主 工作員 工作員	我想到一個方法，首先我們為數不要太多的會員聚在一起先認識，成為朋友後再一起去參加活動。 同意，絕對同意。 （之後工作員與案主討論她的日程，及怎樣可促成她想像中的聚會，最後案主決定參加一個由工作員帶領的活動。） 那我們現在依照妳訂出的方向，先透過聚會令妳與同場的人認識及變熟悉，加強妳參加活動的意欲。希望這樣可令妳生活更開心。
	討論分析
	在對話中案主自己提出了一個方法，這方法有先後次序，並不只是一個簡單的想法，案主在提出時語氣比平時有能量，工作員也受到她的帶動。之後便與她談計劃的細節，最後決定透過工作員帶領的一個活動去實踐她的計劃，而介入在這時便接合了社工的活動介入模式，這點可說是社工在精神康復介入中的特色，也是社工與輔導員的不同角色。
	經歷階段
	• 發現「有利改變的語言」 • 進一步誘發及加強「有利改變的語言」 • 建立改變計劃 • 動機面談與其他輔導方法的混合使用

	面談內容六
案主	我有時會想，我的目標不只是想認識朋友，而是想調整生活節奏，令自己更活躍。
工作員	活躍有甚麼好處？
案主	不用常感沉悶，常在家，整個人像越來越退縮，樣樣事都不願去試、不想去做。
工作員	妳似乎感到如果妳不改變，現時的情況會惡化，會更多事都不想去做。
案主	對，很多事都感麻煩，也不知事情該怎做。
工作員	那如果妳的情況真的這樣走下去，妳認為最後會怎樣？
案主	剩下我自己一人，甚麼也不做。
工作員	會孤獨？
案主	對，其實我現在已感孤獨，回到家想與人 WhatsApp 一下都找不到對象。
工作員	而這不是妳認為理想的生活？
案主	嗯，不是滿意的生活，可能參加了之前說的活動後會好些。
	討論分析
	在這對話中案主對自己訂下的目標提出了反思，工作員與她進一步探索，透過設想情況惡化後的狀況來加強案主改變的意欲，並藉此鞏固案主改變的決心。
	經歷階段
	• 有效展現人本取向輔導的態度與技巧，當中包括「同理心」的運用 • 鞏固服務對象改變的決心

	面談內容七
工作員 案主 工作員 案主 工作員 案主	在之前參加的活動中有認識到朋友嗎？ 有些人我之前已認識，在活動中與他們有交談，另外中心職員為我介紹了一位新朋友。昨天在小組中又認識了一些人，我們小組後還一起去吃飯，之後還到了其中一位朋友的家去作客。 這麼好！都認識了誰？（之後案主說了幾個名字） 昨天小組後在大廳看見他們，又聽見他們說一起外出吃飯，我便說我也想一起，之後便與他們一起去吃了。 這事有否讓妳覺得妳走近了自己訂下的目標？ 希望認識朋友，算是做到了。以後到中心有熟人，那多留在中心的動力便大一點。
	討論分析
	案主依計劃參加了工作員負責的一個外出活動及一個小組，她在當中認識了新朋友，而她提到中心職員為她介紹新朋友，其實是工作員事前安排的，刻意把她與該名服務使用者配對，原因是那位參加者與案主早前描述合適與她相處的人的特質相似。工作員在這階段邀請案主評價她能否達到自己訂下的目標，實踐了轉變的行為，希望成功經驗能鞏固案主改變的持續性。
	經歷階段
	鞏固服務對象改變的決心

	面談內容八
工作員	妳一星期工作五天，星期六仍有動力參加活動嗎？
案主	有。
工作員	是甚麼給妳動力？
案主	如果我不參加活動又在家睡眠。
工作員	還有呢？
案主	有玩有食，又可與朋友見面。
工作員	現時在中心妳有哪幾位朋友？（案主說出了幾個名字）
工作員	是否都是小組認識的人？
案主	嗯，有些是。(之後案主說出了三個會員的名字)
工作員	那妳透過活動認識了三位朋友，現在有時會與他們相約外出？
案主	對，外出時會談談自己的事，不錯。有時也會一起去買菜。
	討論分析
	工作員與案主的合作在8月初結束，工作員與案主在9月底再見面，了解她的轉變行為是否仍然能維持。她參加的小組已於之前完結，工作員再問她是否有動力參加中心的其他活動，她表示仍有，也說出了原因，工作員發現她還有小組以外的社交生活。透過面談讓她描述自己的正面轉變，希望可以鞏固她的轉變行為。
	經歷階段
	鞏固服務對象改變的決心

(三)個人反思

在促進案主的個人轉變中，案主的動機可說是極為重要的，而動機晤談豐富了工作員對動機產生的過程之認識，讓工作員明白如何帶動案主加強動機達致轉變，這一點不只強化了介入初期的效果，也使整個介入過程更仔細，更能推動介入的整體成效。而社工在介入中更可加入不同的介入手法如小組及活動等，使介入的取向更見主動，也給予服務使用者更大的支持，對一向在社會功能（social functioning）方面因不同因素而受影響的精神復元人士來說，可起更大的支持作用。

Miller and Moyers 在他們的文章提到的八個階段，其實在介入的過程中會反覆出現。工作員在介入的初期、中期及後期都不時發現案主表達了「有利改變的語言」，案主亦會出現不同的情緒或對轉變信心強弱的波動，這時工作員便需要以同理的態度，人本取向的介入技巧與案主合作。與其說是八個階段，工作員認為可看成在動機晤談中要處理的八個不同任務，任務不一定會依循指定次序出現，反而是交錯或反覆的，這說法更為合適。

本文筆者運用動機晤談法在精神健康服務上，實踐的過程中的生活態度及行為都有明顯改變，服務使用者不單在動機上有所提升，亦在持續現有的生活方式方面，其改變的決心顯得更加鞏固。

參考資料

Miller W.R. (1983). Motivational interviewing with problem drinkers. *Behavioural Psychotherapy, 11,* 147-172.

Miller, W.R., & Moyers, T.B. (2006). Eight Stages in Learning Motivational Interviewing. *Journal of Teaching in the Addictions,* 5, 3-17 doi: 10.1300/J188v05n01_02

Miller, W.R., & Rollnick, S. (2013). Motivational Interviewing: Preparing People for Change (3rd Ed.). New York: Guildford Press.

Prochaska, J., & DiClemente, C. (1983). Stages and processes of self-change in smoking: toward an integrative model of change. *Journal of Consulting and Clinical Psychology, 5,* 390-395.

Prochaska, J., DiClemente, C., & Norcross, J.C. (1992) In search of how people change: Applications to addictive behaviours. *American Psychologist, 47:* 1102-1114.

第八章

敍事治療與精神健康：一位婦女抵抗抑鬱的故事

洪雪蓮 博士

精神健康在現今已發展國家中，已經成為了被廣泛關注的「社會問題」。在眾多不同的精神病類別中，抑鬱可算是最普遍的一種，而病患者當中又以女性、低收入組羣佔大多數。2008 年香港的一項大型隨機抽樣調查便曾發現，有 8.4% 的被訪者在過去 12 個月中患有嚴重抑鬱，當中更有 32.5% 經常出現自殺念頭。[1] 治療抑鬱的方法很多，針對身心靈的各種方法，包括醫療、個人輔導及家庭治療等已有成熟的發展，當中以控制情緒、改變負面思維、建立健康生活模式、加強社會支持等為目標。

本文介紹的敍事治療起源於上世紀 80 年代，屬於相對較新發展的治療模式。在過去三十多年，有不少敍事治療實踐者與精神病康復者共同探索生命經驗、改變身分認同的案例。筆者自 2002 年開始接觸敍事治療，一直探索性別與個人及社會意義建構的關係，因而開展了與性暴力、婚姻、親密關係相關的實踐項目。[2] 在個人輔導方面，也持續為不同年齡、背景、經驗的女性提供協助。過去幾年間接觸的婦女中，有自我懷疑患上抑鬱的，有被精神科醫生確診為患抑鬱症的婦女。本文以其中一位被確診患上抑鬱症的婦女的治療對話作為例子，分享如何應用敍事治療於精神健康領域，特別是受抑鬱影響的羣體中。

一、敍事治療的簡述

敍事治療的發展始於上世紀 80 年代，澳洲的米高・懷特（Michael White）及新西蘭的大衛・艾普斯頓（David Epston）被認為是始創者 。[3] 敍事治療的出現對當時家庭治療的傳統帶來很大的衝擊，它與其他治療模式的主要分野，源於其背後的哲學

1 Lee, et al., 2008.
2 Hung, 2011; Hung & Denborough, 2013.
3 White & Epston, 1990.

與社會理論基礎——後結構主義、社會建構主義、女性主義等。敘事治療對「問題」的定義、對自我的理解、對個人與社會文化的關係、語言與權力有很不一樣的詮釋。[4]

敘事治療採用故事作隱喻（metaphor），指出人的生命故事並非單一的，而是多元的（life as multi-storied）。受主流論述所影響，人只會看到自己與主導文化中的標準、大部分人的期望不符合的經驗，認為自己就是問題 / 病，建立了「失敗者」的身分認同（identity）。敘事治療挑戰把個人問題病理化（pathologizing）的處理方式，視「問題」為「問題」而不是等同於人，透過「外化對話」（externalising conversation）把人與問題分開，使當事人有空間去深入認識「問題」的目標、策略及強弱處，並且可以調整他 / 她與問題的關係和距離，行使抵抗問題的個人自主性（personal agency）。

藉着發掘對應問題的方法及行動背後的意向、價值觀和信念「重寫生命故事」（re-authoring）；治療師透過提問，與當事人共同撰寫（co-authoring）另類故事。在這個故事重敘的過程中，當事人的價值觀、信念、生命原則、希望及憧憬會被發掘、豐厚地描述及確認，從完全被問題控制、失敗的「全人化身分認同」（totalising identity）改變為自己「選取的身分認同」（preferred identity）。重建了「選取的身分認同」，當事人不再是被動的受害者，而是擁有自主性、能對應問題的知識和技巧、目標和意向的人。[5]

二、敘事治療挑戰病理化論述

在精神健康領域中，病理學論述是主流，專家依據極具權

[4] White, 1995.
[5] White, 2007.

威性的美國「精神疾病診斷及統計手冊」(*The Diagnostic and Statistical Manual of Mental Disorder*, DSM),按臨床觀察,診斷當事人是否「正常」或「不正常」。診斷被認為是科學化的,被確診為患病者的當事人在專業權力下並沒有多大空間提出不同意見,會背上了「不正常」的標籤,把「病」/「問題」內化,自己及其他人也會把他 / 她等同了「問題」;「問題」構成了當事人的身分認同。自上世紀 60、70 年代開始,社會學家對「精神病」被醫學化的現象提出了批判,認為精神病是受社會、文化因素建構;把一些偏差行為界定為精神病,是社會控制手段。[6] 事實上,在過去數十年間,西方各地已經紛紛出現了抗衡病理化、醫療化、標籤化的「病人運動」,例如起源於荷蘭的「聽聲運動」[7] 及美國蓬勃的各類病人自助組織;這些運動並非全面否定醫療服務和心理治療的角色和重要性,而是強調病的「正常化」(normalising)、「病徵」(symptoms)的普遍性、病友的知識和能力以及發聲、影響服務和政策的權利。

按後結構主義的理解,DSM 是一個論述、一個具實踐性的論述(a practising discourse)。它採用科學化的語言發掘「疾病」並予以分類。知識就是權力,自上世紀 90 年代開始,特別在美國,隨着對實證為本實務(evidence-based practice)的強調,醫療化實踐成為了最強大,甚至是唯一處理精神病和病人的模式;心理治療必須運用 DSM 的語言作分析;逐漸 DSM 不單是醫療論述、也是行政論述,融入了政府 / 社會微觀管理輔導、心理治療服務的管理系統中。[8]

後結構主義認為社會上其實存在着多元論述,以抑鬱為例,它是被賦以特定文化意義的語言所建構的客體,人被界定為患上

---

6 Foucault, 1990; Goffman, 1963; Hacking, 2002; Iliopoulos, 2017.
7 Romme, et al., 2009; Sapey & Bullimore, 2013.
8 Watters, 2010.

抑鬱便會按抑鬱的「社會劇本」(social script)「進行抑鬱」(doing depression)；因此，抑鬱是社會建構而不是本質性（essential）的。採用後結構主義、社會建構主義的理論框架，敘事治療挑戰把個人問題病理化的社會大論述 / 主流論述，批判知識與權力的結連；敘事實踐也相信當事人才是自己問題的專家，這為傳統一直強調專業診斷和治療的精神健康 / 精神病領域帶來了一些衝擊！

敘事治療強調意義建構、生命故事的多元性！本文以筆者與一位被診斷為患了抑鬱症的女士的治療對話作為例子，呈現敘事治療的其中兩個重要「對話地圖」(maps of conversation)：「外化對話」及「重寫生命故事」的應用。

三、治療對話——阿珍的故事

阿珍（化名）是一位六十多歲的華人女士，丈夫在十多年前去世；有四個子女，其中兩位已結婚，不跟她同住；大女兒有三個年幼子女。她在 2014 年被精神科醫生確診為「抑鬱症患者」，自此一直服用精神科抗抑鬱及安眠藥物。她在一間社區中心擔任義工已經有大半年了，由中心的社工轉介與我會面，原因是社工發現她對自己的病感到憂心，常常表示擔心會再「病發」、無法接受抑鬱症對她帶來的各種影響，包括不再感到快樂、無法專心、要長期吃藥等。我在 2016 至 2017 年期間跟她進行了五次會面。為保障私隱，本文章內有關當事人的個人資料及部分對話內容作了修改。

(一)「外化對話」(Externalising conversation)

「人不是問題，問題才是問題」是敘事治療的基本信念。米高・懷特藉着把「問題」客體化，把它放置在人以外的位置，以達到人跟問題分開的目的。「外化對話」是透過治療師與當事人在對話中共同研究（co-research）「問題」，讓「問題」的專家（也就是當事人）認識、發掘「問題」的種種。懷特的「外化對話地圖」分為兩個，分別描述和識別當事人對「問題」及「問題」不出現 / 不產生影響時（即「例外情節」（exceptions）/「獨特結果」（unique outcome）所抱持的立場 / 位置：位置陳述地圖 I（Statement of Position Map I）和位置陳述地圖 II（Statement of Position Map II）。

- **位置陳述地圖 I**

包括四類提問：（1）對問題的描述；（2）識別「問題」的影響；（3）評估問題的影響及（4）為評估提供合理的原因。

(1) 對問題的描述

透過提問，治療師邀請當事人對「問題」作詳細的描述，包括它（們）呈現的形象、歷史、特色、目的、採用的方法、成功與不成功的場景和因素、聯盟和敵人等，使當事人為「問題」訂定跟他 / 她的經驗貼近的定義（experience-near definition），進而邀請他 / 她給問題命名（naming）。

在第一次會面時，我邀請阿珍分享這「抑鬱」的歷史。阿珍敘述了「抑鬱」如何找上她，那是在 2014 年當她被診斷罹患了癌症時。當時她對要做手術感到很驚慌，身體感到冰冷；手術後開始不能入睡，不能自控地出現一些想法，就是自己「沒有用」。

> ……在那裏（醫院）已經開始晚晚都不能入睡……只能入睡一個多小時，那一個多小時之後又覺得自己開始有些幻想啦，想一些不好的東西，就是跟我說……我有甚麼用呢？我無用！我自己還有甚麼用處呢？越想自己越意志消沉，就是這樣想……

阿珍形容「問題」在初出現時是很厲害的，它無時無地不在：

> 不敢下樓到街上去，起初的時候不敢下樓……肚餓也不敢下去，那他們（子女）唯有買回來給我吃。他們……後來勸我不要這樣啊，又鼓勵我去其他地方啊，又特意帶我去。我去的時候一直都感到很驚慌，一面哭……［子女］帶我去台灣，我也一直在哭，同時我很想快些回家，心裏不知道在驚怕些甚麼。

過去幾年，「問題」非常頻密地出現，無論阿珍在哪裏，在做些甚麼，它都會在她面前「飄過」，有時停留時間會長些，有時會短些，但它總是會出現。當我邀請她為這個一直跟隨着她的「問題」命名時，她稱它為「壞人」，她形容它是黑色的，身材跟她自己差不多。

作為治療師，我感到好奇的是，「壞人」這樣努力常常親近她，它有沒有帶着一些甚麼目標呢？它想阿珍的生命或生活是怎樣的呢？當我問到壞人是否有某些動機時，阿珍的答案很直接：「有，它有一樣東西想做，就是想我認為自己精神有問題。它一出現，我便覺得自己有問題！」我再查問的是「那『精神有問題』是指甚麼？」、「使你『覺得自己有問題』會對你的生命 / 生活帶來甚麼影響？」阿珍的答案是「我認為自己會作出一些自己都不能控制的事，我可能會打人、傷害人、不認得人，就算是子女也認不到。這些遲早會發生，打人會被拘捕、會被關進精神病院，會連累我的子女……我［永遠］不會康復，餘生都會是這樣子……我每天都不停地這樣想……」。帶着這些想法生活，阿珍感到沒有希望，覺得自己這樣的情況會連累到子女，常有了結生命的想法。阿珍覺得「壞人」的最終目標是毀滅她的生命、她的家庭、她的子女……

這「壞人」採用了些甚麼策略使它好像很有影響力？當阿珍詳細描述壞人跟她説的話時，她發現「壞人」的説話都是圍繞着它會帶來的效果：

你會打人、傷害人，然後就會被拉入警察局、會坐牢……

你不能睡覺就會隨時暈倒、會中風……

……你會被人綁着啊，如果你被人送進了精神病院，你的兒子來探你，他會問你怎麼啦，為甚麼會弄成這樣啊？……然後你不知道怎樣回答！

（帶着孫兒過馬路時）你是否可以拉得緊他的手呢？要是他被汽車撞倒，那怎辦呢？

你將來會不認得他們（子女）……

這些說話使阿珍失去自信心，認為自己「沒有用」。

(2) 識別「問題」的影響

「問題」帶着的目標、使用的策略為當事人的生活帶來了甚麼影響？因為這是當事人的直接經驗，治療師只能透過訪談「問題」的專家阿珍去理解。阿珍發現「壞人」把一些她過往很喜歡做的事情和興趣都帶走了，也使她思想的速度減慢、回應別人的主動性降低、常常忘記別人的說話。

壞人未出現之前我是喜歡看韓劇的，又很喜歡看書的……

[喜歡] 烹飪那些、弄些小菜啊！以前我也會自己做餃子啊，做了等他們（子女）回來吃。但現在一點興趣都沒有……

……在菜市場看到有些甚麼好的蔬菜，聽人家說煮些甚麼湯好喝啊，我便會去煮，他們（子女）又會嘗試一下。但現在我女兒經常跟我說很想喝湯啊，我都不想去煮，都不想去做。「壞人」會說：「她自己年紀這麼大，自己會煮啦！」

小朋友（子女）最喜歡的是有時一面吃些小吃，一面跟你聊天啊！我 [現在] 都不想跟他們聊啊……

有時感覺自己思想不夠敏捷，即不及過往那麼敏捷。

覺得自己沒有動力，經常都像在等今天、等明天過；明天又等明天過啊！就是好像做人很沒意義，一天等一天過那樣。

做人也沒有那麼主動啦，有時別人會喊你，你過馬路還在想東想西，聽不見……

我經常都很想把聽到別人說的話放進心裏，但很快我就忘記了，又出現那「壞人」說的話……

「壞人」除了使阿珍失去信心、認為自己「沒有用」外，她會向子女不斷重複「壞人」跟她說的話和想自殺的想法，所以「壞人」事實上也透過她影響了她的子女。阿珍發現那「壞人」的威力原來源於她非常擔心這些效果會對子女帶來負面的影響和她跟子女的關係。

他們（子女）也會聽，也尊重你。但現在有時你說，他們不回答你啦、不出聲，又不會 [回] 應你，詐作聽不見。

(3) 評估問題的影響

「問題」帶來了影響，那當事人怎樣經驗這些影響？這些影響是他 / 她全部都歡迎、喜歡、欣賞、接納、抗拒的，還是對不同影響 / 部分有不同的評價？當我問阿珍怎樣評估「壞人」帶給她的這些轉變時，她非常直接地回答：「我不喜歡……完全不喜歡，很討厭！」

(4) 為評估提供合理的原因

當事人作出這樣的評估是基於甚麼原因？為甚麼她會這樣評價「問題」的效果？阿珍仔細說明她「完全不喜歡，很討厭」「壞人」的原因。

使你感到很煩惱，但你要過正常生活嘛，你自己應該有些正常生活！

阿珍首次在對話中提到「正常生活」，她不喜歡「壞人」的原因是它使她不能過「正常生活」。我對她心目中對「正常生活」下的定義感到很好奇，於是向她查問。阿珍作了這樣描述：

「正常」就是指我正在做這件事時，例如我跟你交談時就只專心跟你交談，沒有想到其他；你告訴我開心的事情，我會很開心。

我以前會很耐心地聽別人說話！別人說話，我會先全部都聽，慢慢才會思考。

但現在連我妹妹的子女啊，以前會來 [我家] 吃飯啊，現在就算是電話聯絡，我也沒有做。

探訪我媽媽啊、妹妹啊。

能照顧別人啦、做家務啊、做飯啊。尤其是子女啦，照顧子女我感到很開心⋯⋯

在阿珍解釋她不能接受「壞人」帶來的影響時，她提到了對她來說甚麼是「正常生活」。討厭「問題」的效果，背後是一些她生命中重視的與人關係的信念 —— 溝通、分享、表達情感、照顧。「似無還有」(absent but implicit) 是敍事治療的一個重要概念；當人因「問題」感到困苦、表達對某些人 / 事情 / 經驗的不滿意、感到沮喪或失望時，這些情緒和感受其實是源於某些重要的信念及價值觀被違反 / 違背了；雖然當事人並沒有把這些信念 / 價值觀發現或表達出來，它們是隱藏的但卻是存在的！

- **位置陳述地圖 II**

同樣包括四類提問：(1) 對「獨特結果」的描述；(2) 識別「獨特結果」的影響；(3) 評估「獨特結果」的影響及 (4) 為評估提供合理的原因。

「獨特結果」意思是「問題」不是全能的、無法完全掌控當事人的生命 / 生活的證據。儘管這些「例外事情」可能常常會被當事人忽略，但當他 / 她發現這些情節時，「問題飽和故事」

(problem saturated story) 便出現了突破。因此，尋找「獨特結果」是開啟「重寫生命故事」的鑰匙！

被問到「壞人」是否一天二十四小時都跟她在一起時，阿珍很快便說出有九成多的時間它都在，但當我邀請她詳細描述它不在時的情境，她再認真地思量了一會兒，然後回答說：「不是呢！它大概有六小時是沒有出現的，就是睡覺的四個多小時和睡前的一個多小時……」

> 我晚上回到家裏，洗過澡後，吃了藥後有一個小時左右呢，我的孩子教我用手提電話看一下娛樂新聞、明星那些。那我就不用那麼早卧在床上，可以等到晚上十時多才去睡覺。

然後她注意到即使當她一個人時，只要專心地看新聞，「壞人」便沒有出現。說起「專心」，我問阿珍有沒有其他「專心」出現時，「壞人」便不出現的情況？然後她想起在社區中心做義工時的情境，她也注意到跟我對話時，「壞人」出現的次數很少，即使出現，時間也很短。

> 做義工時要派發飯盒、要勞動，我也沒有想起 [「壞人」]……抹枱時，那它(「壞人」) 有時會出現在我面前，但很快便飄走了……
>
> 像現在我跟你交談這麼長時間，它也飄過來一、兩次，但非常快便走了……

「獨特結果」的影響是感到平靜，她很喜歡這效果，因為那感覺是「沒有壓力卡着自己那樣、沒有東西壓着自己的心」。我問她為甚麼喜歡這些「例外事情」的效果，她再提到「正常生活」；沒有壓力才能聽到別人說話、溝通……

位置陳述地圖 I 及 II 的提問方法大致是相同的，不同的是前者探索「問題」，後者探索「問題以外」的事件、經驗及影響，但在當事人為評估「問題」及「例外事情」的效果提供原因時，他/她本來沒有發現的自己覺得重要的信念、偏好、希望和憧憬便呈現了，也建構了當事人的身分認同。「外化對話」是敍事治療常用和重要的地圖，也是「重寫生命故事」的開始。

(二)「重寫生命故事」對話 (Re-authoring conversation)

敍事治療的假設：沒有一個故事能捕捉到一個人的全部經歷，在一個故事中總有不一致和矛盾；個人的身分不是單一故事 (single-storied) 的，而是多元故事 (multi-storied) 的。後結構主義者福柯 (Foucault) 提出「哪裏有權力，哪裏有抵抗」(where there is power, there is resistance)[9]，指向「人不會全然是苦難的被動接受者」！人在創傷中必會有個人自主性的體現，對「問題」作出回應。敍事治療的「重寫生命故事」對話的目標就是尋找與主導故事相異的事件（也就是「獨特結果」），根據主題把這些事件按時間順序排列起來，發展成為「問題飽和故事」以外的「另類故事」(alternative story)/「第二故事」(second story)/「選取故事」(preferred story)，進而豐厚 (thickening) 這些故事，在過程中讓當事人發現被忽略了的「抵抗」(resistance)：知識、技巧、智慧及行動背後的意向 (intention)。

傑若米・布魯諾 (Jerome Bruner) 描述「重寫生命故事」對話的內容是遊走於兩個「地形」：「行動地形」(landscape of action) 和「意向地形」(landscape of intention)，後來懷特稱後者為「身分認同地形」(landscape of identity)，也就是反覆地探索當事人採取的行動（也包括不行動）背後的想法、意念。行動是當事人知道和熟悉的 (known and familiar)，但意向/身分卻往往是當事人不知道和不熟悉的 (unknown and unfamiliar)。身分認同是與價值觀、信念、希望與憧憬連繫的，是有意識的狀

[9] Foucault, 1990.

態；意向構成了自我和身分認同。

阿珍不會任由「壞人」影響自己，她會反駁它、斥責它的說話不誠實；她會採取一些行動以減少「壞人」的影響，例如睡不着時，她會數數目；在從住處往社區中心的路途中，過馬路時會抓緊拳頭，急步行，揭穿「壞人」想她躲在家裏的意圖。因篇幅所限，這裏紀錄了兩組行動及意向地形的對話：反駁「壞人」及減少向子女重複講述自己的擔憂和想自殺的想法；這些行動的背後有着阿珍很重視的一些價值觀和信念。

- **行動：反駁「壞人」 → 意向：過「正常生活」**

阿珍發現「壞人」的說話主要圍繞她不能自控的行為，使她害怕會甚麼都做不來，但她發現自己在日常生活中其實懂得很多、「很正常」，因此會反駁它、警告它。

> 我自己經常跟自己說，如果我有精神問題，我不會很流利地回答別人啊，我又不會懂得乘坐公車啊，又不會不胡亂回答別人啊，又不會知道金錢是要數［清楚］啊……
>
> 我跟它（「壞人」）說：「你不要再嚇我，我不會怕你的！我每天都會說五至六次……」

她努力透過各種行動來挑戰「壞人」的說話，是因為她要過「正常生活」。我邀請她描述甚麼是她定義中的「正常生活」及「正常生活」對她的重要性。我也藉着提問建議阿珍詳細描述這些沒有被「壞人」帶走的「正常生活」是怎樣的，例如「你是怎樣乘搭公共交通工具的？」「你要去哪裏？」「為甚麼去那個地方對你這麼重要？」「當壞人說你做不到，叫你回家時，你怎樣阻止它？」；「當你沒有『答錯』時，你是怎樣與人對答的？」「那些場景、人物對話內容是甚麼？」「『沒有亂答』是指甚麼？」「她認為怎樣的對答是好的？為甚麼她這樣想？」然後阿珍也分享了很多她能做到的事，包括參加社區活動、準時吃藥、週末為自己安排活動等等。這些行動的背後有着很多目標、生命原則、信念和希望，例如「信守承諾」是她努力排走「壞人」的滋擾、乘搭交通工具、專心前往目的地、準時出現在社區中心做義工的信念。另一例子是準時吃藥。

> 服藥我也準時……我……很記得……我希望藥物能幫助我不會胡思亂想……吃藥之後我能夠鎮靜些、安心些，讓自己專心些、耐心聽別人說話……總之……我不會抗拒吃藥……

為了能做到準時吃藥，阿珍採用的方法包括用手提電話設定鬧鐘，不論在甚麼情況下鬧鐘響起便一定會停下來食藥。就藥物帶來渴睡、沒精神的效果，她都會與醫生溝通，要求調整。準時吃藥是阿珍抵抗「壞人」的其中一個行動，我聽到了「準時吃藥」背後有一些重要追求，於是我問她「為甚麼你認為耐心聽別人說話是這麼重要呢？」然後阿珍述說了學習的重要性，而這個對學習、充實自己的追求已經有很長的歷史。

> 因為我認為……自己［一直］只是留在家中，沒有外出工作，沒有接觸社會，別人的說話我當然要聽，才可以讓自己知多一點……
>
> 喜歡耐心聽別人說話，是因為我感到自己接受的教育不多，那別人可能見識較多！有朋友與你交談，我就不停在他身上學習，我想學［習］……要充實自己！

當邀請她說一些「聽到別人說話，你可以從中學習」的例子時，她非常容易便能說出來：

> ……例如有人跟我交談時，告訴我這盆栽要怎樣栽種才會長大。那我聽了便會記着，原來栽種這花是不用澆水的……自己認識多一點，知道多一點囉。

- **行動：減少向子女重複講述自己的擔憂 →**
  意向：不要加重子女的壓力

「壞人」對她說的話令她感到沒有希望，萌生自殺的念頭。她不斷重複向子女講述這些擔憂，漸漸她發現子女不再作回應，甚至直接要求她別再這樣子。事實上，她不喜歡「壞人」的其中一個重要原因，是它影響了自己跟子女的關係。她努力地減少向子女複述自己的擔憂和「自殺的想法」，希望不要加重子女的壓力。

> 近這兩個多月、一個多至兩個月開始沒有，沒有再說了。我認為自己應該改［變］一下……我感到要是你太囉唆，會很嚴重地影響他們（子女）的情緒，你又為甚麼要使他們感到有壓力呢！他們有自己的工作，子女要照顧，生活也很緊張……

我問她要能做到不複述想自殺的念頭是否容易，她是怎樣做到的呢？她提到「決心」和「發自內心」。

> 有些時候一記起便會做，有時也會忘記了，但也會盡量跟自己說不要（重複說）啊、不要啊，提醒自己。有這個決心，便可以做到！如果你有決心，你真的會做到，真的是由自己內心發出。

我再問她「你認為為甚麼自己會這樣堅持要抵抗它呢？決心、發自內心的背後是些甚麼想法？」

> 因為我有五個子女，又有女婿、媳婦，他們［對我］又不差，為何我要這樣想（自殺）呢？我希望能快些康復，讓他們快樂，讓他們開心。
>
> ［如果］有甚麼［不幸］事情發生在我身上，會令他們很擔心，我能看見他們很疼我。每個人都對我這麼好，為甚麼我要這樣（想自殺）呢？如果我自己這樣繼續下去，是否自己很傻呢？我便這樣［對「壞人」］說：「你快些走，不要來騷擾我，有很多人

在幫助我。」

為了我的子女，我要極力不要讓自己這樣。如果我繼續這樣子下去，他們會擔心，將來也會很難過。

她在其後的對話中提到很多她對教育子女、照顧別人、維繫家庭、與人關係、自我成長的信念。透過各種「反駁壞人」的行動，阿珍令「壞人」要奪去她的盼望的動機不能全面成功。在阿珍不同做法的背後的各個意向、信念、願望之間是有關連的，例如「信守承諾」、「向其他人學習」是「正常生活」的構成部分；過「正常生活」與「不要加重子女的壓力」的願景是相通的。要過正常生活、信守承諾、努力充實自己等的追求，構成了她的意向性的自我（intentional state of the self），是「選取的身分認同」。在第四次會面時，我邀請阿珍描述她重視的價值觀和「選取的身分認同」，她作了這樣的補充：

……我是一個靠自己、努力嘗試的人，會盡自己的能力，盡量嘗試是否可行。盡力做了最後還是行不通，便沒有辦法喇！我有這麼多人在幫助我，有醫生、身邊有這麼多人、這麼多朋友、社工……我不會辜負他們的好意……

（三）總結

敘事治療是關於「身分認同」的治療模式。透過「外化對話」和「重寫生命故事」兩個地圖展開對話，當事人阿珍的故事從充滿「問題」，被「抑鬱」/「壞人」完全掌控，發展至呈現個人自主性的另類故事，內容是她抵抗「問題」的行動，行動呈現的知識與技巧、經驗與智慧，行動背後的價值觀、追求、信念、希望、憧憬等；這些意向性的自我構成了她的「選取的身分認同」。與傳統精神健康領域以專家診斷、醫治的模式為主作比較，敘事治療強調治療師透過提問與當事人「共同研究」、「共同著作」，讓當事人經歷自我發現、探索合乎價值觀、生命原則的新身分認同。

這文章是一個關於當事人的非常簡單的陳述，因篇幅所限沒奈何違反了敘事治療追求豐厚描述的精神。在五次對話中，阿珍說的故事很豐富，當中有很多關於她的生命中不同時空的故事線，錯綜複雜，也互相扣連！把所有對話放在一起，便呈現了一個「鷹架」對話（scaffolding conversation）。另外，除了「外化對話」和「重寫生命故事」兩個地圖外，我與阿珍的對話也採用了「重記會員對話」（re-membering conversation）、「治療信件」（therapeutic letter）和「身分確立儀式」（definitional ceremony）等方法，目的是豐厚當事人的另類故事、確認她選取的身分。

參考資料

Foucault, M. (1990). *The history of sexuality, vol. I: An introduction*. New York, NY: Vintage.

Foucault, M. (2006). *The history of madness*. London; New York, NY: Routledge.

Grantham, D. (2012). So, what's wrong with hearing voices? *Behavioral Healthcare, 32*(2), 32-33.

Goffman, E. (1963). *Stigma: Notes on the management of spoiled identity*. Englewood Cliffs: Prentice Hall.

Hacking, I. (2002). *Mad travellers: Reflections on the reality of transient mental illnesses*. Harvard University Press.

Hung, S. L. (2011). Collective narrative practice with rape victims in the Chinese society of Hong Kong. *International Journal of Narrative Therapy and Community Work, 2011, 1*, 14-21.

Hung, S. L., & Denbourough, D. (2013). Unearthing new concepts of justice: Women sexual violence survivors seeking healing and justice. *International Journal of Narrative Therapy and Community Work, 2013(3),* 1-10.

Iliopoulos, J. (2017). The history of reason in the age of madness: Foucault's enlightenment and a radical critique of psychiatry. London, England; New York, NY: Bloomsbury Academic.

Lee, S., Tsang, A., Lau, L., Mak, A., Ng, J., & Chan, D. (2008). Concordance between telephone survey classification and face-to-face structured clinical interview in the diagnosis of generalized anxiety disorder in Hong Kong. *Journal of Anxiety Disorders, 22*, 1403-1411.

Romme, M., Escher, S., Dillon, J., Corstens, D., & Morris, M. (2009). *Living with voices: 50 stories of recovery*. Ross-on-Wye, England: PCCS Books.

Sapey, B., & Bullimore, P. (2013). Listen to voice hearers. *Journal of Social Work, 13*(6), 616-632.

Watters, E. (2010). *The globalisation of American psyche: Crazy like us.* New York, NY: Free Press.

White, M. (1995). *Re-authoring lives: Interviews and Essays.* Adelaide, Australia: Dulwich Centre Publications.

White, M. (2007). *Maps of narrative practice.* New York, NY: WW Norton.

White, M. (2011). *Narrative practice: Continuing the conversations.* New York, NY: WW Norton.

White, M., & Epston, D. (1990). *Narrative means to therapeutic ends.* New York, NY: WW Norton.

「幻聽」與聽聲模式的介入策略

第九章

方富輝 博士

作為精神健康服務的工作員，我們對「AH」這個英文簡稱一點都不陌生。AH 是幻聽（Auditory Hallucination）的英文簡寫，經常出現在精神復元人士的病歷或檔案中，臨床表徵（Clinical Features）的一欄之內。公眾教育中「幻聽是精神病的其中一種病徵」，這個訊息更被廣泛地宣傳。

可是，不論在病歷、檔案，或是公眾教育宣傳的內容裏，我們甚少找到片言隻語，對幻聽的性質、內容或細節有較詳細的描述。或許是精神病學的詞彙實在精準，只以短短兩個中文字或英文字母已達到溝通的目的，讓我們都能充分了解精神復元人士的臨床表徵。要不然，我們或許是對幻聽這個課題掉以輕心，沒有認真地去認識它，以及它是如何影響人的精神狀況。

在本文中，我們將嘗試以一個較深入的角度，討論「幻聽」這個課題，期望跟讀者反思我們對精神病的認識，以及討論協助精神復元人士的方法。

一、釐清「精神病」等的詞彙概念

在進入主題前，讓我們先行釐清一些精神病學上常見詞彙的意思。在精神科的書籍和學術文章內，經常會出現精神病症（Psychosis）、早期精神病症（Early Psychosis）、精神分裂症（Schizophrenia），和精神病性疾患（Psychotic Disorder）等詞彙。由於它們的意思相近，經常使人混淆。

根據美國國立精神健康研究所（National Institute of Mental Health）的定義，[1] 精神病症（Psychosis）是一種影響思想和脫離現實感的精神狀態，受影響的人的思維、情感和感官被擾亂，讓他無法辨識現實的真與假，相關的徵狀（Symptoms）包括妄想、

1 National Institute of Mental Health.

幻覺、思想及言語紊亂等。而早期精神病症（Early Psychosis）一般是指首次或初期出現這些徵狀的階段。Psychosis 和 Early Psychosis 一般應用在學術交流和徵狀的描述，不能視作為任何精神病的診斷（Diagnosis）。

在臨床診斷時，相關的要求卻十分清晰和嚴謹。以精神分裂症（Schizophrenia）為例，被診斷者必須符合在指定的時段內，受到精神病症所困擾，並同時影響其社交功能等條件，方能被診斷患上精神病。

至於精神病性疾患（Psychotic Disorder），實為一系列與精神病症相關診斷的統稱。在《精神疾病診斷與統計手冊第五版》（*DSM-5*）[2] 內，精神分裂症被編排於「精神分裂症譜系和其他精神病性疾患」(Schizophrenia spectrum and other psychotic disorders）的章節內，而同一章節則包含其他與精神病症相關的診斷，例如：妄想症和因物質 / 藥物引發之精神病性疾患等。

那麼，在本港常常聽到的「思覺失調」又是甚麼呢？談到「思覺失調」，我們必先了解這個詞彙的由來。在 2001 年，香港醫院管理局決定開展 Early assessment service for young people with early psychosis（E.A.S.Y），[3] 鼓勵出現早期精神病症的青年人及早求診，增加復元的成效。同時，局方為免市民因精神病的負面標籤而減低求診的意欲，因而開創「思覺失調」一詞以取代早期精神病症此名，將有關服務定名為「思覺失調」服務，並作廣泛的社區教育。由此看來，「思覺失調」應為早期精神病症在本港使用的翻譯。[4]

隨後的十多年，社區教育令市民對精神病有更多認識。但與此同時，社會各界對精神病的定義亦變得有點鬆散，不同人開始

---

2 American Psychiatric Association, 2013.
3 Hong Kong Hospital Authority.
4 Chiu et al., 2010.

用自己的方法去演釋「思覺失調」。在筆者的個人經驗中，一些被診斷為精神分裂症十多年的精神復元人士，仍表示自己患上的是「思覺失調」；一些年青的社會工作員，在社區講座中指「思覺失調」為病情較輕的精神分裂症；亦有精神科醫生指出精神分裂症和妄想症是「思覺失調」其中一些種類。

總括而言，不少人目前對「思覺失調」的理解，與其最初的定義已經相距甚遠。從社區教育和減少標籤的角度而言，或許是有利無害，但是從學術交流和臨床應用上，卻帶來不少混亂和誤解。

- **真幻覺與偽幻覺**

本文之主題 —— 幻聽（另稱「聽聲」，Voice Hearing），[5] 是幻覺的一種。在 DSM-5 的定義：幻覺是指在沒有外部刺激的情況下，所發生類似感官的體驗。這些體驗不受自主控制，卻與正常感官同樣清晰、生動和有力，並對人的認知具有影響力。幻覺可以透過不同的感官出現，包括視覺、嗅覺、味覺和觸覺，而幻聽通常以聲音出現，內容可為熟悉的或不熟悉的聲音，且不是來自聽聲者自己的想法。

然而，幻覺的定義在學術上一直存在不少爭議。現代精神現象學之翹楚 Karl Jaspers[6] 認為，真幻覺（True Hallucination）和偽幻覺（Pseudohallucination）可以就其客觀性和真實性分辨出來。正如 DSM-5 手冊的定義，真幻聽的特點在於聽聲者感到聲音的來源在外界，具有真實感，讓聽聲者感覺到聲音是真實的。[7] 相反，如聽聲者感到聲音是從內部發出，或能夠分辨出聲音的真

---

[5] 作者註：本文跟隨復元之理念，在專有名詞以外，以「聽聲」(動詞)或聲音(名詞)取代幻聽，以「聽聲者」稱呼有幻聽經驗的人；以「精神復元人士」取代精神病患者或康復者。

[6] Jaspers, 1913/1963.

[7] Taylor, 1981.

假，這種現象應被視為偽幻聽。[8] Van der Zwaard 和 Polak[9] 指出，分辨幻聽的真偽在病理上有着重要的意義。真幻聽才是精神病症的本質，而偽幻聽則較貼近解離（Dissociation）的體驗，兩者在精神病學上反映着不同的精神狀況。

可是，近代的學者對分辨真幻聽和偽幻聽仍抱有不同意見。部分學者認為這樣的分辨法只會產生混淆，亦對臨床診斷沒有幫助。[10] 亦有不少學者質疑，在臨床診斷時難以清楚分辨幻聽的真偽，而在臨床個案中，兩種徵狀並存的個案亦不罕見。[11] 根據筆者多年的臨床經驗，不少精神復元人士的確同時經驗過上文所述的真幻聽和假幻聽，部分人亦能清楚分辨出幻聽內容的真偽。由此可見，真幻聽和偽幻聽的概念在臨床應用時的確有其限制，但我們卻不能忽視這個概念在病理研究上卻具有肯定的意思，有關原因將於下文繼續討論。

二、「聽聲」與精神分裂症

每當提及「聽聲」，不少人都會聯想起精神分裂症。毫無疑問，「聽聲」是精神分裂症的主要徵狀。根據 Larøi 研究團隊的報告指出，約 70% 的精神分裂症患者有「聽聲」的經驗。[12] 然而，在早期精神分裂症的研究當中，Eugen Bleuler[13] 只將「聽聲」視為思想紊亂的附屬徵狀，不應被視為主要精神病症。在 Emil Kraepelin 的 Dementia praecox（精神分裂症的早期概念）中，「聽聲」亦沒有得到重視。[14] 只有實用主義的 Kurt Schneider，

---

8 Hare, 1973.
9 van der Zwaard, & Polak, 2001.
10 Londgen, Madill, & Waterman, 2012.
11 Adams, & Sanders, 2011.
12 Larøi et al., 2012.
13 Bleuler, 1960.
14 Kraepelin, 1971.

才將「聽聲」列為精神分裂症的主要徵狀。[15] 他提出第一類徵狀（First rank symptoms），將思想迴響、爭拗的聲音，以及聲音批評個人之行徑視為精神分裂症的明顯病徵。近代的學者普遍認為 Schneider 的原意，是透過更明顯的病徵，使臨床診斷更容易分辨出精神分裂症。[16] 由此可見，不同年代的學者對「聽聲」在精神分裂症當中扮演的角色，意見並不一致。

正如前文所述，「聽聲」只是眾多精神病病徵的其中一類，而單獨的徵狀未能滿足診斷的要求，「聽聲」因而絕對不能等同於精神分裂症。事實上，「聽聲」並不是精神病性疾患獨有的徵狀，它在不同類型的精神診斷當中亦普遍出現。在 DSM-5 內，已有超過 50 個診斷將「聽聲」列為可能出現的徵狀。近年，Kelleher 和 DeVylder[17] 在英國為 7,000 名市民進行的精神病徵普查當中，發現「聽聲」在所有精神病的盛行率約為 22%。當中，患有即抑鬱症（14.2%）、邊緣性格障礙（13.7%）、懼曠症（24.2%）和強迫症（17%）的精神復元人士都曾有「聽聲」的經驗。

此外，有「聽聲」經驗的一般市民（沒有精神病診斷）亦不算罕見，在受訪者當中，有 3.7% 的市民表示曾經有「聽聲」的經驗。在 2013 年，Linscott 和 van Os[18] 綜合分析了 398 篇學術文章的數據，得出一般市民經驗「聽聲」的中位數為 6%。在 De Loore[19] 團隊的追蹤研究當中，1,912 名受訪的青年人中亦有 5% 有「聽聲」的經驗。在兩年後的追蹤調查時，他們當中有 27% 的人表示「聲音」仍然持續。

綜合上述研究的結果，「聽聲」的普遍性比我們想像中還要高，並以複雜和多樣性的情況出現。「聽聲」並不是精神復元人

15 Schneider, 1959.
16 Bentall, 2004.
17 Kelleher & DeVylder, 2017.
18 Linscott, & van Os, 2013.
19 De Loore et al., 2011.

士的專利，在一般市民身上亦會出現。部分經驗聲音的人，在沒有任何治療下，聲音在一段時間後就會消失。同時，亦有部分人持續聽到聲音卻不受影響，可繼續正常生活。當然，亦有一部分人在經驗聲音後，最終發展成不同類型的精神病。

- **臨床與非臨床個案的分別**

鑒於「聽聲」對不同人士的影響大相徑庭，精神病學家因而嘗試對三個羣組的人士作出比對，包括臨床羣組（有聲音並診斷患上精神病）、非臨床羣組（有聲音但沒有精神病），和對照羣組（沒有聲音和精神病），了解聲音對他們的影響，以及他們的個人特徵。

在聽聲者當中，非臨床羣組普遍於童年後期或青少年期出現聲音，較臨床羣組為早，而他們經驗聲音的頻率和每次維持的時間亦較短。[20] 在聲音的身分特徵上，非臨床羣組多認為聲音是來自其本人、家人和朋友，而臨床羣組則較多認為聲音是來自公眾人物或鬼神，並且會有多把聲音同時出現。[21]

比對兩個羣組的聲音內容，臨床羣組多認為聲音的內容為負面、具有惡意並擁有強大力量，[22] 因而產生較多的負面情緒，感到無法控制，並嘗試以逃避或與聲音爭拗的方式應對。[23] 相反，非臨床羣組對聲音的內容和「聽聲」的經歷較少負面的評價，亦認為聲音對他們不會做成重大影響。

最後，精神病學家亦就他們的認知能力和創傷經驗進行分析。結果發現，臨床羣組出現較多的思想偏差，包括妄下判斷（jumping to conclusion）、災難化（catastrophizing）、感情用事（emotional reasoning）和非黑即白（dichotomous thinking）

---

20 Daalman et al, 2011.
21 Leudar, Thomas, McNally & Glinski, 1997.
22 Sommer et al., 2010.
23 Kråkvik et al., 2015.

等。[24] 非臨床羣組的思想偏差比臨床羣組少，卻比對照羣組多。此外，聽聲者在童年時曾遭受創傷的比率遠高於非聽聲者，在臨床和非臨床羣組的比較中，前者則明顯有較多的創傷經歷。[25]

總結而言，「聽聲」的經驗與聽聲者的創傷經歷和思想偏差有着一定的關係，而聲音的出現與聽聲者最終是否患上精神病卻沒有必然的關係。聲音的內容、它所牽動的情緒，以及聽聲者的應對，對他們日後會否患上精神病可能更為重要。近年，精神病學的研究和理論，亦多集中以思想偏差、創傷經歷，以及情緒應對三方面去解釋「聽聲」與精神病的關係。

- **內在對話與認知偏差**

內在對話（Inner speech）指在沒有發出聲音的情況下，自我以語言表達思想的主觀經驗。[26] 舉例來説，當一個人要面對害怕的事情時，會在心中碎碎唸着：「不要怕、鎮定點。」；一個人在集中精神思考時，會不自覺地自言自語着思考的內容，都是內在對話的例子。類似的經驗，在我們的日常生活中時常發生，卻甚少人留意到內在對話對調節個人的思想和情緒有着重要的作用。

內在對話的理論最早由心理學家 Vygotsky[27] 提出，他認為內在對話是個人成長中不可或缺的重要過程。兒童最初主要依賴他人（如照顧者）作出的指示來調節個人的行為和情緒，例如兒童在跌倒受傷時，母親會以安慰的説話安撫兒童的情緒，或是提示兒童日後要注意安全。在成長過程中，兒童透過將母親的説話內化，變成內在對話，讓母親不在身邊的時候，仍能以同樣的方式自我安慰和提示。

---

[24] Daalman, Sommer, & Derks, 2013.
[25] Baumeister, Sedgwick, Howes & Peters, 2017.
[26] Alderson-Day, & Fernyhough, 2015.
[27] Vygotsky, 1934/1987.

在愛爾蘭進行的一項研究中，[28] 2,000 名來自基層家庭的青少年，有 21-23% 年齡介乎 11-13 歲的青少年，會以內在對話安撫自己的情緒；而在 13-16 歲的羣組，則有 7% 使用這種方法。由此看來，內在對話在兒童和青少年當中十分普遍，不少青少年都依靠這種做法去安撫和調節自己的情緒。

在 Vygotsky 的理論基礎上，不少學者更認為內在對話對人們練習社交禮儀和對答，[29] 以至在成年階段的自我調節和自我鼓勵，[30] 皆扮演重要的角色。此外，亦有學者進一步探索內在對話的建構過程，認為在內化的過程中亦包含符號化的特質，讓當事人以一個簡單的符號或字句，去歸納豐富的語句、經歷和意思。[31] 總的來說，內在對話可算是一個正常、普遍和重要的人類經驗。可是，若當事人對內在對話產生的來源出現混淆，便會變成「聽聲」的經歷。

正如前文所説，聽聲者較常出現思想上的偏差。在比較有「聽聲」和沒有「聽聲」的精神復元人士之認知能力時，前者傾向把自己説話的來源認定由外界發出，學者將這種情況稱為自我監察認知的失調（self-monitoring impaired）。[32] Brookwell、Bentall 和 Varese[33] 亦發現，當人在經歷過一段時間的壓力下，更容易出現外在化的偏差（externalizing bias），容易把內在聲音和外在感官混淆。

認知心理學家因而提出，聲音的出現與自我監察認知功能的失調有關。[34]「聽聲」只是聽聲者誤將自己的內在對話認定是由外界產生的。這種解説，對一些經常有熟悉的聲音（如自己或家

---

[28] Kelleher et al., 2012.
[29] Diaz & Berk, 1992.
[30] Winsler, Fernyhough & Montero, 2009.
[31] Alderson-Day & Fernyhough, 2014.
[32] Allen, Freeman, Johns, & McGuire, 2006.
[33] Brookwell, Bentall & Varese, 2013.
[34] Upthegrove et al., 2016.

人）在跟自己對話或給予指示的聽聲者，情況甚為吻合。

- **創傷與解離**

在近代精神病的研究當中，另一個備受關注的課題，正是創傷經歷與精神病症的關係。在 2012 年，Varese[35] 等檢視了近代 36 個有關兒童創傷與精神病症的研究，得出若兒童經歷性侵犯、暴力虐待、情感虐待、欺凌或疏忽照顧，日後出現精神病症的機率將會增加 2.78 倍的結論。研究報告亦指出，童年創傷的影響有累積性的效果，即創傷的經歷越多或越嚴重，日後出現精神病症的風險亦會相應增加。[36, 37]

對於創傷如何導致精神病症的出現，亦有不同解說。其中，精神病學家 [38] 提出了解離作為中介過程的説法。解離現象是指一個人無法將思想、感覺和經驗跟整全的意識和記憶整合。[39] 精神病學家普遍認為，解離現象為自我系統的保護機制，讓一個人在面對巨大的壓力下，將自我抽離現實的環境，以免自我承受更大的創傷。[40]

視乎創傷的程度、過程、次數和長短，解離現象可以不同的精神狀況出現，當中包括失憶（Amnesia）、自我感喪失（Depersonalization，對自己的存在和感覺感到異常和不真實）、現實感喪失（Derealization，對外在世界感到疏離和不真實），甚至出現身分認同的混亂（Identity confusion）等。

當人遭受到創傷的時候，負面的經歷和情緒使人極度痛苦和不安。自我系統拒絕將這些痛苦的經歷和感受整合到個人的記憶當中，因而以解離的方式作自我保護，讓創傷的經歷和感覺

---

35 Varese et al., 2012.
36 Russo et al., 2014.
37 Heins et al., 2011.
38 Varese, Barkus & Bentall, 2012.
39 Bernstein & Putnam, 1986.
40 van der Hart, Nijenhuis & Steele, 2006.

變得不真實，並與自己的關係疏離。McIntee 和 Cromptom[41] 認為解離現象是人為免持續遭受傷害，而建立一個假的自我（false self）的防衛機制。認知心理學則視解離為一個對與自我感受的不適應的基模（maladaptive schema），讓人逃避更多難以承受的負面情緒。[42] 精神分析學派將解離視為心靈內部回應創傷的保護機制，將創傷假裝成並不真實，並容許自我的一部分分裂出來，以應對創傷的來襲。Mollon[43] 形容，解離就像自我催眠：「我不在這裏，我與這個被傷害的身體無關。」

然而，解離現象只是人在精神或心理上面對創傷的方法，卻不能改變創傷真實發生過的事實。筆者認為，解離的過程好像人把創傷的記憶、經歷和感受，存放在內心中一個幽暗的房間，努力説服自己房間內的一切不屬於自己，並盡一切努力去忘記它的存在，以免內藏的負面經歷和情緒，讓自我再次受到傷害。長久下來，這個人的內心就藏着這些「感覺好像不屬於自己」的負面經歷和情緒。然而，不知在怎樣的情況下，[44] 這些創傷經歷和感受再次浮現在意識時，當事人便會感到那些聲音、影像和感受並不屬於自己，而是來自外界，形成幻覺或「聽聲」的經驗。

因此，一些精神病學家認為「聽聲」是解離部分的自我（dissociated part of self）的一種表達方式，[45] 而聲音的內容，實質為創傷經歷的重複記憶，[46] 只是聽聲者在經歷解離後，無法辨識這些原是屬於自己的經歷和感受。在一些研究中，更發現聲音

---

41 McIntee & Crompton, 1997.
42 Young, 1999.
43 Mollon, 1996.
44 作者註：有關觸發聲音出現的情況，可參考筆者的其他研究：Fong, F. F. (2014). Violent behaviors of persons with schizophrenia: the experiences of male residents of psychiatric halfway houses in Hong Kong (Unpublished doctoral dissertation). Hong Kong Polytechnic University, Hong Kong, China.
45 Corstens, Longden & May, 2012.
46 Steel, 2017.

的內容，與聽聲者過去的創傷經歷在主題[47, 48]和內容[49]上皆有吻合的地方，足以支持這個論述的可信性。

筆者相信學術上對解離與「聽聲」的關係，仍然存有很多研究和討論的空間。可是，若解離確實在產生「聽聲」時扮演重要的角色，將對我們了解不同類型精神病的共同病理，有更多的啟發。例如，Achime 等發現 15% 的精神分裂症患者同樣出現創傷後壓力症（Post-traumatic stress disorder）的閃回（flashback）經驗。[50] Ross 等則發現解離性身分障礙患者（Dissociative identity disorder）當中，有超過 70% 都同樣有「聽聲」的經驗。[51]這些研究的發現，進一步證明解離與「聽聲」可能有着密不可分之關係。那麼，我們又回到最初討論「聽聲」屬於真幻覺，而解離屬於偽幻覺的問題上。真幻覺與偽幻覺的本質是否相同？或許它們只是在精神病症發展過程中不同階段的徵狀？這些還有待精神病學家繼續研究和探索吧！

- **情緒與「聽聲」**

在「聽聲」研究中第三個主要範疇，集中在情緒如何導致「聲音」的出現和讓聲音持續。一些學者對創傷作更深入的研究時，發現經歷過創傷的受訪者，較容易產生負面情緒，[52]他們在情感上亦有異常敏感的跡象，在面對日常生活的小挫折也會產生負面情緒。[53]同時，研究亦證實對日常生活挫折的高敏感度，與精神病症的出現有正面的關聯。[54] Bebbingston[55]等更指出，兒童曾遭受性侵犯與日後出現精神病症的關係，可透過焦慮和抑鬱等情

47 Offen, Waller & Thomas, 2003.
48 Read & Argyle, 1999.
49 Hardy et al, 2005.
50 Achim et al, 2011.
51 Ross et al, 1990.
52 Glaser et al, 2006.
53 Janssen et al, 2004.
54 Lataster et al, 2010.
55 Bebbington et al, 2011.

緒所引致。

綜合來説，創傷經歷能改變人的情緒和對事物的敏感度，繼而引發精神病症的出現。舉例來説，一位曾經歷過創傷的人，由於害怕再次受傷，因而對身邊的人和事都變得十分敏感，對別人的信任亦隨之降低，並且容易因為不如意的事情感到焦慮和沮喪。在情緒的影響之下，這個人更容易出現思想偏差，更容易將負面的經歷和別人的批評，時常在腦海當中盤算，而思想的偏差讓這個人無法分辨這些聲音和思想的來源，誤以為是外界而來，便會出現「聽聲」的經驗。

此外，當聲音出現之後，聽聲者對這經驗的想法，以及聲音為聽聲者帶來的情緒，則對聲音會否持續有重要的影響。Mawson[56] 等綜合 26 個與「聽聲」相關之研究結果，發現如聽聲者認為聲音的內容有惡意、具有權威、並且談及一些與聽聲者的生活有關係的內容時，聽聲者所感受的不安和負面情緒將會隨之加強。同時，當聽聲者感到被聲音所主導和控制，就容易出現仰鬱、自殺和暴力的行為。[57]

以上的説法，任何人亦能夠體驗和理解。試想像一個人經常在耳邊聽到負面的批評，而生活上的大小事情，都好像被別人監控和討論，必定感到十分難受。聽聲者在應對聲音來襲時，要是與它對罵，別人看來便像個瘋子。更常見的情況，是聽聲者只是默默承受，希望「難聽」的聲音儘快過去，回覆片刻寧靜，但長久下去卻只帶來更多負面情緒。

不論聽聲者用上述哪一種方式應對，都同樣在破壞他們的正常社交關係。若聽聲者常常以大吵大鬧的方式去應對，必定讓人害怕，不敢接近；若只是默默承受，又害怕將這個「秘密」與人傾訴，負面的情緒無法疏解，只會不斷累積。慢慢地，他們亦會

[56] Mawson, Cohen & Berry, 2010.
[57] Upthegrove et al, 2010.

在社交生活上變得退縮，甚少參與社交活動和與人溝通，變得自我封閉。

最終，聲音的出現、社交生活的退縮，和負面的情緒累積起來變成了惡性循環。聽聲者越是拒絕正常的社交往來，就更難在現實生活中驗證聲音的真偽，只能更沉溺在思考聲音的內容和與聲音不斷溝通。倘若聲音的內容有惡意並能控制聽聲者，他的負面情緒亦只會繼續增加，令他在社交生活上更為退縮，難以回覆正常生活。總括而言，「聽聲」這個經驗本質並不可怕，它所帶來的負面情緒以及對聽聲者正常社交生活的影響，才是其最大的破壞力。

三、治療「幻聽」與應對聲音

根據上述的研究成果，學術界近年對聲音的認識明顯加強，對它的由來和影響亦出現了新的觀點和理論。然而，精神醫學依然主導着「幻聽」的「治療」，以藥物控制「幻聽」的出現仍然是最常用的辦法。

長久以來，精神醫學都將「幻聽」視為一種病徵，認為「幻聽」是不正常的精神狀態，必須加以治療。自 70 年代首種抗精神病藥物面世以來，相關藥物已多次改良，不論在治療效果和減低副作用上都有了很大的進步。可是，藥物只集中於控制病徵，目前尚未有任何藥物能夠根治精神病。不幸地，不管是哪一種精神科藥物，亦未能在所有人身上發揮充分的效用，約有 25-30% 的病人在用藥以後，未能達到控制病徵的成效。[58]

自 80 至 90 年代起，越來越多的流行病學研究指出，[59, 60]「聽

58 Shergill, Murray & McGuire, 1998.
59 Eaton, Romanoski, Anthony & Nestadt, 1991.
60 Tien, 1991.

聲」經驗在一般民眾身上亦時有發生，卻只有少數人需要接受精神科的治療。[61] 部分學者因而提出了新的疑問，究竟幻聽是一種病態，還是一般人用以應對生活壓力的正常精神現象呢？這樣的提問，在當年可算是一個大膽的假設，亦顛覆了傳統精神醫學對「幻聽」的理解。但是，聽聲運動（Voice hearing movement）亦正是在這個假設下萌芽，並迅速發展成一種應對聲音的模式。

- **聽聲運動的緣起**

在 1987 年，社會精神醫學教授 Marius Romme 陪同一位聽聲者出席荷蘭的一個電視節目，分享有關「聽聲」的經驗，並邀請有「聽聲」經驗的觀眾與他們聯絡。在短時間內，約 450 人跟他們聯絡，表示有「聽聲」的經驗，而其中約有 300 人承認不知道怎樣應對聲音。Romme 因而召集了這些聽聲者，嘗試協助他們，並成立了第一個聽聲者自助組織（Holland's Resonance Foundation）。翌年，他們在荷蘭召開了首個聽聲者會議，分享「聽聲」的故事以及應對的方法。[62]

透過訪談，Romme 分析了 300 位聽聲者的「聽聲」經驗，歸納出「聽聲」過程的三個階段，並於 1989 年首次將研究報告於精神分裂症期刊 Schizophrenia Bulletin 發表。[63] 此研究發現對精神健康服務帶來很大迴響，英國隨即於 1990 年召開了另一個聽聲者會議，探討他們的經驗。及後，世界各地亦相繼仿效，成立聽聲者自助組織，成為所謂的聽聲運動。

- **「聽聲」的三個階段**

根據 Romme 的研究，「聽聲」的過程大致可分為三個階段。在最初的驚怕階段（The startling phase），聲音往往是在經歷

---

[61] Bijl, Ravelli & van Zessen, 1998.
[62] Corstens et al, 2014.
[63] Romme & Escher, 1989.

創傷之後出現。聽聲者初次聽到聲音的時候，對這種特殊的經驗感到混亂、驚怕和焦慮。同時，聽聲者會嘗試分辨聲音的態度是敵對還是友善。

在重整階段（The organization phase），聽聲者的混亂和焦慮感已逐漸消退，嘗試理解「聽聲」經驗跟自己的關係和意義，並繼續找尋不同的方法，嘗試應對聲音的出現，重整與聲音的關係。

踏入第三個階段 —— 穩定階段（The stabilization phase），聽聲者能坦然承認聽到聲音，認同聲音是自己的一部分。聽聲者能夠以積極的方法應對這些聲音，減少被它操控，能夠選擇跟隨聲音還是自己的意願行事。在這個時候，聽聲者認為聲音對他有更正面的影響，並能夠與聲音共存。

比對 Romme 的論説與臨床工作的經驗，聽聲者在第一階段時，甚少主動尋求協助。他們還未弄清楚甚麼是聲音的經歷，亦害怕讓別人知道他們聽到聲音，只會不斷嘗試隱藏這種經驗。

在臨床服務當中，大部分精神復元人士應該徘徊在「重整階段」。他們在聲音出現一段時間以後，嘗試用一些方法應對，卻未見成效。在聲音的滋擾下，情緒和日常生活開始受到影響，甚至在精神和行為上出現較明顯的異常情況，因而主動尋求協助，由親友陪同求診，或由於異常的行為表現被安排就醫。

對於 Romme 而言，他的介入目標正是協助聽聲者由「驚怕」和「重整」階段，順利過渡至「穩定階段」，讓他們能接受聲音的存在，找到與聲音和平相處之方法。

四、聽聲模式的介入策略

Romme 根據他的研究所得，發展出一套稱為聽聲模式（Hearing voice approach）或馬斯垂克模式（Maastricht approach）的應對策略，協助聽聲者與聲音共存。[64, 65]

聽聲模式相信「聽聲」是人類普遍和共有的經驗。聲音的出現有其獨特的意義，並與聽聲者的生命歷史或創傷經驗有着因果關係。因此，介入的角度，是協助聽聲者接受聲音存在的事實、重整聲音的經歷，並為這經驗賦予意義。聽聲模式強調：「聽到聲音不是問題，如何應對才是問題所在。」聲音的出現不是精神病的主因，聽聲者無法好好應對聲音，因而影響其正常生活和社交關係，才會導致精神病。因此，整個介入策略之目標不是讓聲音消失，而是協助聽聲者學習應對聲音，與聲音共存。

為求達到上述目標，聽聲模式發展出不同的工作手法，與聽聲者同行，當中「聽聲小組」是最常用的模式。聽聲小組的目的，是協助聽聲者自我充權和互相支援。小組一般由有聽聲經驗的朋輩工作員帶領，協助參加者在一個安全的環境下，能夠坦誠談論自己的「聽聲」經驗。在小組內，參加者被視為他們自身經歷的專家，透過組員間之經驗分享，嘗試發掘聲音為聽聲者帶來的意義，互相學習不同應對聲音的方法。組員共同的經驗，讓他們不再孤獨地面對聲音。組員間變成相互的同行者，可共同建立社交關係和互助網絡，讓互相幫助的關係，伸延到小組以外的生活。

在個案層面方面，Romme 提出了聲音分析（Voice profiling）的方法，以馬斯垂克聲音經驗面談（Maastricht voice interview），有系統地協助聽聲者分析自己的聲音，連結聲音與自身的經歷，並為聲音賦予意義。對於一些常常感到被聲音操控的聽聲者，則可嘗試以聲音對談（Voice dialogue）的方式，透過第三者與聲音對話，協助聽聲者與聲音取得較為平等的位置，不讓聲音處於上風，讓聽聲者感到更有力量和聲音相處。

在聽聲運動中一位聽聲者 Ron Coleman，在 1997 年出版

---

64 Romme & Escher, 1989.

65 Corstens, Romme & Escher, 2008.

了自助手冊 *Working with Voices II: Victim to Victor*，讓無法出席小組的聽聲者可依照手冊的步伐，自我學習改善應對聲音的方法。[66] Ron Coleman 日後更成為聽聲運動的主要領導者，到世界各地指導聽聲小組和分享自身復元的經歷。

- **聽聲運動的成效**

聽聲運動的出現對傳統精神醫學帶來了一定的衝擊，不少人仍對此模式提出質疑，認為聽聲者無法分辨聲音的真假，在沒有病悉感的情況下，更不應跟他們討論聲音的內容。[67] 此外，聽聲模式的理論亦被質疑缺乏科學的實證支持。[68]

然而，聽聲運動自 1987 年發展至今，已有近 30 年歷史。目前，全球各地已成立超過 180 個聽聲者自助組織，以自助模式協助聽聲者。國際聽聲者網絡（Intervoice）亦於 90 年代成立，透過收集世界各地有關聽聲的資料和數據，用作研究和知識交流，該組織並於 2007 年註冊為非牟利組織。從聽聲運動發展的速度看來，聽聲模式必定對聽聲者帶來一定的幫助，才被世界各地人士採納，並持續擴展。

在成效研究方面，Ruddle 等 [69] 在英國的研究發現，93% 的參加者認為聽聲小組有助他們處理日常生活問題。當聽聲者改變他們對聲音的想法，有助減少他們的不安感。在美國，Casstevens 等 [70] 的研究指出，嚴重和長期精神病患者使用 Ron Coleman 的自助手冊，對減低他們的焦慮和憂鬱有明顯的幫助。不少學者都贊同，聽聲模式為傳統精神醫學以外，提供另一個有

---

66 Coleman & Smith, 2005.（本手冊已由本文作者於 2018 年翻譯成中文《與聲音同行 II：從受害者至勝利者》）
67 Inman, 2015.
68 Inman, 2013.
69 Ruddle et al, 2012.
70 Casstevens, Cohen, Newman & Dumaine, 2006.

效的選擇，讓聽聲者了解和應對聲音。[71, 72]

此外，Romme 在 30 年前透過個案觀察和分析的結果，已在近年的學術研究中獲得不少的實證支持（見本文前段），當中包括聲音與創傷經驗的關係、臨床與非臨床聽聲者在應對聲音的差異、和聲音如何透過情緒影響聽聲者，繼而導致精神病的出現等等。聽聲模式彷彿回應了上述新的研究發現，以新的角度和模式應對聲音的出現。

五、聽聲模式在香港的應用

回看近年本港精神健康服務之發展，復元概念已廣泛地被同業接納，主張以「正常化」的角度對待精神復元人士，並協助他們「充權」，在治療和生活上取得更多的自主權利。為了進一步推動復元概念在實務上的應用，筆者於 2015 年曾到澳洲接受 Ron Coleman 和其妻子 Karen Taylor 的指導，在他們的支持下在服務單位內試行聽聲小組，並與個別參加者進行聲音分析。

在一年多的時間內，我們共舉行了約 16 次的聽聲小組，約有 15 名精神復元人士曾參與小組聚會。[73] 整體而言，是次小組試行的成果，比想像中更為理想。總結得來的經驗包括：

1. 參與人數較預期多：小組預期每節約有八名組員參加，但大部分節數的出席人數都較預期高，最高出席人數的節數達 13 人。此外，部分因工作甚少參與單位活動的組員，在下班後選擇不去用膳，堅持出席小組。

2. 組員主動分享經驗：成員在小組內主動分享聲音的經驗，一些認識多時但從來不提及聲音經驗的組員，卻突然在小組內提

---

[71] Dillon & Hornstein. 2013.
[72] Sapey & Bullimore, 2013.
[73] Fong & Chan, 2016.

出仍然聽到聲音。

3. 互相尊重和學習：每位組員對聲音的成因和意義都有不同見解，但卻從來沒有爭拗，互相尊重對方的想法，並能提出具建設性的應對聲音建議。

4. 互助互信：成員認為小組讓他們傾訴和分享聲音的經驗，感到受人諒解和明白。成員亦表示在得悉對方的處境時，在日常交往中會更體諒他人，當知道別人受到聲音滋擾時，會主動關心和提供協助。

5. 理解聽聲經驗：曾進行聲音分析的組員，表示對自己的聽聲經驗更為理解，即使仍然常常聽到聲音，卻認為自己有能力與它共存。一位組員自白：「精神病已經過去，『聲音』只是生命的一部分，最重要是有正常社交生活、有工作、有朋友。」

在試行聽聲小組期間，筆者和合作的同工對「聽聲」經驗獲得了更深入的理解，認為聽聲模式的確是藥物治療以外，有效應對聲音的方法。聽聲者能接受自己「聽聲」的經驗，以正面和積極的態度去應對，並透過小組分享，建立互相支持的朋輩關係。有見於聽聲小組的成效，試行計劃目前已伸延至另外兩個服務單位，並定期舉行聚會。

同時，筆者亦必須承認，聽聲模式不論對工作員或是精神復元人士都是一種嶄新的工作手法。工作員仍在不停地摸索帶領小組的技巧，透過小組培育有潛質的組員，期望日後跟隨聽聲小組的傳統，由組員自行帶領小組。此外，小部分組員未能完全投入小組的氣氛，甚少參與討論，相信他們受到的聲音困擾比較嚴重，仍未能接納聲音的存在或與小組建立信任。工作員只能作個別跟進，並鼓勵他們繼續參與小組。還記得 Ron Coleman 曾分享，在他初次參與聽聲小組的第一年，他只是靜靜地坐着不發一言，完全無法投入，幸而在朋友持續的鼓勵下，才能夠真正信任組員和接納自己「聽聲」的經驗。

六、總結

本港的精神健康服務以精神醫學為主導，當大眾普遍接納「思覺失調」這個詞彙時，甚少人留意到「失調」同時指向腦部神經化學物質失調的意思，[74] 詞彙中早已包含了精神醫學對精神病的理解。精神醫學認為「幻聽」是病徵的一種，必須及早治療，而藥物治療正是最有效的方法。在這樣的背景下，業界同事似乎對「幻聽」的認識當作理所當然，因而掉以輕心。

我們在本文對「聽聲」這個課題作深入探討，發現「聽聲」的概念在學術上仍存在不少爭議。同時，我們回顧了近年有關「聽聲」的研究和理論，得知「聽聲」是一個複雜的現象，它跟創傷經驗、思想偏差、解離現象和情緒應對等都有緊密的關係。更重要的一點，是我們發現「聽聲」與精神病沒有必然的關係，「聽聲」可能是人類面對壓力和創傷的自然精神現象，只要好好應對，就能夠與它共存。

聽聲模式的出現，對回應「聽聲」經驗提供了新方向。透過世界各地同業的經驗，以及筆者的親身嘗試，聽聲模式無疑對聽聲者接納聲音的存在、紓緩情緒，以及改善人際關係等有明顯的幫助。縱然聽聲模式對聲音的理解與精神醫學南轅北轍，但筆者認為兩者毋須互相排斥，反而能夠互相補足，特別對藥物治療反應欠佳的精神復元人士，可提供另類的選擇。

筆者在本文引述了大量近年的研究成果，除有助解釋「聽聲」的複雜性外，亦期望與同工分享一則訊息：「關於幻聽的事，我們知道的不少，但不知道的可能更多！」祈勉勵同工抱着開放的態度，不斷吸收新資訊，從而增進工作技巧和知識，共同為改善精神健康服務而努力。

---

74 Institute of Mental Health, Castle Peak Hospital.

參考資料

Achim, A. M., Maziade, M., Raymond, E., Olivier, D., Mérette, C., & Roy, M. (2011). How prevalent are anxiety disorders in schizophrenia? A meta-analysis and critical review on a significant association. *Schizophrenia Bulletin, 37*, 811-821.

Adams, B., & Sanders, T. (2011). Experiences of psychosis in borderline personality disorder: a qualitative analysis. *Journal of Mental Health, 20(4)*, 381-391.

Alderson-Day B., & Fernyhough C. (2014). More than one voice: Investigating the phenomenological properties of inner speech requires a variety of methods. *Consciousness and Cognition, 24*, 113-114.

Alderson-Day, B., & Fernyhough, C. (2015). Inner speech: Development, cognitive functions, phenomenology, and neurobiology. *Psychological Bulletin, 141(5)*, 931-965.

Allen, P., Freeman, D., Johns, L., & McGuire, P. (2006). Misattribution of self-generated speech in relation to hallucinatory proneness and delusional ideation in healthy volunteers. *Schizophrenia Research, 84*, 281-288.

American Psychiatric Association. (2013). *Diagnostic and statistical manual of mental disorders (5th ed.)*. Washington, DC: Author.

Baumeister, D., Sedgwick, O., Howes, O., & Peters, E. (2017). Auditory verbal hallucinations and continuum models of psychosis: a systematic review of the healthy voice-hearer literature. *Clinical Psychology Review, 51*, 127-141.

Bebbington, P., Jonas, S., Kuipers, E., King, M., Cooper, C., Brugha, T. ...Jenkins, R. (2011). Childhood sexual abuse and psychosis: data from a cross-sectional national psychiatric survey in England. *British Journal of Psychiatry, 199*, 29-37.

Bentall, R. P. (2004). *Madness explained: Psychosis and human nature*. London, England: Penguin Books.

Bernstein, E. M., & Putnam, F. W. (1986). Development, reliability, and validity of a dissociation scale. *Journal of Nervous and Mental Disease, 174*, 727-735.

Bijl, R. V., Ravelli, A., & van Zessen G. (1998). Prevalence of psychiatric disorder in the general population. *Social Psychiatry and Psychiatric Epidemiology, 33*, 587-595.

Bleuler, E. (1960). *Dementia praecox odergruppe der schizophrenien* [Dementia praecox or the group of schizophrenias]. Leipzig, Germany: Deuticke. (Original work published 1911).

Brookwell, M. L., Bentall, R. P., & Varese, F. (2013). Externalizing biases and hallucinations in source-monitoring, self-monitoring and signal detection studies: a meta-analytic review. *Psychological Medicine, 43(12)*, 2465-2475.

Casstevens, W. J., Cohen, D., Newman, & Dumaine, M. (2006). Evaluation of a mentored self-help intervention for the management of psychotic symptoms. *International Journal of Psychosocial Rehabilitation, 11(1)*, 37-49.

Chiu, C. P. Y., Lam, M. M. L., Chan, S. K. W., Chung, D. W. S., Hung, S. F., Tang, J. Y. M., Wong, G. H. Y., Hui, C. L. M., & Chen, E. Y. H. (2010). Naming psychosis: the Hong Kong experience. *Early Intervention in Psychiatry, 4*, 270-274.

Coleman, R., & Smith, M. (2005). *Working with voices II: victim to victor workbook*. Isle of Lewis: P & P Press Ltd.

Corstens, D., Longden, E., & May, R. (2012). Talking with voices: exploring what is expressed by the voices people hear. *Psychosis, 4*, 95-101.

Corstens, D., Longden, E., McCarthy-Jones, S., Wadingham, R., & Thomas, N. (2014). Emerging perspectives from the hearing voices movement: implications for research and practice. *Schizophrenia Bulletin, 44(S4)*, S285-S294.

Corstens, D., Romme, M., & Escher, S. (2008). Accepting and working with voices: The Maastricht approach. In A. Mokowitz, I. Schafer, & M. J. Dohoray (Eds.), *Psychosis, Trauma and dissociation: emerging perspectives on severe pathology* (pp. 319-333). Chichester: Wiley.

Daalman, K., Boks, M. P. M., Diederen, K. M. J., De Weijer, A. D., Blom, J. D., Kahn, R. S., & Sommer, I. E. C. (2011). The same or different? A phenomenological comparison of auditory verbal hallucinations in healthy and psychotic individuals. *Journal of Clinical Psychiatry, 72(3)*, 320-325.

Daalman, K., Sommer, I. E. C., & Derks, E. M. (2013). Cognitive biases and auditory verbal hallucinations in healthy and clinical individuals. *Psychological Medicine, 43*, 2339-2347.

De Loore, E., Gunther, N., Drukker, M., Feron, F., Sabbe, B., Deboutte, D., ... Myin-Germeys, I.(2011). Persistence and outcome of auditory hallucinations in adolescence: a longitudinal general population study of 1800 individuals. *Schizophrenia Research, 127(1-3)*, 252-256.

Diaz R. M., & Berk L. E. (1992). *Private speech: From social interaction to self-regulation*. Hillsdale, NJ: Erlbaum, Inc.

Dillon, J., & Hornstein. G. A. (2013). Hearing voicers peer support groups: a powerful alternative for people in distress. *Psychosis: Psychological, Social and Integrative Approaches, 5(3)*, 286-295.

Eaton, W. W., Romanoski, A., Anthony, J. C., & Nestadt, G. (1991). Screening for psychosis in the general population with a self-report interview. *Journal of Nervous and Mental Disease, 179(11)*, 689-693.

Fong, F. F. (2014). *Violent behaviors of persons with schizophrenia: the experiences of male residents of psychiatric halfway houses in Hong Kong* (Unpublished doctoral dissertation). Hong Kong Polytechnic University, Hong Kong, China.

Fong, F. F. & Chan, K. K. (December 2016). *Voice hearing approach: localization and application in Hong Kong*. Paper presented at 2016 Asia Mental Health Conference, December 2-3, Hong Kong.

Glaser, J. P., van Os. J., Portegijs, P. J. M., & Myin-Germeys, I. (2006). Childhood trauma and emotional reactivity to daily life stress in adult frequent attenders of general practitioners. *Journal of Psychosomatic Research, 61*, 229-236.

Hardy, A., Fowler, D., Freeman, D., Smith, B., Steel, C., Evans, J ...Dunn, D. (2005). Trauma and hallucinatory experience in psychosis. *Journal of Nervous and Mental Disease, 193*, 501-507.

Hare, E. H. (1973). A short note on pseudo-hallucinations. *The British Journal of Psychiatry, 122*, 469-476.

Heins, M., Simons, C., Lataster, T., Pfeifer, S., Versmissen, D., Ladinois, M ...Myin-Germeys, I.(2011). Childhood trauma and psychosis: a case-control and case-sibling comparison across different levels of genetic liability, psychopathology, and type of trauma. *American Journal of Psychiatry, 168*, 1286-1294.

Hong Kong Hospital Authority. Retrieved from http://www3.ha.org.hk/easy/eng/what.html.

Inman, S. (2013, June 6). People who hear voices need science-based advice [blog post] Retrieved from http://www.huffingtonpost.ca/susan-inman/psychotic-mental-illness-voices_b_3375516.html.

Inman, S. (2015, August 29). What you're not hearing about the hearing voices movement. [blog post] Retrieved from http://www.huffingtonpost.ca/susan-inman/-hearing-voices-movement_b_8044180.html.

Institute of Mental Health, Castle Peak Hospital Retrieved from http://www3.ha.org.hk/cph/imh/mhi/article_02_03_01_chi.asp

Janssen, I., Krabbendam, L., Bak, M., Vollebergh, W., de Graaf, R., & van Os, J. (2004). Childhood abuse as a risk factor for psychotic experiences. *Acta Psychiatric Scandinavica, 109*, 38-45.

Jaspers, K. (1913/1963). *General psychopathology*. Manchester, England: Manchester University Press.

Kelleher, I., & DeVylder, J. E. (2017). Hallucinations in borderline personality disorder and common mental disorder. *British Journal of Psychiatry, 210*, 230-231.

Kelleher, I., Keeley, H., Corcoran, P., Lynch, F., Fitzpatrick, C., Devlin, N., Roddy, S. (2012). Clinicopathological significance of psychotic symptoms in non-psychotic young people: evidence from four population-based studies. *British Journal of Psychiatry, 201(1)*, 26-32.

Kraepelin, E. (1971). *Dementia praecox and paraphrenia*. Robert E. Krieger Publishing Co., LoCo, Huntington, New York.

Kråkvik, B., Larøi, F., Kalhovde, A. M., Hugdahl, K., Kompus, K., Salvesen, Ø., ...Vedul-Kjelsås, E. (2015). Prevalence of auditory verbal hallucinations in a general population: a group comparison study. *Scandinavian Journal of Psychology, 56(5)*, 508-515.

Larøi, F., Sommer, I. E., Blom, J. D., Ferryhough, C., Efytche, D. H., Hugdahl, K ...Waters, F. (2012). The characteristic features of auditory verbal hallucinations in clinical and nonclinical groups: state-of-the-art overview and future directions. *Schizophrenia Bulletin, 38(4)*, 724-733.

Lataster, T., Dina, C., Lardinois, M., Valmaggia, L., Van Os, J., & Myin-Germeys, I. (2010). On the pathway from stress to psychosis. *Schizophrenia Research, 117*, 182.

Leudar, I., Thomas, P., McNally, D., & Glinski, A. (1997). What voices can do with words: pragmatics of verbal hallucinations. *Psychological Medicine, 27(4)*, 885-898.

Linscott, R. J., & van Os, J. (2013). An updated and conservative systematic review and meta-analysis of epidemiological evidence on psychotic experiences in children and adults: on the pathway from proneness to persistence to dimensional expression across mental disorders. *Psychological Medicine, 43*, 1133-1149.

Longden, E., Madill, A., & Waterman, M. G. (2012). Dissociation, trauma, and the role of lived experience: toward a new conceptualization of voice hearing. *Psychological Bulletin, 138(1)*, 28-76.

Mawson A, Cohen K, & Berry K. (2010). Reviewing evidence for the cognitive model of auditory hallucinations: the relationship between cognitive voice appraisals and distress during psychosis. *Clinical Psychology Review, 30(2)*, 248-258.

McIntee, J., & Crompton, I. (1997). The psychological effects of trauma on children. In J. Bates, R. Pugh, & N. Thompson (Eds.), *Protecting children: challenges and change (pp. 127-142)*. Aldershot, UK: Arena.

Mollon, P. (1996). *Multiple selves, multiple voices: working with trauma, violation and dissociation*. Chichester, UK: Wiley.

National Institute of Mental Health, retrieved from https://www.nimh.nih.gov/health/topics/schizophrenia/raise/what-is-psychosis.shtml

Offen, L., Waller, G., & Thomas, G. (2003). Is reported childhood sexual abuse associated with the psychopathological characteristics of patients who experience auditory hallucinations? *Child Abuse & Neglect, 27(8)*, 919-927.

Read, J., & Argyle, N. (1999). Hallucinations, delusions, and thought disorder among adult psychiatric inpatients with a history of child abuse. *Psychiatric Services, 50(11)*, 1467-1472.

Romme, M. A., & Escher, A. D. (1989). Hearing voice. *Schizophrenia Bulletin, 15(2)*, 209-216.

Ross, C. A., Miller, S. D., Reagor, P., Bjornson, L., Fraser, G. A., & Anderson, G. (1990). Schneiderian symptoms in multiple personality disorder and schizophrenia. *Comprehensive Psychiatry, 31(2)*, 111-118.

Ruddle, A., Livingstone, S., Huddy, V., Johns, L., Stahl, D., & Wykes, T. (2012). A case series exploring possible predictors and mechanisms of change in hearing voices groups. *Psychology and Psychotherapy: Theory, Research and Practice, 87*, 60-79.

Russo, D. A., Stochl, J., Painter, M., Dobler, V., Jackson, E., Jones, P. B., & Perez, J. (2014). Trauma history characteristics associated with mental states at clinical high risk for psychosis. *Psychiatry Research, 220*, 237-244.

Sapey, B., & Bullimore, P. (2013). Listening to voice hearers. *Journal of Social Work, 13(6)*, 616-632.

Schneider, K. (1959). *Clinical psychopathology (5th ed.)*. New York, NY: Grune & Stratton.

Shergill, S.S., Murray, R.M., & McGuire, P.K. (1998). Auditory hallucinations: a review of psychological treatments. *Schizophrenia Research, 32*, 137-150.

Sommer, I. E., Daalman, K., Rietkerk, T., Diederen, K. M., Bakker, S.,Wijkstra, J., & Boks, M. P. M. (2010). Healthy individuals with auditory verbal hallucinations; who are they? Psychiatric assessments of a selected sample of 103 subjects. *Schizophrenia Bulletin*, 36(3), 633-641.

Steel, C. (2017). Psychological interventions for working with trauma and distressing voices: the future is in the past. *Frontier in Psychology, 7*, 2035. doi: 10.3389/fpsyg.2016.02035

Taylor K. F. (1981). On pseudo-hallucinations. *Psychological Medicine, 11*, 265-271.

Tien, A. Y. (1991). Distribution of hallucination in the population. *Social Psychiatry and Psychiatric Epidemiology, 26*, 287-292.

Upthegrove, R., Birchwood, M., Ross, K., Brunett, K., McCollum, R., & Jones, L. (2010). The evolution of depression and suicidality in first episode psychosis. *Acta Psychiatrica Scandinavica, 122*, 211-218.

Upthegrove, R. Broome, M. R., Caldwell, K., Ives, J., Oyebode, D., & Wood, S. J. (2016). Understanding auditory verbal hallucinations: a systematic review of current evidence. *Acta Psychiatrica Scandinavica, 133*, 352-367.

van der Hart, O., Nijenhuis, E. R. S., & Steele, K. (2006). *The haunted self: structural dissociation and the treatment of chronic traumatization.* London, England: Norton.

van der Zwaard, R., & Polak, M. A. (2001). Pseudohallucinations: A pseudoconcept? A review of the validity of the concept, related to associate symptomatology. *Comprehensive Psychiatry, 42(1)*, 42-50.

Varese, F., Barkus, E., & Bentall, R.P. (2012). Dissociation mediates the relationship between childhood trauma and psychosis-proneness. *Psychological Medicine, 42*, 1025-1036.

Varese, F., Smeets, F., Drukker, M., Lieverse, R., Lataster, T., Viechtbauer, W ...Bentall, R. P. (2012). Childhood adversities increase the risk of psychosis: a meta-analysis of patient-control, prospective- and cross-sectional cohort studies. *Schizophrenia Bulletin, 38(4)*, 661-671.

Vygotsky L. S. (1934/1987). *Thinking and speech. The collected works of Lev Vygotsky (Vol. 1).* New York, NY: Plenum Press.

Winsler A., Fernyhough C., & Montero I. (2009). *Private speech, executive functioning, and the development of verbal self-regulation.* Cambridge, UK: Cambridge University Press

Young, J. E. (1999). *Cognitive therapy for personality disorders: a schema-focused approach (2nd ed.).* Sarasota, FL: Professional Resource Press.

第十章

敍事實踐的應用：走出毒品黑洞的故事

梁瑞敬 博士

因為工作關係，我有八年時間與受藥物困擾的年青人及其家人相處的經驗，所以，我一直對年青人濫藥及相關的議題很感興趣。對很多受藥物困擾的青少年來説，戒藥不是一件容易的事，當中的痛苦掙扎和一次又一次跌倒再爬起來的挑戰，真是沒完沒了，也令愛他們的家人及朋友承受着無比的折騰！曾經有一段時間，我對濫藥這「問題」感到束手無策，因為覺得自己幫不上忙，所以，對年青人及他們的家人感到十分愧疚。後來我有幸認識到「敍事實踐」的理念及介入模式，才有機會重新反思濫藥工作，並且幸運地能參與香港浸會大學與香港小童群益會屬下的深水埗青少年外展社會工作隊合作的知識轉移項目，在敍事實踐中加強了對濫藥工作的信心。本文將分六個部分，記述這個名為「幫助濫藥青少年重寫生命故事」的項目中，如何應用敍事實踐的概念及技巧，協助主角兔仔（化名）「走出毒品黑洞」的故事。

一、敍事實踐的概念、原則及道德價值觀

（一）甚麼是「敍事實踐」(Narrative practice)

簡單來説，「敍事」就是「敍説故事」。人的一生中有許多的生活體驗，由每天發生的每一件事串連而成。在敍事實踐中個人所描述的「故事」，就是對發生在自己、他人及身處的文化、經濟及社會環境中，對過去、現在及將來的詮釋。至於「實踐」的部分，就是透過個人對自己經歷的詮釋，把自己和相關的重要他人的故事，由單一淺薄的故事情節，透過對話過程慢慢變成豐富厚實的生命故事。我們可以選擇説甚麼生活故事、想怎樣説、説的故事對我們有甚麼意義，再從這些故事中，體現及活出一個由自己定義、演繹和鍾愛的身分及人生。

（二）敍事實踐的原則

- 敍事實踐其中一個重要的原則，是相信我們的生活經驗是多元化的，每天發生在我們身邊的事情很多，所以生命的經歷是由很多故事（Multi-storied）組成的，並非由單一故事（Single-storied）去了解生活。生命其實是十分複雜的經驗，我們要如何生活，就要看我們選擇怎樣有創意地敍説故事，理解及演繹這些經驗，從而讓個人從問題故事（Problem story）的生活中釋放出來。
- 敍事實踐協助個人解構單一的問題故事，尋找、重拾和創造生命中被遺忘了的信念及生活原則，從中選擇對個人有意義的生命故事。透過對話找到這些故事後，個人可以對故事作豐厚的描述，令人能看見問題以外的自己，包括自己的過去、現在及將來。
- 受後結構思潮（Post-structuralism）及相關哲學的影響，敍事實踐的信念是批判結構主義（Structuralism），對萬物根本不變的結構提出質疑。結構主義認為需要以客觀驗證去建立知識，發現真理，發掘內心的「真我」（Real self）。但敍事實踐不同意把問題「個人化」（Individualism），相反，相信個人「問題」（Problem）及「身分認同」（Identity conclusion），是由被認為是理所當然的文化及社會論述所建構的。我們對世界的理解，對自己經驗的領會，皆由社會與個人，以及個人與他人互動中建立。敍事實踐鼓勵個人對既有的社會文化論述的壓迫作出反思，重新掌控生命，活出自己喜愛的生命故事（Preferred life stories）。
- 敍事實踐的其中一個信念，就是「個人不是問題，問題才是問題」。[1] 受藥物影響的年青人及其家人常深受羞愧、抱怨、內疚自責等情緒所困擾。當個人把問題看成是自己的失控和失敗的結果，容易令個人失卻了對改變的動機及信心。敘事實踐鼓勵將個人與問題分開，減低自責和自卑的影響，讓人能用心檢視自己跟他人關係與問題的關係，並且把個人的生活重新對焦，反思及尋找生命的歷史、現在的渴望及對將來的期盼。這種對生命的重新聚焦，由重整個人的故事開始。

- 運用「敘事實踐」的輔導員都應抱持着對當事人個人經歷的好奇心（Curiosity），尋找個人生活中的故事線，了解個人對生活的盼望、信念、原則及堅持。究竟甚麼才是個人認為對自己生命最重要及最有意思的選擇呢？若能以此建立相關的故事線，尋找生活中的知識及技巧，再加以豐富的描述，並且讓這些故事由不顯眼的背景中走出來，令這些另類故事（Alternative stories）變得更清晰，更可成為生活發展的新方向。[2]

（三）敘事實踐的道德取向

敘事實踐並非只是一套幫助個人尋找另類生命故事線（Alternative storylines）、建立相關的故事主題（Themes & plots）及重整個人身分價值（Re-structuring identity conclusion）的心理治療方法。Haugaard（2016）提出敘事實踐背後所堅持的道德取向（Ethical commitments）的重要性。一般主流的輔導理論很重視輔導成效，敘事實踐是否有效？Haugaard 質疑，如果只以現代主流「證據為本」（Evidence-based）的科學化研究方法去評估敘事的效能，用簡單的歸因去看實踐中的理論

1 White & Epston, 1990.
2 Sween, 1999.

及技巧應用，反而忽略敍事實踐背後的哲學討論，對治療關係（Therapeutic relationship）中的權力（power）的批判及反思。他認為作為輔導員的道德位置（Ethical position），才是敍事實踐的重心。懷特（White, 2011）提出，現代人在尋求輔導時，帶着問題及失敗者的身分來見輔導員，本身就是權力和知識的一種結果。個人和輔導員的關係、輔導過程和輔導的安排，都是展現權力和知識的地方。輔導工作本身就帶有強烈的政治性。Epston（2014）曾提出，輔導員應留意這種權力互動關係下對個人的影響：

- 諮詢你的諮詢者（Consulting your consultants），就是承傳福柯（Michel Foucault）對權力及知識的分析。[3] 主流輔導學理論認為，專業人員的權力及知識對事物擁有絕對的詮釋權，是真理的締造者。相反，諮詢者的能力及知識（Non-expert knowledge）被質疑，因此，福柯提倡在這種權力及特權上作出平衡。敍事實踐就是要倡議建立本土知識（Local knowledge），相信個人擁有的生活智慧及解難能力，並能透過輔導過程展現出來。因此，敍事實踐以諮詢者的故事及關注為重心（Person-centered），諮詢者才是自己問題的專家。相反，輔導員的角色以及在輔導過程中的位置（Positioning）應是「離中心」（De-centered）：即以尊重諮詢者的態度去聆聽，相信諮詢者「説故事」的能力和權利。輔導員較有影響力的任務（Influential position），是以尋找及發掘諮詢者的生活理念、知識及解難技巧為對話之重點。[4]
- 平衡知識及權力最適當的理解是，輔導員與諮詢者不全是單向的互動，反而敍事實踐強調兩者的權力動態，輔

[3] Foucault, 1980.
[4] White, 2015.

導員與諮詢者同行（Collaboration）的過程，不單是諮詢者的改變，輔導員也能在當中有所反思及得着，相得益彰（Reciprocity）。現實是輔導員與諮詢者之間的權力不平衡並不能完全消除，但輔導員絕對有道德責任好好管理這種特權，敍事實踐提醒我們要讓個人 / 諮詢者的聲音、想法、知識及能力獲得充分諮商、表達及呈現。他們擁有述說自己故事的權利，包括他們想怎麼說，說些甚麼，或想如何理解自己的故事，希望故事有怎樣的發展等。諮詢者才是故事的主角。

二、主流論述與「濫藥者」身分的建構

在日常生活中，我們接觸藥物的情況非常普遍。如果身體不適，我們會吃一些必理痛、止咳水或敏感藥。基本上這些藥物（Substances）能隨便在一般藥房或超市購買。另外一些提神飲料，如可樂、奶茶、咖啡和能量飲品，其實都含有可令人上癮的興奮劑如咖啡因。啤酒、餐酒及雞尾酒則有不同程度的酒精成份。酒精其實是一種壓抑劑，過量飲用容易中毒，長期使用令人易受抑鬱困擾。吸煙對人的健康都有壞影響，香煙中的尼古丁屬於興奮劑，而且「煙癮」不容易擺脫。以上提到的均是合法或可處方的藥物（Legal substances），一般情況下在社會是自由流通的。奶茶和咖啡是我們日常生活中的一部分，餐酒的享用，有人認為更是身分和品味的象徵。懷特（White, 1997）認為使用這些藥物，是一種消費的文化（Culture of consumption），此文化自古以來一直存在於人類社會中。

至於不合法的藥物（Illegal substances）是如何定義的？由誰定義？如何建構用藥者的身分？與合法藥物（Legal substances）所受的待遇有甚麼分別？都值得我們深思。香港

政府曾在1959年的毒品問題報告書中表示政府有解決問題的決心，對毒品成癮（Drug addiction）的相關政策形容是一場對毒品的「戰爭」，一般濫藥者的行為被視為令家人蒙羞，更是社會上的「寄生蟲」（Social outcasts of parasites）。[5] 直至現在，抗毒政策仍是一場「硬仗」。[6] 在政府衞生署網頁上的宣傳刊物可見，一般濫藥者都有以下的用藥原因：爭取朋友認同、個人情緒波動大、失業失學、應變力弱、自我形象低落、自尊感低、缺乏成功感及沒有生活目標。[7] 這些對濫藥者的論述，令青年人普遍對使用藥物均有負面的身分認同。我們對藥物的習俗文化、政策及研究的理解，為濫藥者的身分塑造了怎樣的論述？這些論述對受藥物影響的年青人、他們的家人、輔導員或社會大眾造成甚麼影響？這些正負面的論述如何建構用藥者個人的身分認同？一些負面的身分認同，又會怎樣妨礙年青人及輔導員去尋找他們的另類身分及故事？一般的戒毒工作，輔導員及濫藥者都深受這些主流論述影響，認為工作很難有成效，因為濫藥者的重吸率（Relapse rate）很高。戒毒失敗又很容易歸咎濫藥者的戒藥動機低，意志力弱，容易受朋輩引誘，或因家庭、學業和工作的困難而放棄操守。這些論述歸因濫藥者個人的缺失及責任，因此，把戒毒的理論、毒癮詮釋及改變策略放於專業的發展領域內，令濫藥者感到更無助，必須依賴專業人士如精神科醫生、護士及戒毒專業輔導員或心理學家協助走出藥物的魔掌。福柯（Foucault, 2001）曾以精神病為例，認為一般病人都被視為沒有能力處理自己的疾病，就算有，處理的方法都是錯誤或不夠好的。相反，專業評估、分析及對精神病的科學化理解，才是對減輕或清除疾病的最重要貢獻。這種對疾病成因和治療的詮釋權和知識論述，就是權力的體

5 Hong Kong Government, 1959, p9.
6 青少年毒品問題專責小組，2008年。
7 衞生署，2009年。

現，於是權力被正常化（Normalized），並在不同的專業範疇上發揮其影響力，漸漸變成理所當然及為社會大眾所公認的治療方法。

這篇文章的故事主角叫兔仔，我接觸她時她大約 20 歲，她形容自己被「茄」（K 仔 /Ketamine）影響時會「收埋收埋」、「整個人無動力」、「很賴皮」、「身體差，周身痛」、「停唔到，失晒控，不擇手段地要攞藥」。有一段時間，她的朋友都很擔心她「索茄」的問題太嚴重，會因濫用太多而猝死。兔仔也察覺自己在這問題上的無奈，覺得自己很失敗，這種自我描述把問題深深地「內化」（Internalized）。與她面談前，我常以敍事理念提醒自己，若我採用專家身分和位置（Expert position）去聆聽兔仔的故事，對她會有甚麼影響嗎？我可有注意濫藥的主流論述對我的影響？我可以做甚麼去尊重兔仔對自己問題的詮釋，從而能與她一起反思這一段「索茄」的旅程對她的意義？如何減低作為輔導員的專業身分或權力對兔仔可能造成的壓力？

三、兔仔的濫藥故事

透過外展社工的介紹，讓我有幸能認識兔仔，感激她答應參加這個「幫助青少年重寫生命故事」的計劃。其實參加這計劃的承諾頗不簡單，參與的年青人要答應出席四次面談，願意把自己的故事出版成書及拍成微電影，透過以上的媒介與社區人士分享經歷。

兔仔告訴我，她由 11 歲便開始「學壞」了，她指的「學壞」是到「球場打波，每晚與朋友通宵達旦在外留連不回家，又會三五成羣到酒吧或的士高玩耍」。因為「出來玩」，便開始接觸藥物。那時她甚麼藥都會試，亦不認為自己太沉迷，只是玩樂性質。後來喜歡上「索茄」，那時她大約 14 歲，她覺得既然自己有用藥，不如「幫人帶」，邊食邊賣，於是很自然地開展了她販賣藥物的生涯。這種生活維持了大約一年，她就被警察抓到，被送進懲教署的更新中心。

完成更新中心的訓練後回家，不到兩星期她又再接觸「茄」，並被監管的職員發現，把她送到一間宗教機構去接受自願戒毒，那時候她才發現「控制唔到自己」。這種「上癮」的感覺曾經到達一個她認為非常嚴重的情況：「……人家可能索晒（茄）才去取貨，但我是……索些少已經要去取貨，生怕來不及取……」她形容那時的自己是「心態上知道不能食，但身體就是控制不了……」過了幾年，她的身體漸漸轉差，和家人的關係也因為「索茄」而變得惡劣。我與她會面的時候，她「索茄」的情況也有點失控，很多時藥物令她無法工作，只能留在家中或進出醫院，人變得疲累消瘦，她的朋友和社工都勸她戒藥。

四、敘事實踐的應用

這部分的描述共有六個主題，當中加插輔導員與兔仔的對話，方便分析如何運用相關技巧。

(一)了解兔仔的「濫藥問題」

兔仔把她那充滿「濫藥問題」的生命故事帶到輔導室「求助」。故事內容充滿主流社會所認定的「問題」，甚至內化而成為兔仔的個人身分認同：

> 做唔到嘢（工作），成日瞓……只能把自己關在家的四幅牆內……我最嚴重係成個禮拜唔落街，只係在屋企 High 嘢……覺得自己好似個「廢人」……
>
> 食到（濫藥）個人好頹，好無精神，好 pair（放棄自己）……仲周身病痛……尿道炎呀，胃痛呀，乜痛都出晒嚟……
>
> ……屋企人覺得你食成咁，你就係千古罪人……

……我以前啲同學，人地無食，有啲都入埋大學……我自己重係咁，覺得好失敗……

兔仔的「問題」不但為她帶來身體上的傷害，還影響她與別人的關係及工作。她更常常受到「自怨自艾」、「自責」、「恐懼」和「羞愧」的困擾。她的問題，也是「內化」了的自我敍述。例如，因為我「濫藥」，所以我「似個廢人」，我很「失敗」，所以我是「千古罪人」等，變成兔仔的負面身分（Totalized deficit view of self）。[8] 這種負面身分的評估標準，反映一般社會人士對青年人的期望論述，例如年青人應該不濫藥、身體好、勤力讀書升上大學才會有成就等。兔仔的行為明顯與這個標準不符。可是，這些主流論述着重對「濫藥者」的批評和標籤，對兔仔的自我形象造成很大的負面影響，令她覺得自己一無是處，也忽視了自己的能力、長處及曾經為處理問題而付出過的改變及努力。

（二）外化問題（Externalizing conversations）

兔仔來找輔導員分享她的濫藥經歷，她是一個濫藥者的身分已被牢牢地「內化」，「問題」是她失去了對戒藥的決心及動力。「問題」出於她自己，人與問題牢牢相扣。「外化」問題就是要把人和問題分開，改變人與問題之間的關係，讓人更能擺脱問題的纏繞，以便分析問題出現對個人造成的影響，讓人能逐漸看到處理問題的可能性。這個做法，鼓勵受「問題」壓迫的個人把問題「物化」（Objectify），令「問題」變成一個獨立個體，有它自己的想法及行動方式[9]。例如：

（a）內化的自我描述：「兔仔是一位濫藥者。」

對比

外化的自我描述：「兔仔正受濫藥問題困擾。」

---

8 Foucault, 2001.

9 White & Epston, 1990.

(b) 內化的自我描述：「兔仔覺得自己很失敗。」

對比

外化的自我描述：「失敗告訴兔仔，她的改變是白費的。」

以上的例子反映語言運用的力量，在 (a)「兔仔是一位濫藥者」的描述中，兔仔的身分已牢牢地與「濫藥者」扣連；而 (b) 更直指兔仔有個失敗的身分，令人聯想到這個濫藥的年青人真的是自討苦吃、自暴自棄、無用、對家庭社會沒貢獻……兔仔也把這些身分認同「內化」了，認定自己就是這樣的人，對生命失去動力，看不見解決問題的出路！

至於「外化」的描述：「兔仔正受濫藥問題的困擾」，「正受」是現在式，我們仍有空間了解兔仔「沒受、未受」問題困擾時的情況，也可了解為甚麼那時候「問題」沒有困擾她？兔仔用甚麼方法避開「問題」的纏繞？既然兔子被問題打擾，兔仔並不是「問題」，「問題」才是問題！輔導員就有空間與兔仔尋找對付問題的方法。

(三)敘事地圖概念的應用

懷特 (White, 2007) 把外化問題的提問「地圖」稱為 Statement of Position Map (1)。「地圖」一詞隱喻生命中的不同經歷，有着複雜的故事線，制定「地圖」能協助我們尋找不同的故事路線。地圖 (1) 主要有以下四組問題，為解構問題 (Deconstruction of problem) 提供清晰的指引。首先，輔導員與個人一起共同找尋貼近經驗的問題註釋 (Experience-near definition of the problem)：

- 給問題一個名稱 (Naming the problem)
- 問題出現對個人的生活、人際關係，及對其他人的影響？問題想帶給他 / 她一個怎樣的未來？(Effects of the problem)

- 個人與問題分開後的定位（Position）：個人是否喜歡「問題」？「問題」想為個人帶來怎樣的生活？（Position with problem）
- 為甚麼個人想與問題建立某個定位（Justifying the position）？個人對生活有甚麼價值取向或渴望嗎？這些價值及渴望對個人來說是否重要？為甚麼個人會認為這個渴望較適合自己？與他 / 她一向的生活信念有甚麼相似的地方？

兔仔分享了她的一些濫藥經歷和最近受濫藥影響的生活狀況後，輔導員嘗試運用外化對話，協助兔仔把「問題」與她自己分開：

輔導員：	你剛才有提到「毒品」這東西給你帶來快樂和不快樂……你能否形容一下呢樣毒品？
兔仔：	……我唔知點形容……
輔導員：	你可否想像一下，有無一個形象，在你腦海出現，代表「毒品」對你的影響？
兔仔：	係「黑洞」嚟㗎！**（問題的名稱）**
輔導員：	「黑洞」……是否像在太空裏的……對嗎？
兔仔：	係呀！乜都吸晒！好難抽身出來……
輔導員：	想離開「黑洞」是好難的事？……這個「黑洞」有幾大呢？你可以想像一下嗎？
兔仔：	好大……
輔導員：	有無我個頭咁大，定係點？
兔仔：	好大，好大……
輔導員：	好似這間房咁大？
兔仔：	大過…… 成個世界都包圍晒！乜都吸晒！

輔導員：	即是你的世界也被「黑洞」包圍了？
兔仔：	係呀！好難抽身出返嚟！
輔導員：	在「黑洞」內想跑也跑不掉？其實你喜不喜歡這個狀態？**（問題的定位）**
兔仔：	梗係唔喜歡啦！
輔導員：	你不喜歡被「黑洞」包圍？可否告訴我你不喜歡的原因？**（為甚麼是這個定位）**
兔仔：	都好難喜歡它嘔⋯⋯
輔導員：	佢係咪妨礙咗你的生活？定係點？**（問題的影響）**
兔仔：	即係（黑洞的影響）「（令我煩）躁唔想出街⋯⋯有時見到班 friend 出去吃東西，他們打電話叫我一齊去，其實我個心係好想去，但係⋯⋯唔知點⋯⋯又好驚，出去個身體又痛。如果無毒品，出去好似個人無晒動力咁，好容易會攰。如果出去一陣就走，又驚啲 friend 到時會咿咿哦哦⋯⋯所以索性唔出街喇！
輔導員：	其實你係好想和你的朋友見面，但「黑洞」令你無晒動力⋯⋯還有沒有其他妨礙呢？
兔仔：	⋯⋯我成日跟我媽吵⋯⋯關係好差⋯⋯因為那一陣子我 high 嘢 high 得好勁⋯⋯（跟着訴說一些與母親的相處⋯⋯）
輔導員：	那麼「黑洞」令你相信自己是個怎樣的人？它想你有怎樣的生活呢？**（問題對個人身分的影響）**
兔仔：	⋯⋯我都唔知呀⋯⋯只知食到個人收埋晒，唔想郁，賴晒皮，完全封閉自己！
輔導員：	你話「黑洞」令你無晒動力，假如你有動力，有力量，其實你最想做咩呢？
兔仔：	現在嗎？我想返工囉⋯⋯
輔導員：	你想返工？
兔仔：	梗係想啦！返工有正常的社交，唔使成日困住在屋企裏面⋯⋯有工做，有收入，好想搬出去住。

「外化」對話的目的，就是要把兔仔與「黑洞」這問題分開，建立空間，認識「黑洞」對她的影響，「黑洞」有甚麼動機？「黑

洞」給她提供了怎樣的生活環境。如果問題持續，她的生活會怎樣？她會希望那是她的將來嗎？與她渴望的將來有甚麼分別呢？依照這四個問題，兔仔大致可了解「黑洞」對她的生活、家庭關係及與朋友相處上的一些影響，輔導員可以問更深入的問題，讓她對「黑洞」的影響作出更多的探索。以上對話的尾段，兔仔提到「想返工，有正常社交……有收入，好想搬出去住」，表達了她對生活的一些憧憬。「黑洞」這問題雖然很難應付，但它卻沒有完全消滅了兔仔對生活的盼望。如果兔仔願意，輔導員可與她共同發掘這些生活的盼望，找尋生命中的另類故事，這些故事可包含一些她較喜歡的生活方式、自我身分和人際關係。

(四)重寫生命故事的相關提問應用 (Re-authoring conversations)

外化問題讓個人能從問題故事中解放出來，擺脱問題對個人的枷鎖，[10] 能讓個人與自己喜愛及堅持的價值及信念接軌。從個人舊日的經歷及生活歷練中，尋找那些被遺忘了的生活智慧、解難方法、技巧及能力。這些被遺忘了的故事，若能重新在個人的生命中被喚醒，有助個人建立自我能力感（Personal agency）及重燃對生命意義的盼望和追尋。重寫生命故事，就是要找尋問題故事以外的一些生命故事。這些故事所描述的經歷，與問題所描述的個人是截然不同的（Unique outcomes or exceptions）。懷特（White, 2007）提出要重寫個人的生活故事，令它由淺薄（Thin description）的內容變成豐厚（Thick description）的故事，就需要利用行動藍圖的問題（Landscape of action questions）及身分藍圖的問題（Landscape of identity questions）互相交織編寫出豐厚的故事。行動藍圖指的是與事件發生的環境、時序、人物或情節相關的問題；身分藍圖指的是與領悟、理解、身分及價值反思相關的問題，例子如下：

---

[10] White & Epston, 1990.

行動藍圖的問題	身分藍圖的問題
1. 回想以往，你曾否試過擺脱問題（黑洞）的困擾嗎？	1. 你覺得問題（黑洞）讓你變成一個怎樣的人？
2. 那是何時？發生了甚麼事令你能遠離問題（黑洞）？你會如何形容這段時間？	2. 問題（黑洞）令其他人怎樣看你？包括你自己看自己？這是你喜歡的自己嗎？
3. 你做了甚麼令問題不出現？用了甚麼方法、技巧去減低問題（黑洞）對你的影響？有甚麼人協助你離開黑洞？	3 如果不是，那你喜歡的自己是怎樣的？他有甚麼信念及渴望嗎？
4. 當問題（黑洞）不在時，你的生活和與他人的關係是怎樣的？	4. 能活出這個信念和渴望，對你有甚麼特別的意思嗎？
5. 要離開黑洞需要做甚麼準備？你是怎樣做到的？	5. 經歷問題（黑洞）的纏繞，令你覺得自己較喜歡怎樣的生活？較喜歡成為一個怎樣的人？

以上兩組問題可交替地與兔仔討論，整個重寫生命故事的過程，特別強調輔導員及兔仔共行的理念（Collaborative position），協助尋找她想要的故事。在這些故事裏，「問題」可能不存在，或問題的影響減弱了。在上文的外化對話中，輔導員若抱着好奇心，發問的方向可能令兔仔找到「另類故事線」（Alternative/Preferred storylines）。故事線的選取，以尊重兔仔的選擇為先。以下四個故事線，能夠讓兔仔與自己如何處理問題，尋找自己的能力、信念及生命重新連結：

故事線一：兔仔提到被「黑洞」吸住，「好難抽身出來」。她有想過「抽身」嗎？有試過「抽身」嗎？兔仔可以分享她曾經從「黑洞」中「抽身」的經驗，她是怎樣「抽身」出來的？如果她可以「抽身」，她的生活會有甚麼改變？對她生命及愛護她的人，會有甚麼意義呢？

故事線二：兔仔很想與朋友一起，但「黑洞」妨礙了她，令她失去了社交動力。「與朋友一起」是甚麼意思？她能回想一些「與朋友一起」的片段嗎？那時「黑洞」在哪兒？她用了甚麼方法，令自己能暫時擺脱「黑洞」，與朋友走在一起？

故事線三：「黑洞」令她「收埋」自己，完全與外界隔絕，那她又怎可以仍與社工保持聯繫，還答應來中心與輔導員見面？雖然「黑洞」要她「封閉自己」，那麼她仍與社工保持聯繫，又是不是「黑洞」所希望的呢？其實她的家和中心也有些距離，對一位已被「黑洞」吸住了的兔仔來説，她是哪來的力量，能令她起床，離開自己的家，走到中心來見社工……她走出了一步，這一步代表着她有甚麼渴望嗎？她對自己的問題抱着甚麼態度？

故事線四：兔仔形容自己被「黑洞」吸住了，對生活完全失去動力及興趣，與家人、朋友、工作失去了聯繫，與人隔絕。那麼，假如她的「動力」真的回來了，她會渴望做些甚麼？在以前的日子裏，「動力」可曾出現過？那是甚麼時候？她的生活和現在有甚麼分別嗎？

- 尋找獨特故事 (Unique outcomes)

所謂獨特故事，就是問題故事沒有 / 未出現，或是很不一樣的生命故事。其實，兔仔也分享了她曾經與「黑洞」離線的經驗，所謂「離線」，就是她曾戒掉了濫藥的習慣，找回自己想要的生活的那一段日子。這些獨特故事，與問題故事有着截然不同的內容：

輔導員：	……講返那個「黑洞」，你有冇試過抽離，從裏面走番出來呢？
兔仔：	有，是自己停嗎？…… 我有入 X(戒毒中心)。
輔導員：	哦？早陣子入了 X ？

免仔：	12 月入嘅，入左去兩個幾月…… 但我試過入 Y(另一間戒毒中心)，住了兩年，離開中心時仍能有 9 個月沒有被「黑洞」影響，我無再食……
輔導員：	你有 9 個月沒有被「黑洞」影響？
免仔：	係呀！那 9 個月我係不停地跑馬拉松、玩獨木舟、行山……我獨木舟考了三星，講你都唔信呀！
輔導員：	係！嘩！你好鍾意戶外活動嘅！
免仔：	係！好健康，完全無接觸毒品！
輔導員：	那「黑洞」完全沒影響你嗎？
免仔：	無！我又踩單車、燒嘢食、游水、跑步……
輔導員：	其實這些算不算是你渴望的生活呢？
免仔：	以前我不知道，但入了 Y，發現這些東西適合我，我做係不覺辛苦，有些人會覺得跑步好辛苦，但我好喜歡那種感覺……跑馬拉松我可以跑到 10 公里。
輔導員：	嘩，10 公里？
免仔：	雞野(意指小事一樁，算不上甚麼！)， 呢啲先係勁嘢(意指陪在一邊的社工能跑更遠)！
輔導員、 社　工、 免仔：	(哈哈大笑！)
輔導員：	那麼你怎樣形容那一段生活？
免仔：	那段時間很開心，鍾意去哪兒就去哪兒。
輔導員：	除了用開心去形容，還有甚麼嗎？
免仔：	充實……因為那時有上學，又有工作……
輔導員：	你那時有讀書嗎？
免仔：	白天讀 IVE，晚上讀會計！真係好唔得閒！正常的生活都填滿了……我會找以前 Y 機構的同工、導師等一齊跑步、食飯，差不多每個星期都有見面。大家都好 friend……我地 keep 住有聯絡，就算我入咗 X(最近入去戒毒的地方)，我入去前也有和 Y 的同工吃飯，鼓勵我…… 他們都好錫我……

輔導員：	你感覺佢地點解「咁錫你」？
兔仔：	離開Y時我答應了他們我會繼續返教會，我都有動力參加……還幫她們邀請其他姊妹一齊參加。
輔導員：	你的這個例子告訴我，你是一個怎樣的人？在這種人際連繫中，你認為甚麼是重要的？

兔仔的這些獨特故事，和「濫藥」的故事很不一樣，當中充滿了「開心」及「充實」的情節。兔仔在Y中心戒毒時，一般舍員只需接受為期一年的訓練，但兔仔自願留長一點時間，為的是要考好她的會計考試，最後她在中心多留了四個月，會計考試的成績也很優異。在這個故事的綱領下，兔仔重新找回她那活潑外向的性格和喜歡做的事情。她也能運用自己的能力，堅持付出，爭取好成績，為自己喜歡的生活而努力。敍事實踐相信問題與個人是互相影響的，所以「問題」雖然曾經對兔仔有影響，在輔導進行時，這個問題依然存在，但在尋找另類故事時，兔仔仍能找到「問題」以外的事件，其實她也有方法去應付及改變問題，而且嘗試盡量減低或控制問題對她的影響。因為發現這些故事，兔仔更清楚自己想追求的生活及那獨特的可能性（Unique possibilities）。[11]

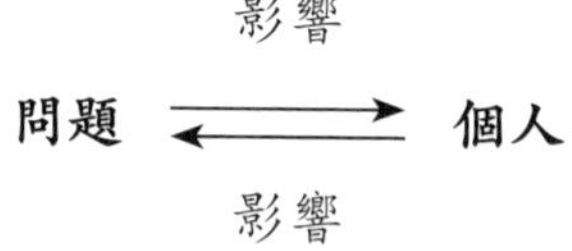

（五）身分的重建

懷特（White, 2007）認為敍事實踐的重點工作，就是身分（Identity）的重建。個人能利用語言，透過敍說自己及他人的生活故事，從而建立自己的身分。社會對濫藥的論述，為兔仔提供

[11] White, 1988.

了一個無用、自我封閉、無動力和失敗的身分，她也認同這些論述，並且內化成為自己的負面評價。這個「濫藥」的身分故事成為她的主流故事（Dominant story），把她的其他生命故事擠壓在主流故事之外，不容易被看見，也沒辦法發聲。要建立新的身分，就要利用「重寫生命故事」的方法，尋找那些被遺忘了，但又是兔仔喜愛的生命故事，把它們作深入詳細的回憶及描述，從而建立這個新身分，以下是一些例子：

（例一）有決心改變的身分故事

輔導員：	你現在和「黑洞」的關係又如何呢？
兔仔：	直情連接咗！連咗線！ online 咁！
輔導員：	Online 咗？ 我好似覺得你與「黑洞」有些拉扯喎，我有冇錯呢？
兔仔：	係呀！想出返嚟！
輔導員：	咁有啲咩可以畀到力量你走出來呢？
兔仔：	無架，同自己講，再唔出來死㗎！哈哈！ 遲早有一日畀人拉返入去（坐牢），又或者可能「索茄」索死啦……大把人係咁，真的！
輔導員：	即係你覺得是生死攸關的情況？
兔仔：	如果唔諗得咁負面，又點有動力令我想戒呢？如果我再繼續，覺得冇問題，一世都戒唔到喇！所以我決定自己斷咗（藥）一個月喇！ **（改變的行動：獨特事件）**

以上的對話看到兔仔能察覺問題對她影響的嚴重性，她是個有反思能力的人，而且有決心改變問題，並且已經付諸實行了！

（例二）忍耐、堅持和重視承諾的身分故事（兔仔入 X 中心兩個多月戒藥，剛出來）

輔導員：	你話你最近無食兩個月，應該不容易，你是怎樣做到的？
兔仔：	係呀！開頭係好辛苦，因為要攞（K 仔）實在太易喇……有時無錢也可以攞到……唉！我這個月用的方法是瞓覺，不去想它，一想「索茄」就瞓覺！一來我身體差出不了門，也不適宜整天在街上行來行去，唔舒服，又有尿頻，所以我索性瞓覺……已經瞓咗一個月了！
輔導員：	你嘗試用方法，例如瞓覺去處理個問題？
兔仔：	忍下囉……忍得幾耐得幾耐。如果我能夠忍耐一下，我的身體會好啲，或者遲些可以去找工作，有工作會好啲。

兔仔這個「忍耐」其實是有「堅持到底」的想法在當中，當問到有關「忍耐」的其他故事，她再分享：

輔導員：	所以你承諾了的事，一定會做到底，好似你講，要有口齒！你仲有冇例子？
兔仔：	係呀！好似我報咗 course 讀，我一定要考到……其實我無高學歷，係戒毒宿舍入面，老師叫我試下讀會計……其實那時我已差不多可以畢業（戒毒完成），無必要再留期，但因為要讀（會計），我特別申請留期，考完試才走……我啲同期（朋友）叫我走，考乜鬼吖！你出去都未必做架啦……但我覺得，既然應承咗，自己又覺得呢樣嘢唔太難，自己又唔抗拒……既然應承咗，咪讀完先走！
輔導員：	結果點呀？
兔仔：	完成咗啦！結果留咗四個幾月期。
輔導員：	其實有冇人會了解你，知道你是個講口齒、重承諾及堅持到底的人呢？
兔仔：	唔……我教會、師母、牧師……佢地一直都有撳我！
輔導員：	點解佢地會知？
兔仔：	因為在 Y(戒毒中心）時，教會有入去侍奉，幫啲女仔離開院舍後有穩定的教會生活，他們有 follow(up) 我哋。所以出院後我都有返教會……返小組呀，崇拜……個個禮拜都有返，佢地成日同我傾偈，仲叫我幫手。

輔導員：	叫你幫手做咩？
兔仔：	叫我幫手叫啲女仔（其他舍友）返小組……而家我吸毒，佢地間中喺 Facebook 都仲有搵我……
輔導員：	咁……你覺得你喺牧師和師母眼中，係個點樣嘅人呢？
兔仔：	唔知呀……貪玩囉，細個（年紀小）佢地成日話我貪玩。
輔導員：	係，佢地覺得你貪玩，仲有冇呢？
兔仔：	唔知呀。
輔導員：	咁點解你會認為，佢地知你係一個講承諾、有口齒及堅持到底的人呢？
兔仔：	唔……
輔導員：	佢地點樣睇到你有呢啲信念？
兔仔：	我應承佢地會準時返小組，我會 keep 住做，嗰陣時我真係有，好穩定㗎，個個禮拜都返。
輔導員：	承諾係邊個教你㗎？有冇人影響你呢？
兔仔：	無㗎！可能我一直都要「面」，不喜歡別人看我係一些無口齒的人！
輔導員：	「口齒」是甚麼意思呢？
兔仔：	即是我唔隨便應承人……如果我話應承幫人做事，我一定會做，做唔到我唔會去應承佢！
輔導員：	是不是你「重承諾」？
兔仔：	係呀，例如我去上一個 course，我一定要考到，考唔到我寧願不報！如果我無信心做，我係唔會應承人！

兔仔以「睡覺」對付藥癮，以「忍耐」去「堅持」到底，不讓身體再繼續轉差，希望身體能稍作康復時，可以找工作。另外一個故事，同樣要「忍耐」，「堅持」在戒毒院舍多留四個月，令自己取得學歷，也是為將來的新生活作準備。她也重視對別人的承諾，所以得到中心教會的牧師和師母的欣賞。

（例三）識理財、有節制的身分故事

兔仔：	……我唔想再過以前的生活……吸毒令自己做了很多錯誤的判斷！
輔導員：	是甚麼錯誤判斷，有沒有例子？
兔仔：	食到後期，食得好勁，去賣K仔……自己食仲多過賣，食到欠人錢……問人借錢都要繼續食。如果你是個正常人，唔會係咁㗎，那一刻，我覺得好恐怖，係食到唔似自己，好似同毒品打工呀！
輔導員：	你覺得毒品令你變成另一個人，已經唔似你？即係如果你唔同毒品打工，那個你係點樣嘅呢？
兔仔：	……我自問係一個識理財的人，我唔會用多，自己有幾多用幾多……最多唔儲錢啫！
輔導員：	是不是「量入為出」？我有冇理解錯？
兔仔：	都係，有節制！唔會用到周圍問人借錢……但食咗毒品後，人地都不信我，因為我食仲多過賣畀人，好似失咗控咁，跪喺到都要繼續食……覺得自己真係好折墮！真係㗎，唔係講笑！……唔係毒品，我不會欠人錢！
輔導員：	所以你是個有節制的人……
兔仔：	我情願人地欠我錢……
輔導員：	如果你真的欠人家錢，你會點㗎？
兔仔：	我會即刻還㗎！吸毒前我好少欠人錢！
輔導員：	所以你是欠了人家就要即刻還的…… 算是有信用的人嗎？
兔仔：	都係㗎！但食咗個人就改變晒！
輔導員：	信用其實重不重要呢？
兔仔：	重要㗎！明明我在朋友面前不是這樣的！食到變成另一個人！ pair晒！唔理形象，乜都唔理，總之你畀毒品我，我做乜都得喇！

在第二次會面的尾段……

輔導員：	……上次你告訴我，你和「黑洞」已經連線了。但其實你是好想和黑洞 offline，如果現在有條路，你要走出這個「黑洞」，你現在會在甚麼位置呢？

兔仔：	……行緊出來中間……（兔仔嘗試在紙上畫出「黑洞」的位置，開始行了少少……）
輔導員：	……那麼你可否預計自己想走的方向呢？
兔仔：	預計到哪個方向？
輔導員：	或者下一步，你有沒有一個方向感要往哪兒走嗎？
兔仔：	……唔……我會再入返院舍，會戒囉！
輔導員：	再入返院舍去戒毒？現在你沒有食（藥）一個月了，為甚麼想入返院舍戒？
兔仔：	唔……我覺得始終外面（世界）太多陷阱……即係我依個月清醒，難保我會失手嘛。我要喺一個完全無毒品的情況下，去諗我以後應該點做……我在「黑洞」中，只不過係不停咁拉扯，無意思！

如果我們繼續以好奇心出發，可以與兔仔再發現「外面有哪些陷阱」，妨礙了她離開黑洞。也可以了解「無意思」是甚麼意思？對她來説，拉扯是無意思，為甚麼？那麼怎樣的狀態才「有意思」？如果能在一個完全無毒品的情況下，她想做些甚麼？甚麼才是她覺得應該或是最想做的事呢？

兔仔的問題故事及身分與當下她活在的環境和文化有莫大關係。青少年濫藥在香港不是甚麼新鮮事，卻被冠以許多負面標籤。年青人會被看成很頹廢和對社會沒貢獻，甚至被人稱為「人渣、垃圾」。沒有人深究社會出了甚麼毛病，了解為甚麼青年人會被毒品控制，更沒有人去了解青年人如兔仔每天對抗毒品的故事。在「重寫生命故事」裏，輔導員就是要協助年青人找尋那些被遺忘了的另類生命故事線，給它們「重見天日」的機會。然後再從這些另類故事中找尋年青人的信念、能力和夢想。在這過程中，年青人就能由「無用、廢人」的自我形象，慢慢轉變和重新連繫新的身分，如兔仔，這新身分內包括了「有改變的決心、忍耐、堅持到底、識理財、有節制和重承諾」的做人信念及人生抱負。

(六)渴望與夢想的實踐

敘事實踐其中一個重要的工作，就是讓個人能跳出問題的框框，減低問題對個人的影響，從而讓個人能與自己喜愛的生活方式、信念、能力、渴望和夢想重新連繫。若能夠離開「黑洞」，輔導員可與兔仔一起找尋最想做的事是甚麼呢？

輔導員：	……講到毒品令你無咗好多時間，如果真係可以畀到時間你，其實你希望可以做甚麼呢？
兔仔：	梗係正正經經做份長工，儲下錢！其實咁多年來，我諗我吸毒的錢都夠我去幾次旅行，買埋樓都仲得！
輔導員：	做長工，儲到錢去旅行？
兔仔：	做啲自己鍾意做，正常嘅嘢！以前身體未變差時，我會返大陸玩，去澳門呀……我好喜歡周圍去，唔困得㗎！偏偏比毒品困住，仲慘過坐監！……真的！困在家對住四面牆，和坐監無分別。
輔導員：	係咪「黑洞」，好似個監獄咁困住你？
兔仔：	係呀！起碼我想自己落街就落街……但現在想落都落唔到，連買罐汽水都落唔到，行兩步都唔得，咁都唔似坐監？
輔導員：	你剛才講好想去旅行，可否告訴我為甚麼？
兔仔：	去玩下，見識下個世界……擴闊自己的眼界……我覺得這幾年把目光放在毒品上，其實我還有好多嘢都唔識，未見過呀！
輔導員：	如果我想問你，有關你對生活的一些盼望，其實你覺得應該係點？
兔仔：	可能就係以前正常那段時間的感覺……雖然好辛苦，但就享受好充實的生活……那時好有成就感！我中一咋！但考到 LCCI(會計試)的 First Class 喎！
輔導員：	是 First Class ！
兔仔：	First Class 對我來講，真係有好大的滿足感……我英文都唔識多個呀大佬，係英文卷嚟㗎！那一刻我覺得自己有能力做到「正常」嘅嘢！所以話畀自己聽，只要畀心機就做到啦！……所以，唉！提住呢個信念，唔好再畀佢唔見咗！……唔，要提醒返自己，過往一直，最黑暗的日子是自己不想過的，要提醒自己！

兔仔的故事告訴我們，協助她找回那段成功戒毒、付出過的努力和獲得 LCCI 考試 First Class 等的成功經驗，讓她的自信開始復元，重燃對人生的盼望！由於文章的篇幅有限，沒有將社工在會談中扮演迴響團隊成員（Outsider-witness practice）的經過寫出來。[12] 其實社工聆聽了兔仔與輔導員的對話後，曾對故事作出迴響，尋找兔仔對生活的重要價值，並把這價值延伸到社工自己的生活和人際關係中，從而獲得啟發。迴響團隊的作用，就是希望透過團隊對故事的聆聽和重複述説，令兔仔的故事變得更加豐厚，見證兔仔建構正面的身分認同。當中社工郭姑娘曾提到，兔仔的故事令她覺得兔仔是一個嚮往自由、很喜歡戶外活動的女孩子。她和兔仔都是同樣喜歡追求自己的理想，若能做到，便覺得「不枉此生」。這個形容詞，兔仔在回饋中形容是最能觸動她的地方，那正是她的渴望和追求：「不枉此生」！一些別人看似微不足道的事情，在兔仔眼中卻是她好想做到的，例如「正常地工作、儲錢、去旅行、四圍去見識這個世界……」她説：「……能夠做到自己想做的，可能別人眼中覺得好易做，但對我來説，做不到，人生會覺得好遺憾呀！」會談後，輔導員及社工分別寫信給兔仔，把面談的內容總結，這種手法在敘事實踐中會經常應用，以下就是其中一個治療檔案（Therapeutic document）的例子。[13]

兔仔：

你好嗎？復活節假期剛過去了，你是怎樣度過的呢？多謝你上次跟我分享你的戒藥經驗，也和我分享你陪朋友找屋的經驗，整個過程也沒有「high 嘢」，真是一個好開始呢！你的身體近來也開始有好轉了。

---

[12] White, 2015.
[13] 香港浸會大學青年研究實踐中心及香港小童群益會，2014 年，頁 60-61。

談到你「開始轉變」的一些行動，開始由「黑洞」走出來，真是一件不容易的事情，有甚麼可以支持你走這條艱辛的路？你說與自己的想法有關：

1. 你已經不想再過以前的生活，那種你用「恐怖」來形容的生活，完全不像你自己（只是跟毒品打工）！
2. 以前的生活由做了錯的判斷開始，明知毒品不好，但越食越多，更欠人家很多錢。

毒品使你變成另一個人，已不是你本人了，因為你未被它控制之前，你是一個有「信用」的人，你也會有節制，能量入為出，重視「承諾」，有「口齒」！

除了這些特質，你也是一個能「堅持到底」的人，例如你對師母（XXX）的邀請返教會小組也是因為「堅持」；你也「堅持」完成會計課程，雖然你要在 XXX 多留幾個月。我想這些「堅持」是絕不容易的，不知道在你的生命中有甚麼人對你有這些正面的影響，知道兔仔是一個信守承諾、量入為出、堅持到底、對人坦誠的人呢？

在面談的最後，你更提出若能持守自己的做人價值，信守承諾，堅持到底……也許這些能力能助你脫離「黑洞」，與毒品抗爭。你更說到也許靠自己不容易，或者入院舍戒毒更可行，我想這個想法會否能協助你對付毒品這個惡魔？你有這個想法，是不是一個積極「自救」的方法呢？

兔仔，很多謝你的分享！希望下次有機會再與你對話！

祝

生活順利、愉快！

Sharon（本文作者）

4/4/2013

治療檔案正好能把會談中個人的另類故事、能力、信念、渴望和盼望用文字紀錄下來，[14] 讓個人能隨時回顧及提醒自己想要的生活，繼續有力量地追尋自己的夢想！

五、敘事實踐在濫藥工作上的啟示

我從事濫藥輔導的十多年裏，個人一直受主流對「濫藥者」論述的影響而不自知。接受社工訓練教會我協助個人找出問題，尋求解決方案，並幫助個人重新建立支援網絡。其實我也被問題蒙蔽，只看到問題的威力，對受濫藥問題困擾的個人及其家人造成的傷害，覺得他們是受害者。那時候我覺得如果「濫藥者」不徹底戒毒，問題仍是兜兜轉轉，沒法改善。加上看見有些剛完成戒毒的朋友很快又走回頭路，有些甚至因過量用藥而失去生命，有一陣子曾經很灰心失望。現在回想起來，我是被濫藥問題所蒙蔽，讓我只看見失學、失業、頹廢、說謊、重吸、家庭不和、拒絕及收藏等問題，如果只看見這些，灰心和失望的經驗當然變成我的主流工作經歷。

敘事實踐在這方面可算是解放了我！我常問自己，究竟是甚麼影響着我？主流對「濫藥者」的了解及論述妨礙了我去看見、細聽和感受他們的經歷。現在回想起來，以往曾經和我分享濫藥故事的朋友們，無論他們身處的環境如何惡劣，藥物對他們的身心如何傷害，他們仍時刻奮力反抗，只是我沒有看見。反抗的行動可能很微弱，如果我們不用心聆聽及觀察，是很容易忽略或消失在主流故事當中。例如免仔曾經因為陪朋友找屋，一個早上沒濫藥；為了不想被濫藥的聲音影響，她選擇睡覺，或打電話與母親及朋友閒談，分散注意力。其實她感到毒品對身體的傷害，也

[14] Newman, 2008.

悟出辦法減少用藥。令自己的健康慢慢復元過來。在她與毒品拉鋸期間，輔導員不宜以責怪、批判、強迫或對質的方式去聽兔仔的故事，反而需要很多的好奇、尊重、耐心和明白去了解她的「拉鋸」經歷。對兔仔曾付出的努力加以肯定，對她面對的難關也要加以體諒。敍事實踐提醒輔導員要對這些努力保持好奇心，發掘更多努力背後的推動力及信念，並且了解這些努力對改善她的生活、與別人的關係有甚麼正面的影響。輔導員與個人同行的過程，就是要發掘她對生命還有哪些渴望及如何能實踐這些渴望！

在戒藥的路途上，其實兔仔一直並不孤單，她的好朋友，關心她愛她的大有人在。她教會的朋友、牧師、師母、曾與她一起住過、玩過的好朋友，還有社工姑娘及她的家人。這些人都曾協助她面對困難，有些人用的方法可能不太理想，令「黑洞」有機可乘。但她曾告訴我，就算一些用藥的朋友，也曾因她不斷沉淪而拒絕賣藥給她，原因是大家都擔心她的情況越變越壞，害怕她會死掉。這種「不賣藥」的手段背後的原因及意義是甚麼呢？這個「手段」讓她對濫藥問題有甚麼體會？對她想追求的生活有甚麼反思嗎？

其後，兔仔在對話中亦曾提到「黑洞」的「陷阱」，她曾「低估了它的威力」，以為自己曾經完全戒掉，有經驗了，不容易再掉進「黑洞」。結果因為「輕敵」，她又與受吸毒問題影響的朋友走在一起，落吧飲酒夜蒲，最終再次走進「黑洞」。她形容毒品令她做了很多「錯誤的判斷」。這個輔導的過程亦讓我看見兔仔擁有反思問題的能力，渴望改變，從「黑洞」中走出來，重新掌控自己的人生！

主流社會對青年人的成長有着一些論述，要求年青人在成長階梯上有所成就，例如要用功讀書，考試成績好才可以升上好的中小學，然後上大學。大學畢業了才有機會找到高薪工作，開展自己的事業，進入人生的另一個階段。社會的建設和規範都圍繞着這些「成就階梯」，家庭、學校和社區的制度，對不同年紀的年青人施加壓力，要求他們能在每個階段取得成功。年青人如兔仔，11、12 歲已經不上學了，後來濫藥、賣 K 仔甚至坐牢，在主流的標準下沒法達到成功的要求，她看自己也是一無是處及無價值的一個人，正如她說：「我以前啲同學，人地無食，有啲都入埋大學……我自己仲係咁，覺得好失敗！」這種社會論述把人病態化，令「問題」的聲音及影響成為年青人的主流生活故事，嚴重妨礙了他們看見自己的信念和能力，更不用説甚麼覺醒和改變了。敘事實踐提醒我們要時刻對這些主流論述提出批判、反思和拆解。

六、後記

兔仔、社工和我在這計劃中只有四次對話，其他時間均由她的社工郭姑娘負責跟進。透過郭姑娘的協助，兔仔開始改變。後來兔仔終於信守承諾，再次入院接受戒毒。她完成戒毒後的生活很充實，我和兔仔及郭姑娘曾經再有一次聚會，那時她日間在一所機構做會計的工作，晚上仍堅持唸會計，繼續考會計公開試，與家人的關係也有改善，兔仔在推動自己改變的功勞是最大的！

最近她還在郭姑娘的一本新書[15]替她寫了一些迴響。這個年青人終於與「黑洞」離線了，找回自己的聲音，努力追尋自己想要的生活及人生。我為她那「堅持到底」的力量感到很驕傲。雖然改變需要努力苦幹，但是她讓我相信改變是可能的，讓我對運用敘事實踐在戒毒工作上更有信心。

鳴謝香港小童群益會服務總監傅淑賢姑娘、深水埗區青少年

[15] 郭美霞，2016 年。

外展社會工作隊郭姑娘、林姑娘、區 sir、歐陽 sir、黎 sir 和洲 sir；還有計劃的首席研究員，香港浸會大學前青年研究實踐中心主任秦安琪副教授。當然，最重要要感謝的一位，該是讓我把她的故事寫出來與大家分享的兔仔。希望她的故事能令更多人了解濫藥問題，為受藥物困擾的年青人、他們的家人及戒毒工作者帶來處理問題的希望。

第十一章

減少社會污名和自我污名

楊劍雲 博士

一、社會污名

污名（Stigma）是羞恥的標誌，令人與精神病患者分隔。[1] 精神病的污名分為兩種：社會污名（Social stigma）和自我污名（Self-stigma）。[2]

社會污名是指社會大眾對精神病的偏見和負面態度。在香港及其他華人社會內，精神病患者常常經驗和遭受社會污名。例如，在香港進行的一項調查報告指出，大約 75% 的精神病患者表示他們曾遭受社會污名。[3] 此外，另一些調查研究亦發現社會污名和歧視態度在香港不同羣體均會出現，包括：一般社區居民[4]、僱主[5]、精神科醫護專業人士[6]和家屬[7]。患了精神病的人往往被社會人士認為是：不可預知的、危險的、不正常的、怪異的、內向、情緒不穩定和自尊感低的人。[8]

（一）社會污名的社會認知模式

有學者提出以社會認知模式（Social cognition model）去了解社會污名如何影響個別人士（見圖一）。[9] 社會大眾對精神病患建構了固定的偏見（stereotype）—— 社會污名，並透過不同傳播媒體，如新聞、電影、電視節目和互聯網等，廣泛傳播這些社會污名（如精神病人是不可預知和危險的）。當個別人士接觸這些資訊後，受到影響，認同和接受這些資訊內容（我**認為**精神病人是不可預知和危險的）。然後，個別人士基於對精神病人所持有的偏頗看法（**認同**精神病人是不可預知和危險的），對精神

---

[1] Byrne, 1999.
[2] Corrigan, Roe & Tsang, 2011.
[3] Chung & Wong, 2004.
[4] Tsang, Tam, Chan & Cheung, 2003.
[5] Tsang et al., 2007.
[6] Chien, Yeung & Chan, 2014.
[7] Lee, Lee, Chiu & Kleinman, 2005.
[8] Chien et al., 2014; Lee et al., 2005; Tsang et al., 2007; 2003.
[9] Corrigan et al., 2011.

病人產生負面感受和態度（如：**害怕**和精神病人接觸；**擔心**隨時被這些精神病人傷害），和產生對精神病人的歧視行為（如：**拒絕**和精神病人**一起工作**）。

圖一　社會污名的社會認知模式

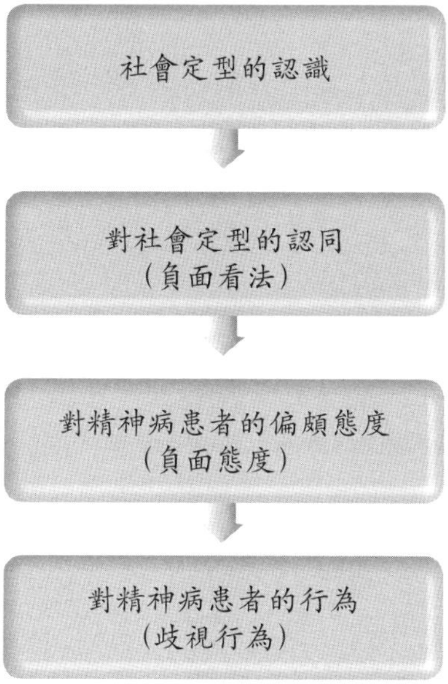

	例子
社會定型的認識	**社會人士認為**精神病人是不可預知和危險的。
↓	
對社會定型的認同（負面看法）	我**認同**精神病人是不可預知和危險的。
↓	
對精神病患者的偏頗態度（負面態度）	我**害怕**和精神病人接觸，**擔心**隨時被這些精神病人傷害。
↓	
對精神病患者的行為（歧視行為）	我**拒絕**和精神病人**一起工作**。

（二）中國傳統文化與社會污名

受中國傳統文化價值觀，特別是儒家思想的影響，[10] 精神病患者被視為社會上沒有能力的人士，他們不能遵守儒家思想五倫的要求，並對家庭和社會和諧造成破壞，被視為對家庭和社會帶來羞辱（shame）和丟臉（loss of face）。雖然中國傳統價值觀強調集體主義，和重視家庭對精神病患者的照顧責任，許多病患的家屬照顧者都會經驗到社會污名，在社區內感到羞辱和丟

[10] Lam et al., 2010; Yang, 2007; Young, Ng, Pan & Cheng, 2015.

臉。這些社會污名會增加家屬照顧者對病患者的照顧負擔和痛苦（caring stress and pain），繼而對病患者產生負面情緒和批評。[11]這些負面情緒和批評，對病患者來説，成為家屬照顧者向他們傳播的社會污名。[12] 再者，有些精神病患者需依靠家庭提供財政支持，維持日常生活，病患者往往被家庭和社區人士視為「依賴」，甚至成為「家庭的負累」（family burden）。[13] 最後，中國文化有關命運（fate）的觀念，讓精神病患者和家屬相信患上精神病是「命運 / 上天的安排」，他們只能「認命」，接受命運安排，忍受着社會污名。[14] 在這樣的傳統文化價值影響下，社會大眾和家屬往往會認同這種對精神病患者的負面信念（即社會污名），對精神病患者產生負面態度和歧視行為。

（三）減少社會污名

社會污名令社會大眾對精神病患者產生很多不合理不公平的對待，精神病患者因而在生活上面對種種困難和挑戰，包括：就業、住房、人際關係、家庭關係和社會融合等。減少社會污名是重要課題，有助建立平等和公平的社會。

根據上述社會污名的社會認知模式，要減少社會污名，須改變社會人士對社會污名的認同。例如，某僱主透過傳播媒體認知，精神病患者被社會人士認為是不可預知和危險的，但這僱主不相信和不接受這些對精神病患者的偏頗看法，反而認同很多精神病患者情緒穩定和有良好的工作能力（正面看法），對精神病患者於所屬機構工作感放心（接納態度），樂意僱用精神病患者（行為）。香港政府和社會服務機構以不同策略教育公眾，讓社會人士對精神病患者有更正面的認識，藉此改變他們認同及接受

[11] Mak & Cheung, 2012.
[12] Chien et al., 2014.
[13] Hsiao, Klimidis, Minas & Tan, 2005; Lam et al., 2010; Yang, 2007.
[14] Lam et al., 2010; Ng, Tsun, Su, & Young, 2013.

社會污名的想法。例如筆者曾在以往工作的社會服務機構內，組織精神病患者義工服務組，與其他機構屬下由一般社會人士組成的義工組，共同籌辦義工服務，探訪老人院，跟長者遊戲和送禮物。透過這義工服務，一般社會人士和老人院長者都與精神病患者有親身接觸，對他們有更多了解，有更正面的看法，明白很多精神病患者都是友善、樂於助人和情緒穩定的，改變了他們過去對精神病患者的誤解，更願意接納精神病患者。此外，亦有社會服務機構舉辦畫展，展示精神病患者的藝術作品和畫作，改變社會大眾對精神病患者的誤解。

學者 Corrigan et al.（2012）檢視直至 2010 年有關減少社會污名的策略和研究，當中涉及 72 份成效研究，並進行再分析（meta-analysis）。研究結果顯示，有效改變和減少社會污名的策略可分為兩類：教育（education）和接觸（contact）。接觸精神病患者比單純教育，更有效減少社會污名；面對面接觸也比播放相關錄影節目，更有效減少社會污名。其他學者例如 Mehta et al.（2015）和 Holzinger et al.（2008）都分別檢視和分析了 80 份和 51 份有關減少社會污名的策略和研究。他們都再分析研究文章，分析結果同樣顯示教育和接觸能有效改變和減少社會污名。[15] 根據以上研究結果，香港政府和社會服務機構進行公眾教育時，應以不同策略和方法促進社會人士直接和正面地接觸精神病患者，藉此改變他們的誤解，從而更願意接納精神病患者。

二、自我污名

社會污名其中一個嚴重後果，是精神病患者認同和內化了社會污名的負面觀點和信念，引致自我污名。近年學術界對自我污

[15] Holzinger et al., 2008; Mehta et al., 2015.

名有很多研究，以下將作扼要介紹。

(一)自我污名的量度和評估

雖然學術界已發展了幾個自我污名的評估表，當中內化精神病污名量表(Internalized stigma of mental illness scale)較廣泛地被研究員採用。內化精神病污名量表由美國學者(Ritsher et al., 2003)建立，被翻譯成多國語言，已應用於多個國家。[16] 筆者將這量表翻譯成中文，並確立中文版內化精神病污名量表的可靠性(reliability)($\alpha = 0.85$)和有效性(validity)。[17] 見表一。內化精神病污名量表(中文版)評估四方面的問題，包括：羞恥(Shame / Alienation)、認同社會定型(Stereotype endorsement)、被歧視(Perceived discrimination)和社交退縮(Social withdrawal)。這量表共有 24 條問題，每條均提供 4 項答案供被訪者選擇，包括十分不同意(1 分)至十分同意(4 分)，分數越高顯示自我污名越嚴重。內化精神病污名量表分數以每條答案所得的平均分(即將 24 條答案分數總和，再除以 24)作計算，如這量表分數超過 2.5 分，顯示被訪者呈自我污名的問題。

(二)自我污名呈現率(prevalence)和所造成的問題

精神病患者自我污名的問題在中國和西方社會均十分普遍。近期的調查研究顯示，在美國 36.1% 的精神病患者呈現自我污名的問題；[18] 在歐洲有 41.7%；[19] 在香港和廣州市，則分別有 38.3% 和 49.5%。[20]

根據筆者在本港有關自我污名的研究，[21] 超過一半被訪者表示因為患上精神病而感到羞恥。另有四成被訪者表示被歧視，出

---

16 West et al., 2011.
17 Young, Ng, Pan, & Cheng, 2015.
18 West, Yanos, Smith, Roe & Lysaker, 2011.
19 Brohan, Elgie, Sartorius & Thornicroft, 2010.
20 Young & Ng, 2015.
21 Young & Ng, 2015.

現社交退縮。有四分之一的被訪者認同社會有關精神病的社會定型。

表一　香港精神病患者的自我污名

	出現自我污名（分數 ≥ 2.5）之百分比	平均值（標準偏差）
自我污名（以 24 條問題作總計算）	38.3%	2.34 (0.48)
羞恥	52.3%	2.44 (0.59)
被歧視	41.4%	2.37 (0.61)
社交退縮	46.2%	2.37 (0.61)
認同社會定型	23.3%	2.21 (0.47)

很多人士在第一次經歷精神病患時，往往因為自我污名的問題，對患上精神病感到羞恥，擔憂被歧視，從而顯著減少和一般人接觸，並隱藏病情，不向別人披露精神狀況，甚至否認患了精神病，拒絕看精神科醫生，因而延誤診斷和治療，令病情進一步惡化。在西方和華人社會的研究指出，自我污名的問題會對精神病患者的生活產生不利影響，如自尊感、自我效能感和生活質素都會降低，同時增加精神病症狀，影響他們的痊癒進展。

（三）中國傳統文化與自我污名

筆者曾比較本港和廣州精神病患者的自我污名的呈現率。[22] 在廣州市的呈現率為 49.5%，明顯高於香港的 38.3%。排除兩

[22] Young & Ng, 2015.

地精神病患者研究對象在年齡、性別、教育程度、工作狀況、婚姻狀況及精神病類型等差異後，廣州市的精神病患者自我污名的呈現率仍明顯高於香港。

香港社會匯聚傳統中國文化和西方文化，社區精神健康服務相對較全面和多元化。相比之下，廣州市較受傳統中國文化影響，社區精神健康服務較為缺乏。在廣州市的精神病患者較多依賴家人的支持和照顧，需依靠家庭提供財政支持，以維持他們的日常生活。在缺乏社會教育下，很多家屬對精神病患者不能穩定工作，缺乏收入和其他問題，會持負面態度，認為患者成為家庭的負累，並為家屬帶來羞恥。

表二　比較本港和廣州精神病患者的自我污名的呈現率

	香港（人數 = 266）		廣州市（人數 = 208）	
	出現自我污名（分數 ≥ 2.5）之百分比	平均值（標準偏差）	出現自我污名（分數 ≥ 2.5）之百分比	平均值（標準偏差）
自我污名（共 24 條）	38.3%	2.34 (0.48)	49.5%	2.50 (0.54)
羞恥	52.3%	2.44 (0.59)	53.4%	2.57 (0.63)
被歧視	41.4%	2.37 (0.61)	40.4%	2.43 (0.60)
社交退縮	46.2%	2.37 (0.61)	54.3%	2.53 (0.60)
認同社會定型	23.3%	2.21 (0.47)	52.4%	2.51 (0.65)

(四)自我污名的認知模式 (Cognitive Model of Self-Stigma)

根據 Corrigan et al. (2006),自我污名是由於精神病患者內化了社會污名的負面觀點和信念而生的。當中涉及幾個過程:社會定型的認識 (stereotyped awareness)、社會定型的認同 (stereotyped agreement)、自我內化 (self-concurrence) 和自尊感降低 (self-esteem decrement)。社會定型是指社會人士對精神病患者的固有看法。如前述,香港社會對精神病患者普遍存在負面的社會定型 (negative stereotype),精神病患者往往被社會人士認為是:不可預知、危險、不正常、怪異、情緒不穩定和自尊感低。當某些社會人士認同這些對精神病患者的負面社會定型,便會令他們對精神病患者有恐懼、憂慮、抗拒等負面情緒,繼而作出相關的負面行為,如:拒絕和病患者共事、交往,甚至想辦法解僱病患者等。

然而,除了社會人士普遍知道和傳播這些負面社會定型外 (如:精神病患者是情緒不穩定的),精神病患者亦在他們的生活中常常經驗和注意到 (aware) 這些負面社會定型。有些病患者會對這些定型置之不理,但研究發現,很多患者會認同 (agree) 這些定型 (如:我同意在某些情況下,精神病患者會變得情緒不穩定),並進一步內化 (internalize) 這些定型,認為他們出現了這些定型的特點 (如:我是情緒不穩定的)。然後,這些定型的思想和信念 (如:我是情緒不穩定的),成為他們的負面核心信念 (如:我很無用),會為病患者帶來負面和抑鬱情緒 (如:我很不開心)。見圖二 (頁 238)。

圖二　社會污名的社會認知模式

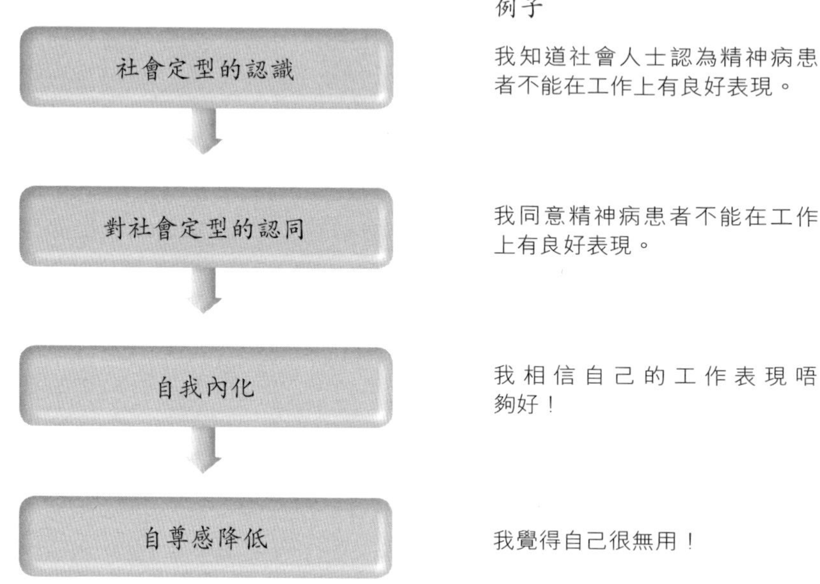

(五)減低自我污名的策略和方法

由於自我污名對精神病患者的生活和復元產生各種負面影響，幫助他們抵抗自我污名因而變得十分重要。研究顯示，可以透過短期治療小組減低精神病患者的自我污名問題。以下介紹一些實證為本的介入法(evidence-based intervention)，協助精神病患者減低自我污名。

- **認知行為治療**(Cognitive behavioural therapy)

根據認知行為治療的分析，自我污名是負面信念，源於精神病患者內化了社會污名的負面觀點和信念，屬於非理性信念(irrational beliefs)。這些非理性的自我污名信念會為患者帶來負面情緒，和自我形象低落。認知行為治療提倡以不同介入法，如透過認知重構(cognitive re-structuring)，幫助患者挑戰這些非理性的自我污名信念，並以更合理的信念（rational beliefs）取代（例如，我能好好照顧自己和做好家務，所以我並非無用，更不是家庭負擔）。在外國的研究顯示，認知行為治療小組能有效減少自我污名。[23]

筆者發展了一個針對自我污名的認知行為治療小組。小組的元素包括：（1）透過認知重構介入法改變參加者的自我污名信念，包括那些受中國文化影響的自我污名信念；（2）幫助參加者認識自己的強項（strengths），發展對自己的正面信念；（3）透過社交技能培訓加強參加者應對社會污名；（4）加強參加者之間的支持。近期筆者在香港進行了一個關於認知行為治療小組對自我污名的成效研究，研究結果顯示支持認知行為治療小組能減少自我污名、抑鬱情緒和促進復元。[24, 25]

表三　認知行為治療小組每節主題

節數	主題	小組目標
第一節	彼此共鳴	→ 促進組員間互相認識，建立安全感 → 讓組員掌握整個小組的性質、目的、內容、期望、守則及契約 → 組員分享對現時社會偏見的經驗和所受之影響
第二節	情緒ＡＢＣ	→ 協助組員明白ＡＢＣ模式 → 組員分享對社會偏見的了解 → 組員分享社會偏見對心理健康之影響 → 組員分享對社會偏見的應付方法 → 鼓勵組員破解社會偏見的錯誤，保持心理健康

[23] Knight et al., 2006; Lucksted, Drapalski, Calmes, Forbes, DeForge & Boyd, 2011; Macinnes & Lewis, 2008; Shimotsu et al., 2014.

[24] Young, 2018.

[25] Young, 2019.

(續)

節數	主題	小組目標
第三節	社會偏見對對碰	→ 協助組員辨別和破除一般社會偏見(如精神病人有暴力傾向、精神病人是愚蠢的、精神病患可傳染……)
第四節	患病不是我的錯	→ 協助組員辨別和破除特別社會偏見:患病是病人的錯 → 協助組員探討及明白病因
第五節	復元有望	→ 協助組員辨別和破除特別社會偏見:精神病永遠不會好 → 協助組員分享復元路上時好時壞乃正常現象 → 協助組員明白促進精神健康的建立保護元素
第六節	我不是負累	→ 協助組員辨別和破解特別社會偏見:患病成為別人的負累 → 協助組員探討能自己照顧自己的地方,肯定自我 → 協助組員明白互相照顧是美德
第七節	我有我強項	→ 協助組員認識自我的優勢,肯定自我
第八節	行得正企得正,無有怕!	→ 協助組員減低被歧視之焦慮和擔心,和自己嚇自己的負面思想 → 學習自我鬆弛
第九節	自己保護自己	→ 協助組員正面面對歧視 → 促進組員自我保護策略
第十節	回顧學習成果	→ 總結及鞏固整個小組過程中的學習內容 → 讓組員彼此檢討回顧學習成果 → 讓組員彼此鼓勵和支持

- **勇敢披露病患(Coming Out Proud)**

最近,美國開發了一種名為「勇敢披露病患」的短期小組,減少精神病患者的自我污名。[26] 根據這個模式,賦權(empower)

[26] Corrigan, Kristin, Kosyluk & Rüsch, 2013.

能抗衡自我污名。此外，適當地自我披露（self-disclosure）精神病患的經歷可以減少自我污名、減少社會污名和促進復元。[27]

根據學者研究，披露精神病患包括下表所列的優缺點。[28] 這種模式的目的並非勉強參加者毫無保留地自我披露精神病患，而是讓他們自行決定在不同處境和羣體中，披露或保密其精神病患的經歷。[29]

表四　披露精神病患的優缺點

優點	缺點
不必擔心需要向上司和朋友隱藏所患的精神疾病	須面對其他人歧視精神疾病或反對你披露精神病的經歷
可以對每天的生活事件更加開放	須面對其他人可能會「説八卦」
可以更放心按需要（如精神科復診），向上司申請病假	須面對其他人的排斥，將你排除在社交聚會之外
獲得其他人的讚賞	須擔憂其他人對你的看法
引發其他人分享類似病患和經歷，彼此學習，彼此支持	須擔憂別人會特別憐憫你，或懷疑你的能力

根據這個模式，披露精神病患有以下五個層次[30] 從迴避隱藏的最低層次，到主動公開披露精神病經歷的最高水平（見表五）。

表五　五個層次的披露

披露層次	策略	特點
1	社交迴避	避免接觸一般社會人士，隱藏精神病患

27 Brohan et al., 2010; Corrigan et al., 2010; Rüsch et al., 2014.
28 Morrow, 1996; Corrigan et al., 2013.
29 Rüsch et al., 2014.
30 Corrigan et al., 2013; Herman, 1993.

（續）

披露層次	策略	特點
2	保密	隱藏病患，會和精神病患和一般社會人士保持接觸
3	選擇性披露	只披露病患予特定人士（如某舊朋友）
4	一般性披露	不向人隱藏病患，不介意披露精神病患
5	主動公開披露	主動和公開披露病患，藉此進行公眾教育

這新發展的勇敢披露病患小組由朋輩支援工作員帶領，[31] 主要包括三類小組活動。第一類小組活動鼓勵參加者思考在不同處境下保密和披露精神病患的優缺點。第二類小組活動幫助參加者探索披露的五個層次，自行決定在不同處境和羣體中披露或對其精神病患的經歷保密。在第三類小組活動中，參加者會學習在不同的處境披露其精神病患的講述技巧。

近期在西班牙進行了一項關於「勇敢披露病患」的研究，研究結果支持這模式的可行性和有效性，如減輕社會污名的負面影響和增加自我披露病患的好處。[32] 儘管如此，還需要進行更多的研究工作來進一步探討這模式在華人社會的可行性和有效性。

- **會説話的相片**（Photo-voice group）

最近，在美國波士頓精神康復中心（Boston Psychiatric Rehabilitation Centre）研發了一個名為「會説話的相片」的短期小組，以減少精神病患者的自我污名。[33] 這個小組由朋輩支援工作員和專業人士共同帶領。在小組活動初期，參加者透過心理教育（psycho-education）了解社會歧視和污名，及社會污名對他

[31] Corrigan et al., 2013; Rüsch et al., 2014.
[32] Rüsch et al., 2014.
[33] Russinova, Rogers, Gagne, Bloch, Drake & Mueser, 2014.

們的影響。然後，參加者將學習拍攝技巧，自行在社區內拍攝，記錄社會污名對他們生活的影響，並對這些相片寫下相關的簡短論述。完成拍攝和相關論述後，參加者將這些相片和相關簡短論述在小組內分享和討論。彼此討論後，參加者將學會如何正確面對社會污名，減少自我污名和改善心理健康。此外，這些相片和相關簡短論述經過適當的編修後，會透過展覽板或社交媒體傳播出去，藉此促進公眾人士進一步了解精神病患者遭受社會歧視和污名化的感受和難處，和了解精神病患者面對社會歧視和污名化時所呈現的自我接納、自我肯定、勇氣和忍耐等。

在美國進行了一個「會説話的相片」小組的隨機對照研究。小組為期 10 節，每週聚會一次，每次約 90 分鐘，由朋輩支援工作員和專業人士共同帶領。研究結果支持這模式的可行性和有效性，發現這模式能減少自我污名和促進復元。[34] 然而，需要更多的研究工作進一步調查這種模式在華人社會的可行性和效能。

- **「真人圖書館」**(Human Library)

近年，越來越多香港社福機構提供「真人圖書館」服務。真人圖書館在 2000 年 1 月發源於丹麥哥本哈根，現已成為一項國際性運動。真人圖書網絡（Human Library Organization）現為一個國際組織，在世界各地，包括香港，成立相關機構和提供相關服務。「真人圖書館」的成立目的，是促進社會人士透過與被社會排斥的弱勢社羣（如同性戀者、愛滋病患者和精神病患者等）直接面對面的對話和交流，來消除社會人士對這些弱勢社羣的偏見和污名化，藉此促進社會人士對這些弱勢社羣的了解、尊重和接納。

在香港，有關精神健康和復元的真人圖書館服務，被倡議為「精健圖書館」（Mental Health Human Library）。一般來說，「精

---

[34] Russinova et al., 2014.

健圖書館」是透過團體或學校預約方式，由香港精神復康（非謀利機構）安排朋輩支援工作員，到團體或學校所屬地點，面對面對談或辦分享會，讓朋輩支援工作員親身分享他們精神病的復元旅程，並即時與公眾人士或學生作互動交流。筆者觀察「精健圖書館」的服務受到公眾人士和朋輩支援工作員廣泛歡迎，能讓公眾人士和朋輩支援工作員受惠。這些面對面的分享和互動交流，一方面能促進公眾人士對精神病患者的認識和接納，另一方面亦有助朋輩支援工作員自我接納、自我肯定、減少自我污名化，和培養他們面對公眾人士的信心和勇氣，讓朋輩支援工作員與公眾人士建立彼此尊重和關懷的精神。然而，仍需要更多研究，進一步探討這種模式在華人社會的成效。

附件一　內化精神病污名量表

填寫說明：以下是一些形容您對自己和對生活感受的句子。請仔細閱讀每句句子，然後圈選一個您認為最能代表您感受的答案。如果句子很能表達您的感受，請選擇 4 號（十分同意）；如果您很不同意的話，請選擇 1 號（十分不同意）。

		十分不同意	不同意	同意	十分同意
1	患上精神病令我感到跟世界格格不入	1	2	3	4
2	精神病摧毀我一生	1	2	3	4
3	未曾患過精神病的人難以明白我	1	2	3	4
4	患有精神病令我感到尷尬和羞恥	1	2	3	4
5	患上精神病令我對自己感到失望	1	2	3	4
6	我感到自己不及無患精神病的人	1	2	3	4
7	一般人對精神病患者的印象適用於我	1	2	3	4
8	別人能夠從我的外表知道我是精神病患者	1	2	3	4
9	精神病患者有暴力傾向	1	2	3	4
10	患上精神病令我很多時候需要別人為我作決定	1	2	3	4
11	精神病患者不能過一個美好和有意義的生活	1	2	3	4
12	精神病患者不應該結婚	1	2	3	4
13	患上精神病令我不能對社會作出貢獻	1	2	3	4

（續）

		十分不同意	不同意	同意	十分同意
14	別人因為我患上精神病而歧視我	1	2	3	4
15	別人認為我得了精神病就不能有甚麼成就	1	2	3	4
16	別人因我患有精神病而忽略我或輕視我	1	2	3	4
17	別人因為我患上精神病，常常將我當作「細路仔」那樣看待和提供幫助	1	2	3	4
18	因為我患上精神病，沒有人有興趣接近我	1	2	3	4
19	我很少講我自己，因為我不想我的病成為其他人的負擔	1	2	3	4
20	我的社交活動比從前減少，因為精神病患令我的外表和行為變得古怪	1	2	3	4
21	精神病的負面印象令我被「正常」社會孤立	1	2	3	4
22	我避開社交場合以免令我的家人及朋友感尷尬	1	2	3	4
23	跟沒有患精神病的人在一起，令我感到格格不入及比不上人	1	2	3	4
24	我避免接近那些沒有精神病的人，以免被排擠	1	2	3	4

參考資料

Byrne, P. (1999). Stigma of mental illness: Changing minds, changing behaviour. *British Journal of Psychiatry,*174, 1-2.

Chien, W. T., Yeung, F. K. K., & Chan, A. H. L. (2014). Perceived stigma of patients with severe mental illness in Hong Kong: Relationships with patients' psychosocial conditions and attitudes of family caregivers and health professionals. *Administration and Policy in Mental Health and Mental Health Services Research,* 41, 237-251.

Chung, K. F., & Wong, M. C. (2004). Experience of stigma among Chinese mental health patients in Hong Kong. *Psychiatric Bulletin*, 28, 451-454.

Corrigan, P. W., Kristin, A., Kosyluk, K. A., & Rüsch, N. (2013). Reducing self-stigma by coming out proud. *American Journal of Public Health, 103*, 794-800. doi: 10.2105/AJPH.2012.301037

Corrigan, P. W., Morris, S. B., Michaels, P. J., Rafacz, J. D., & Rüsch, N. (2012). Challenging the public stigma of mental illness: A meta-analysis of outcome studies. *Psychiatric services, 63*, 963-973.

Corrigan, P. W., Morris, S., Larson, J., Rafacz, J., Wassel, A., Michaels, P., ...Rüsch N. (2010). Self-stigma and coming out about one's mental illness. *Journal of Community Psychology*, *38*, 259-275.

Corrigan, P.W., Roe, D., & Tsang, W.H. (2011). *Challenging the stigma of mental illness: Lessons for therapists and advocates.* Chichester, West Sussex, UK: Wiley-Blackwell.

Corrigan, P. W., Watson, A. C., & Barr, L. (2006). The self-stigma of mental illness: Implications for self-esteem and self-efficacy. *Journal of Social and Clinical, 25*, 875-884.

Herman, N.J. (1993). Return to sender: Re-integrative stigma-management strategies of ex-psychiatric patients. *Journal of Contemporary Ethnography, 22,* 295-330.

Holzinger, A., Dietrich, S., Heitmann, S., & Angermeyer, M. (2008). Evaluation of target group orientated interventions aimed at reducing stigma surrounding mental illness. *Psychiatrische Praxis, 35*, 376-86. doi: 10.1055/s-2008-1067396.

Hsiao, F. H., Kimidis, S., Minas, H., & Tan, E. S. (2005). Cultural attribution of mental health suffering in Chinese societies: The views of Chinese patients with mental illness and their caregivers. *Journal of Clinical Nursing, 15,* 998-1006.

Knight, T.D., Wykes, T., & Hayward, P. (2006). Group treatment of perceived stigma and self-Esteem in schizophrenia: A waiting list trial of efficacy. *Behavioural and Cognitive Psychotherapy, 34*, 305-318.

Lam, C. S., Tsang, H. W. H., Corrigan, P. W., Lee, Y. T., Beth, A., Kan, S., ... Larson, J. E. (2010). Chinese lay theory and mental illness stigma: Implications for research and practices. *Journal of Rehabilitation, 76*, 35-40.

Lee, S., Lee, M. T. Y., Chiu, M., & Kleinman, A. (2005). Experience of social stigma by people with schizophrenia in Hong Kong. *British Journal of Psychiatry, 186*, 153-157.

Lucksted, A., Drapalski, A., Calmes, C., Forbes, C., DeForge, B., & Boyd, J. (2011). Ending self-stigma: Pilot evaluation of a new intervention to reduce internalized stigma among people with mental illness. *Psychiatric Rehabilitation Journal, 35,* 51-54.

Macinnes, D.L., & Lewis, M. (2008). The evaluation of a short group programme to reduce self-stigma in people with serious and enduring mental health problems. *Journal of Psychiatric and Mental Health Nursing, 15,* 59-65.

Mehta, N., Clement, S., Marcus, E., Stona, A.C., Bezborodovs, N., Evans-Lacko, S., ...Thornicroft, G. (2015). Evidence for effective interventions to reduce mental health-related stigma and discrimination in the medium and long term: Systematic review. *British Journal of Psychiatry, 207,* 377-384.

Mak, W. W. S., & Cheung, R. Y. M. (2012). Psychological distress and subjective burden of caregivers of people with mental illness: The role of affiliate stigma and face concern. *Community Mental Health Journal*, 48, 270-274.

Morrow, D. F. (1996). Coming-out issues for adult lesbians: A group intervention. *Social Work, 41,* 647-656.

Ng, P., Tsun, A., Su, S. & Young, K.W. (2013). Cognitive behavioural therapy in the Chinese cultural context: A case report. *Asia-Pacific Psychiatry, 5*, 205-211.

Ritsher, J. B., Otilingam, P. G., & Grajiales, M. (2003). Internalized stigma of mental illness: Psychometric properties of a new measure. *Psychiatry Research, 121,* 31-49.

Rüsch, N., Abbruzzese, E., Hagedorn, E., Hartenhauer, D., Kaufmann, I., Curschellas, J. ...Corrigan, P. W. (2014). Efficacy of Coming Out Proud to reduce stigma's impact among people with mental illness: Pilot randomized controlled trial. *British Journal of Psychiatry, 204,* 391-7. doi: 10.1192/bjp.bp.113.135772

Russinova, Z., Rogers, E.S., Gagne, C., Bloch, P., Drake, K.M., & Mueser, K. T. (2014). A randomized controlled trial of a peer-run antistigma photovoice intervention. *Psychiatric Services, 65*, 242-6. doi: 10.1176/appi.ps.201200572

Shimotsu, S., Horikwa, N., Emura, R., Ishikawa, S. I., Nagao, A., Ogata, A., ...Hosomi, J. (2014). Effectiveness of group cognitive behavioural therapy in reducing self-stigma in Japanese psychiatric patients. *Asian Journal of Psychiatry, 10*, 39-44.

Tsang, H. W. H., Tam, K. C., Chan, F., & Cheung, W. M. (2003). Stigmatizing attitudes towards individuals with mental illness in Hong Kong: Implication for their recovery. *Journal of Community Psychology*, 31, 383-396.

Tsang, H. W. H., Angell, B., Corrigan, P. W., Lee, Y. T., Shi, K., Lam, C. S., ...Fung, K. M. T. (2007). A cross sectional study of employers' concerns about hiring people with psychiatric disorder: Implications for recovery. *Social Psychiatry and Psychiatric Epidemiology*, 42, 723-733.

West, M. L., Yanos, P. T., Smith, S. M., Roe, D., & Lysaker, P. H.(2011). Prevalence of internalized stigma among persons with severe mental illness. *Stigma Research Action, 1,* 3-10.

Yang, L. H. (2007). Application of mental illness stigma theory to Chinese societies: Synthesis and new directions. *Singapore Medical Journal, 48*, 977-985.

Young, K. W. (2018). Cognitive behavioral therapeutic group in reducing self-stigma for people with mental illness. *Research on Social Work Practice, 28*, 827-837.

Young, K. W., & Ng, P. (2015). The prevalence and predictors of self-stigma of individuals with mental health illness in two Chinese cities. *International Journal of Social Psychiatry, 62,* 176-185. doi:10.1177/0020764015614596

Young, K. W., Ng, P., & Cheng, D. (2019). De-stigmatized Group Intervention on Promoting Hope of Recovery -- A Quasi-Experiment Study. *Research on Social Work Practice* (article accepted for publication)

Young, K. W., Ng, P., Pan J. Y., & Cheng, D. (2017). Validity and reliability of Internalized Stigma of Mental Illness (Cantonese). *Research on Social Work Practice, 27,* 103-110.